APROXIMAÇÕES E CONVERSÕES

o intelectual Alceu Amoroso Lima
no Brasil dos anos 1928 - 1946

APROXIMAÇÕES E CONVERSÕES

o intelectual Alceu Amoroso Lima no Brasil dos anos 1928 - 1946

CÂNDIDO MOREIRA RODRIGUES

FAPEMAT
Fundação de Amparo à Pesquisa do Estado de Mato Grosso

alameda

Copyright © 2013 Cândido Moreira Rodrigues

Grafia atualizada segundo o Acordo Ortográfico da Língua Portuguesa de 1990, que entrou em vigor no Brasil em 2009.

Publishers: Joana Monteleone/Haroldo Ceravolo Sereza/Roberto Cosso
Edição: Joana Monteleone
Editor assistente: Vitor Rodrigo Donofrio Arruda
Projeto gráfico, capa e diagramação: Gabriela Cavallari
Revisão: João Paulo Putini
Imagem da capa: Fundação Getúlio Vargas – CPDOC

Esta obra foi publicada com recursos do Governo do Estado de Mato Grosso. Fundação de Amparo à Pesquisa do Estado de Mato Grosso – FAPEMAT.

CIP-BRASIL. CATALOGAÇÃO-NA-FONTE
SINDICATO NACIONAL DOS EDITORES DE LIVROS, RJ

R612a

Rodrigues, Cândido Moreira
APROXIMAÇÕES E CONVERSÕES: O INTELECTUAL ALCEU AMOROSO LIMA NO BRASIL DOS ANOS 1928-1946
Cândido Moreira Rodrigues.
São Paulo: Alameda, 2013.
300 p.

Inclui bibliografia
ISBN 978-85-7939-177-4

1. Lima, Alceu Amoroso, 1893-1983. 2. Igreja Católica – Brasil. 3. Intelectuais católicos. 4. Brasil – Política e governo – 1930-1945. I. Título.

12-8458. CDD: 261.1
          CDU: 272
                                        040869

ALAMEDA CASA EDITORIAL
Rua Conselheiro Ramalho, 694 – Bela Vista
CEP 01325-000 – São Paulo, SP
Tel. (11) 3012-2400
www.alamedaeditorial.com.br

"*À Daniela, Sofia, Thales, Terezinha e Joaquim*".

Sumário

prefácio 11

introdução 15

capítulo 1 21
O papel dos intelectuais nos
primeiros anos do Brasil República

capítulo 2 39
Embates, conversão e novas leituras:
presença de Jackson de Figueiredo

capítulo 3 67
Leituras conservadoras:
Joseph De Maistre

capítulo 4 85
O filósofo Jacques Maritain:
aproximações com um novo mestre

capítulo 5 119
Posições de um intelectual militante: do discurso à ação

capítulo 6 149
Alceu e Capanema: interesses
católicos e educação no governo Vargas

capítulo 7 187
Posições sobre o comunismo

capítulo 8 211
Em defesa do mestre Jacques Maritain

capítulo 9 253
Nova disponibilidade e novo agir: o caminho progressista
democrático e o rompimento com o Governo Vargas

considerações finais 269

referências 279

agradecimentos 299

epígrafe

1927...
Acho, também, com você, que toda a vida social, ainda a mais rudimentar, é fundada num princípio de hierarquia. E sendo assim, a autoridade é um princípio, um elemento vital, o próprio cimento de todo o edifício social. [...] E o que entendo por política é justamente a arte de curar e defender a estrutura social. A política é, no mundo moral, o que a arquitetura é no mundo das artes. [...] Mussolini... representa de certo modo o princípio de autoridade em sua forma realista.
Alceu Amoroso Lima. Petrópolis, 24/04/1927.

Meu querido Alceu. [...] Chegamos a esta conclusão: é necessário reforçar o princípio de autoridade porque não pode haver sociedade, e muito menos civilização, onde não houver autoridade. E concordamos que há, de um século a esta parte, esquecimento grave desta necessidade. [...] Aceito todas as restrições, todas as 'garantias' teóricas, que você pede. Autoridade não é força bruta em ação, mesmo quando aparentemente organizada. [...] Na prática, às vezes, tem que ser como na filosofia que, como dizia Joseph de Maistre, só se organiza se sabe esquecer detalhes. O trabalho atual, penso eu, é o de refazer o senso da autoridade. Só de forma prática será possível: os homens que conquistaram o poder têm que ressuscitar a autoridade. [...] Chegarão ao fim da jornada. Levantarão a pedra do sepulcro. Dizia Joseph de Maistre que a Contra-Revolução, para vencer a Revolução, terá que lançar mão de processos revolucionários. É esta a fatalidade da humanidade decaída. É o tributo do suor do seu rosto, o trabalho amargo. É com atos do homem que chegaremos a atos humanos.
Jackson de Figueiredo. Rio de Janeiro, 22/07/1927.

Tenho uma mãe que morreria talvez se eu morresse. Tenho uma família que me cerca de tudo o que posso aspirar na vida. [...] Tenho posição de fortuna... Fiz um pequeno nome literário. Tenho tudo, tudo, tudo o que um homem normal pode desejar da vida. [...] No entanto... sinto-me num beco sem saída. Sinto-me ferido de morte. Sinto-me velho. [...] Juro-te que se Deus existe em qualquer parte do universo... só uma coisa lhe peço: a loucura ou a morte.
Alceu Amoroso Lima. Rio de Janeiro, 09/09/1927.

1945...
O que sempre mais me prendeu a Maritain foi justamente essa humildade espontânea e profunda, tão diversa do falso publicanismo e tão adequada a esse sentido autêntico do cristianismo, que nos salva dos 'Fuhren' segundo o mundo, para nos levar ao único Salvador, que não é 'deste mundo'. [...] O que sentimos é a mais íntima ligação entre inteligência e experiência, entre a Fé rigorosamente intelectualista, uma visão profundamente mística das relações do homem com a Verdade, e uma observação muito objetiva dos nossos tempos.
Alceu Amoroso Lima. Fevereiro de 1945.

A nova opção em face da qual se coloca a consciência católica é... a de ficar ou não neutra entre o Autoritarismo político e a Democracia, ou a de tomar ou não partido entre os processos de se operar a transição do estado de fato, em que nos encontramos desde 1937, para o estado de direito, a que aspiram todas as forças vivas da nacionalidade. Essa aspiração é tão unânime, que a própria ditadura se viu forçada a admitir que não podia manter-se por muito tempo no poder, em face da separação radical que se processou, nos últimos anos, entre os Poderes Públicos e a Opinião Pública, bem como em face da incongruência entre uma política internacional democrática e uma política nacional totalitária.
Alceu Amoroso Lima. Abril de 1945.

Dentro dos seus limites, porém, é a Democracia, nas condições atuais do mundo, o regime que melhor pode permitir a aproximação entre a organização política de um povo e a efetivação da sequência básica: Lei, Povo, Estado, Governo. Sempre que a democracia tender a modelar o Estado multipartidário pelo tipo de Estado suprapartidário, podemos ter uma garantia relativa de que nos aproximamos do que deve ser, para que a Idade Nova política não venha a ser uma nova desilusão.
Alceu Amoroso Lima. 1946.

prefácio

Este livro, como tantos outros, é fruto de uma tese de doutorado, que se intitula *Alceu Amoroso Lima: matrizes e posições de um intelectual* e foi defendida na Unesp/Assis, em 2006. Seu autor, Cândido Moreira Rodrigues, tem se dedicado a estudar a ação dos intelectuais católicos no Brasil, e neste livro avança na empreitada, volvendo seu olhar para Alceu Amoroso Lima (1891-1983) – indubitavelmente, o maior intelectual católico brasileiro do século XX.

Alceu Amoroso Lima foi presidente do Centro Dom Vital, da revista *A Ordem*, presidente da Liga Eleitoral Católica, presidente da Ação Católica Brasileira, fundador do Instituto Católico de Estudos Superiores, reitor da Universidade do Distrito Federal, entre outros. Todas essas posições e cargos dão ao leitor uma ideia mais exata sobre esta personagem no catolicismo brasileiro. Embora a influência do catolicismo e da Igreja Católica na cultura e sociedade brasileiras seja reconhecida pela literatura das ciências humanas, ainda há muito que se entender sobre esses assuntos. Um dos pontos que merece maiores atenções é a atuação dos intelectuais católicos brasileiros. Isso porque, durante muito tempo, a História e as Ciências Sociais privilegiaram estudar a instituição Igreja Católica, renegando outros agentes da ação política católica ao segundo plano.

Apesar dessa tendência, Alceu Amoroso Lima é uma rara exceção. Sobre ele já há uma robusta produção, e vários aspectos de sua trajetória e obra foram tratados e analisados. Para dar um exemplo, a pesquisa *Alceu Amoroso Lima* no banco de teses e dissertações da Capes apresenta mais de quarenta resultados. Isso facilita, em termos, o trabalho. A importância de Alceu para o campo católico brasileiro e os inúmeros trabalhos já realizados também indicam as dificuldades que podemos encontrar para estudá-lo. Sem sombra de dúvida, Amoroso Lima é uma personagem desafiante.

Cândido Rodrigues responde com muita competência ao desafio. Traz para o seu leitor uma fotografia em altíssima definição do Alceu Amoroso Lima dos anos de 1920 à década de 1940. Realça as mudanças tanto dos contextos nacional e internacional como das influências intelectuais. Por isso, as contribuições que oferece são polêmicas, no sentido de "boas para pensar" o papel e a atuação política dos intelectuais católicos no Brasil.

O propósito do autor é nos mostrar como foi o trânsito político-ideológico de Amoroso Lima de uma posição conservadora nos anos de 1920 para uma democrática na década de 1940 – o que, para muitos de seus leitores, será lido como liberal. É nesta nota que a tese, ora publicada em livro, tem sua importância maior. Cândido Rodrigues desenvolve sua ideia a partir da relação de Amoroso Lima com Jackson de Figueiredo e Jacques Maritain. Seu mérito é tratar esta relação como dois momentos de conversão de Amoroso Lima.

No caso de Jackson de Figueiredo, para além de mestre de conversão – o que já foi exaustivamente tratado –, Cândido Rodrigues nos mostra como o intelectual sergipano exerceu um papel de guia intelectual. Jackson de Figueiredo, de certa forma, conduziu Amoroso Lima para a escolha político-ideológica conservadora. Como? Apresentando-lhe toda uma literatura europeia que cunhou esta matriz. Esta influência arrebatadora de Jackson de Figueiredo, ensina-nos Cândido Rodrigues, deve ser combinada com o contexto político mais amplo e também com o momento vivido pela Igreja Católica no Brasil. A articulação desses níveis é digna de nota e, por si só, uma contribuição intelectual importante para os estudos sobre intelectuais católicos.

Mas o livro não esgota aí a sua originalidade. O encontro de Amoroso Lima com o filósofo francês Jacques Maritain também é de uma centralidade ímpar. Desperta interesse a forma como Cândido Rodrigues apresenta o progressivo engajamento de Amoroso Lima com as ideias "democráticas" de Jacques Maritain. O caminho até o Humanismo Integral foi reflexivo, lento e controlado. E, não o sendo automático, teve o sentido de uma nova conversão.

Aproximações e Conversões: o intelectual Alceu Amoroso Lima no Brasil dos anos 1928-1946 chega em boa hora, e não tenho dúvidas de que o leitor descobrirá, por meio da trajetória de Amoroso Lima, como é possível entender, com outros olhos, o Brasil e o catolicismo brasileiro entre as décadas de 1920 e 1940.

Rio de Janeiro, 8 de outubro de 2012

Christiane Jalles de Paula
Pesquisadora e professora do CPDOC/FGV

introdução

O título deste livro é *Aproximações e Conversões: o intelectual Alceu Amoroso Lima no Brasil dos anos 1928-1946* e se inscreve no campo de estudo dos intelectuais e sua relação com a cultura, a política e a religião. Aqui abordamos este intelectual, conhecido pelo pseudônimo de Tristão de Athayde, sua trajetória ao longo dos anos 1930 e 1940 com destaque para sua relação com Jackson de Figueiredo e, mais tarde, com o filósofo francês Jacques Maritain – ambos decisivos para mudanças cruciais em sua vida como intelectual militante.

Segundo Jean-François Sirinelli, a escola francesa nos anos 1950 não deu a atenção necessária aos intelectuais e a seus posicionamentos, sendo apenas nos anos 1960 e 1970 que o estudo desse meio receberia um cuidado em "meias-tintas". Assim, a história dos intelectuais se tornaria em pouco tempo "um campo histórico autônomo que, longe de se fechar sobre si mesmo" estaria "situado no cruzamento das histórias política, social e cultural". Entretanto, Sirinelli define o nascimento efetivo da história dos intelectuais como pertencente aos anos 1970, particularmente na sua segunda metade, quando vêm a público trabalhos e pesquisas que adquirem legitimidade científica (SIRINELLI, 1996, p. 232-235).

Sirinelli admite que o engajamento dos intelectuais se processa, "algumas vezes", considerando-se o sentimento e a afetividade. Entretanto, isso não é a norma. Pelo contrário, o engajamento ou vinculação a uma causa procede, na maioria das vezes, de condutas guiadas pela racionalidade em defesa de interesses próprios ou de um grupo, conforme Bourdieu (1996) demonstrou.[1] Sobretudo quando se trata dos intelectuais dirigentes de movimentos, partidos políticos ou mesmo altos representantes da literatura, da arte ou da religião, como foi o caso de Alceu Amoroso Lima.

Dada a especificidade do caso brasileiro, o estudo do intelectual Alceu Amoroso Lima (1928-1946) ganha relevância na medida em que esse intelectual católico esteve engajado sempre à frente de um grupo de intelectuais, inicialmente e por um bom tempo à direita como conservador e depois como progressista, mas sua ação não se limitou, de forma alguma, em simplesmente assinar manifestos. Pelo contrário, seu grupo estava imbuído de um sentido de missão civilizadora e atuava para alcançar o objetivo de promover o que consideravam ser a recristianização do Brasil. Objetivo a ser alcançado por meio da ação católica junto à política, à cultura e à educação. Alceu Amoroso Lima agiu por meio de órgãos institucionais como a revista *A Ordem*, o Centro Dom Vital, além da Liga Eleitoral Católica, Ação Católica, Faculdades Católicas, entre outros instrumentos mais.

O estudo dos intelectuais no Brasil ainda merece atenção especial, principalmente em relação àqueles que faziam parte do grupo liderado por Alceu Amoroso Lima, junto ao Centro Dom Vital e à revista *A Ordem*. Esse grupo de intelectuais desempenhava papel expressivo nas décadas de 1930 e 1940, atuando em diversas áreas da sociedade: direito, educação, literatura, poesia, engenharia, medicina, biologia, filosofia etc. Mas o líder dos intelectuais católicos era Alceu Amoroso Lima, intelectual de renome junto à hierarquia da Igreja com forte relacionamento em diversas instâncias governamentais – sobretudo com a Educação – com contato direito com

---

1   Sobre este assunto consultar ainda: BOURDIEU, Pierre. "A ilusão biográfica". In: *Razões Práticas. Sobre a teoria da ação*. 3ª ed. Campinas: Papirus, 2001, p. 74-82.

os intelectuais mais expressivos do período, com destaque para Mário de Andrade, Carlos Drummond de Andrade, outros como Sérgio Buarque de Holanda, Gilberto Freyre, Gustavo Capanema, além de outros no Brasil e no exterior.

Mas quem foi Alceu Amoroso Lima, sua origem, formação e importância no meio intelectual brasileiro?

Alceu Amoroso Lima nasceu no Rio de Janeiro em 11 de dezembro de 1893, filho de Manuel José Amoroso Lima e Camila da Silva Amoroso Lima. Aos sete anos de idade, em 1900, faz sua primeira viagem à Europa. Em 1909 inicia seus estudos na área jurídica e faz a segunda viagem à Europa, sucedida por outra em dezembro de 1912. No ano seguinte, conclui o curso de Direito e vai assistir, em Paris, o curso do filósofo francês Henri Bergson. No ano de 1917, Alceu vai trabalhar no Itamarati. Em 1918 casa-se com Maria Teresa de Faria, na cidade de Petrópolis. É no ano seguinte, em 1919, que Alceu começa a atividade de crítico literário em *O Jornal*, o que se dá especificamente no dia 17 de junho, sob o pseudônimo de Tristão de Athayde. Sua correspondência com Jackson de Figueiredo tem início em 1919 e vai até o final de 1928, ano de sua conversão ao catolicismo, e momento a partir do qual Alceu se torna diretor de *A Ordem* e passa também a presidir o Centro Dom Vital, após a morte de Jackson. Em 1932, Alceu ajuda a fundar o Instituto Católico de Estudos Superiores e em 1933 é levado também ao cargo de Secretário-geral e depois presidente da Liga Eleitoral Católica. O ano de 1935 demarca sua definição como Presidente da Ação Católica Brasileira e igualmente sua eleição na Academia Brasileira de Letras. Em 1937 Alceu viaja ao Uruguai, Argentina e Chile, sendo no ano de 1938 nomeado Reitor da Universidade do Distrito Federal. Em 1940, torna-se professor de Literatura Brasileira na Universidade do Brasil e na Universidade Católica. Em 1944 Alceu funda a Livraria Agir Editora. Em 1945 deixa a presidência da Ação Católica e no ano de 1947 faz uma viagem a Montevidéu auxiliando o início do movimento democrata-cristão. No período de 1951 a 1953 exerce o cargo de Diretor do Departamento de Cultura da Organização dos Estados Americanos (OEA). Em 1954 vai como delegado do Brasil à Conferência de Caracas. Em 1962 é o delegado brasileiro na abertura do II Concílio Vaticano. Em 1967, Alceu se torna membro da Pontifícia Comissão de Justiça e Paz, ano em que é eleito para a Academia de Ciências Morais e Políticas, do Instituto da França. Nesse período que vai de 1967 a 1972 Alceu faz viagens a Roma para as reuniões da Pontifícia Comissão de Justiça e Paz. Em 1968, a 28 de outubro, Alceu toma posse na Academia de Ciências Morais e Políticas, em Paris. Em 1977, recebe o Prêmio Nacional de Literatura, da Fundação Cultural de Brasília, no palácio do Buriti, onde profere discurso em defesa de liberdade. Alceu Amoroso Lima morre em 14 de agosto de 1983, em Petrópolis (VILLAÇA, 1985, p. 5-7).

Sustento nesta obra que há uma mudança nas ideias e na postura de Alceu Amoroso Lima no período correspondente entre 1928 e 1946, num processo que o leva do conservadorismo para a via progressista e democrática. Processo que é compreendido, num primeiro momento, somente a partir do estudo da sua relação com Jackson de Figueiredo e, por seu intermédio, com teóricos do chamado pensamento conservador europeu do século XIX, especialmente Joseph De Maistre. E, num segundo momento, no distanciamento das suas ideias e posturas sobrepujadas pelo contato pessoal e com as ideias e obras do filósofo francês Jacques Maritain.

Estudar essa problemática implica compreender, antes de qualquer coisa, que o pensamento conservador expresso por Burke, De Bonald, De Maistre e Donoso Cortés foi, em grande medida, a voz contrária à Revolução Francesa e a seus desdobramentos. Pensadores conservadores que atuaram, cada um com sua especificidade, na condenação à ação dos revolucionários em relação à Igreja Católica, à monarquia, a partir de 1789; mas suas críticas seriam mais severas ainda contra a liberdade e os direitos dos cidadãos, a livre iniciativa em vários campos.

Especialmente os escritos dos teóricos De Bonald, De Maistre e Donoso Cortés serviriam de base para a formulação do discurso da Igreja Católica contra o mundo moderno, a ciência e a filosofia modernas durante todo o século XIX e as primeiras décadas do século XX. A Igreja no Brasil deveria estar em acordo com esse ideário elaborado pelo Vaticano – mais conhecido como ultramontanismo – principalmente desde fins do século XIX, com o fim do período imperial.

Por outro lado, o filósofo católico Jacques Maritain representou uma nova voz do neotomismo dentro da Igreja Católica no século XX, mais precisamente a partir da década de 1930, procurando romper com a crítica simples ao mundo moderno. Jacques Maritain, que até 1926 condena o mundo moderno e está vinculado à *Action Française*, vai propor, a partir de 1927, que se tomem como válidas as contribuições da modernidade mas que sejam colocadas em favor de uma nova sociedade, ao mesmo tempo unitária e pluralista. Essa sociedade deveria ter esse teor em razão da necessidade de formar-se por meio de uma pluralidade de confissões de fé e de posicionamentos políticos – inclusive aqueles não católicos – mas sob inspiração cristã católica. Jacques Maritain exerceu influência nos meios intelectuais católicos no Brasil e de forma semelhante em partes da Europa e também em partes da América Latina.

A periodização adotada para o estudo de Alceu Amoroso Lima tem início em 1928 em razão de ser o ano de sua conversão ao catolicismo e o momento a partir do qual ele assume a liderança do grupo de intelectuais católicos laicos – com o apoio de Dom Leme – e passa a dirigir o Centro Dom Vital e a revista *A Ordem*. A partir desse momento e durante todo o período em estudo, Alceu dirigiu um emaranhado de instituições e movimentos católicos, inclusive com expressão no campo educacional. Por meio de instituições e movimentos como a Liga Eleitoral Católica, Ação Católica, Faculdade Católicas, revistas etc., reivindicou junto ao governo e à sociedade os projetos dos intelectuais católicos e da Igreja Católica, adotando, por um tempo considerável, posição de simpatia por movimentos de cunho fascista tanto no Brasil quanto na Europa, por exemplo o Integralismo e o apoio aberto a Franco na Guerra Civil Espanhola, além de outras questões de fundo moral.

O marco final de pesquisa é 1946, definido por ser o ano em que se encerra uma etapa na vida de Alceu Amoroso Lima, em cujo percurso sua postura caminhou de conservador para progressista.

O livro está composto por 9 capítulos, dentre os quais se delineiam, por exemplo, a relação de Alceu com Jackson de Figueiredo e sua conversão; um esboço das ideias dos pensadores conservadores; elementos para a compreensão da vida e obra do filósofo Jacques Maritain; as posições de Alceu acerca da "revolução de 1930", do movimento da Ação Católica, da Liga Eleitoral Católica; sua proximidade com Gustavo Capanema e suas disputas no campo educacional; críticas sobre o comunismo e o nazismo e, por fim, sua nova conversão ou reconversão ao agir progressista democrático a partir de Maritain e do rompimento com o Governo Vargas.

1

O papel dos intelectuais nos primeiros anos do Brasil República

Segundo os estudos de Nicolau Sevcenko, as mudanças de cenários e comportamentos nas grandes cidades representaram um marco para as gerações de fins do século XIX e início do XX e tanto as ações do povo quanto governamentais não são entendidas sem que estejamos atentos aos episódios e fatos em conjunto. Neste momento histórico, cabia à capital da República, Rio de Janeiro, o papel de "irradiadora" de inovações e mudanças que alteravam a mentalidade e os comportamentos das pessoas. Bons exemplos disso encontramos com a "telegrafia sem fio, telefone, os meios de transporte movidos a derivados de petróleo, a aviação, a imprensa ilustrada, a indústria fotográfica, o rádio e o cinema que intensificarão esse papel da capital da República", de onde o Rio passava a ser referência no sistema de valores, nos modos de vida, na sensibilidade etc. (SEVCENKO, 2001, p. 522).

As mudanças significativas na sociedade brasileira, descritas por Nicolau Sevcenko, têm impacto nas diversas partes do país, especialmente nas capitais, com destaque para o Rio de Janeiro e São Paulo. Nesse mesmo cenário de fins do século XIX e início do XX a atividade dos intelectuais brasileiros foi importante e teve ressonâncias até mesmo no exterior. No processo que levou à reorganização da Igreja Católica, os intelectuais laicos tiveram papel importante principalmente sob o comando de Jackson de Figueiredo.

Foi neste período que reuni elementos para compreender como se formaram e como atuaram os intelectuais no Brasil da primeira metade do século XX, especialmente os católicos e, dentre estes, o seu líder Alceu Amoroso Lima (Tristão de Athayde).

Sob outro aspecto que não o econômico, a elite brasileira, consciente do desprezo e da imagem que os franceses tinham do Brasil, procurava afirmar a sua "brasilidade" e, ao mesmo tempo, imitar o modelo francês; há uma vontade dos intelectuais brasileiros de integração da "herança francesa em seus discursos sobre a formação da identidade brasileira" (FERREIRA, 2003, p. 52-56).

O intelectual na sociedade brasileira pode ser observado em sua importância a partir de meados do século XIX como um dos responsáveis no auxílio ao forjamento de uma noção de identidade nacional "para seus compatriotas e para o palco das nações civilizadas da Europa". Não obstante sua pouca autonomia em relação ao poder político nesse período, esse intelectual teve um *status* muitas vezes privilegiado, resultado também do seu domínio da palavra escrita, fosse ela proveniente do nascimento privilegiado ou mesmo adquirida penosamente nos "interstícios da malha social excludente". O que se passava é que esse tipo de domínio muitas vezes retirava o indivíduo da obscuridade e o colocava no seio das elites abastadas. O domínio da linguagem e da cultura francesas era pré-requisito para o sucesso dos intelectuais que estivessem empenhados na "missão civilizadora" do país e que desejassem gozar de reconhecimento social e político. Esse domínio do francês era sobremodo relevante para aqueles que almejassem como recompensa imperial o "reconhecimento público, a publicação pela imprensa oficial, a porta de entrada na carreira política" (COSTA, 2003, p. 80-81).

Muitas das questões apontadas por Nicolau Sevcenko e por outros autores podem ser observadas com grande peculiaridade na obra clássica de Brito Broca (2004), *A vida literária no Brasil: 1900*, especialmente os meandros da relação subterrânea entre literatura e sociedade e as mudanças ocorridas pelo país afora, com destaque para o Rio de Janeiro:

> A primeira década do século XX foi para o mundo ocidental um período de euforia de que a civilização brasileira participou vivamente. Abafada à custa de muito sangue e muito sacrifício a Revolta de Canudos, completamente desarticulados os focos monárquicos e extintos os últimos pruridos do florianismo, o país estava numa fase de relativa calma e prosperidade. Campos Sales saneava as finanças preparando terreno para o grande programa de realizações do governo Rodrigues Alves. Oswaldo Cruz inicia a campanha pela extinção da febre amarela e o prefeito Pereira Passos vai tornar-se o barão de Haussmann do Rio de Janeiro (BROCA, 2004, p. 35).

Brito Broca relata também as transformações operadas na paisagem da vida literária brasileira, particularmente a partir de 1910. Diz ele, por exemplo, em relação à decadência da boêmia dos cafés e à ascensão dos salões como ambientes de sociabilidade:

> Na verdade, à medida que decaía a boêmia dos cafés, surgia uma fauna inteiramente nova de requintados, de dândis e *raffinés*, com afetações de elegância, num círculo mundano, em que a literatura era cultivada como um luxo semelhante àqueles objetos complicados, aos pára-ventos japoneses do *art nouveau*. Em lugar dos paletós surrados, das cabeleiras caspo-sas, os trajes pelos mais recentes figurinos de Paris e Londres, os gestos langues e displicentes dos *blasés*, que constituíam a chamada *jeunesse dorée*; em substituição às mesas de cafés, os clubes e salões chiques, onde imperava o esnobismo e se aconselhava o último livro de D'Annunzio à grande dama que não suportava Paul Bourget (BROCA, 2004, p. 55).

Boris Fausto e Fernando Devoto abordam, entre outras coisas, o papel ocupado pela Igreja Católica nas primeiras décadas da República. Esses autores demonstram que uma das insituições em que se pode encontrar as maiores semelhanças entre Brasil e Argentina é a Igreja. A semelhança se dá, por entre outros fatores, devido à natureza do regime liberal em vigor nos dois países e ao fato de a organização eclesiástica ter seguido diretamente as determinações do Vaticano. O rompimento formal do Estado com a Igreja a partir de 1891, ao mesmo tempo em que impôs restrições ao poder desta, lhe obrigou a reorganizar-se a partir de uma reconstrução institucional que passou pelo reforço da hierarquia, a ampliação de dioceses, a vinda de padres estrangeiros e o consequente "influxo" de Roma no meio institucional (FAUSTO; DEVOTO, 2005, p. 214-217).

Foi após um período de dificuldades que a Igreja Católica estreitou suas relações com a elite política brasileira, o que ocorreu também no caso da Argentina – guardadas algumas peculiaridades. No Brasil as autoridades governamentais "deram um tratamento quase oficial às efemérides da tradição católica" e, por outro lado, a Igreja formou associações operárias católicas – embora em menor proporção do que na Argentina – nos centros urbanos maiores, o que em grande medida ia ao encontro dos interesses governamentais. Já no "nível estadual e local" a Igreja teve papel central na mediação de conflitos entre "facções oligárquicas" e funções simbólicas no meio político. A Igreja enfrentou igualmente problemas com movimentos de caráter messiânico, como Canudos e Padre Cícero. Portanto, foi nesse contexto da Primeira República que "aumentou o número de intelectuais católicos que formulariam um consistente pensamento espiritualista-conservador, com observância das diretrizes do Vaticano". De modo específico surgem, no Brasil, a revista *A Ordem* (1921) e o Centro Dom Vital (1922), sob a direção de Jackson de Figueiredo e depois com Alceu Amoroso Lima. Na Argentina surge a revista *Critério* (1928) (FAUSTO; DEVOTO, 2005, p. 218-219).

É no cenário das primeiras décadas do século XX que nomes como Alceu Amoroso Lima, Jackson de Figueiredo, Leonel Franca, Dom Leme e muitos outros vão passar por sua formação intelectual. No início dos anos

1920, Alceu Amoroso Lima estava em conflito direto com aqueles que formavam a liderança do movimento modernista. É nesse cenário que Alceu Amoroso Lima ganha notoriedade como crítico literário e a partir daí articula seu meio de sociabilidade, ampliado depois com sua conversão ao catolicismo. Anos mais tarde, no início da década de 1930, será demarcado um momento histórico de maior divulgação e aceitação do movimento modernista como definidor de orientações legítimas e empenhado na busca de um equilíbrio. Assim, observamos que nomes como Murilo Mendes, Mário de Andrade, Manuel Bandeira, Carlos Drummond de Andrade e outros formaram a chamada *safra lírica* que atuou como divisora de águas e serviu de esteio para escritores subsequentes, por exemplo Augusto Frederico Schmidt. Antonio Candido é exemplar a este respeito:

> Equilíbrio entre poesia de luta e poesia permanente, tendo a capacidade de encontrá-la nos refolhos do cotidiano e do pitoresco, com o instrumento de um humorismo superior, por vezes condição para o mais alto patético. O decênio de 30 será marcado por esta nota de seriedade extrema, cujos aspectos positivos ocorrem numa obra como a de Murilo Mendes, que transita livremente entre o cômico e o dramático, o quotidiano e o metafísico, à maneira dos barrocos, numa larga oscilação do real ao super-real (CANDIDO, 1964, p. 22).

No campo cultural, intimamente relacionado à literatura, a fase de 1930-1945 foi fecunda em relação aos estudos históricos e sociais, com o surgimento de revistas e suplementos literários. Mencionemos aí autores de destaque que olharam com intensidade a realidade social, entre os quais Gilberto Freyre, Artur Ramos, Sérgio Buarque de Holanda, Fernando de Azevedo e Caio Prado Júnior. Foi nesse momento que as *Faculdades de Filosofia* exerceram papel importante na formação dos quadros da intelectualidade brasileira. Foi igualmente o período no qual o movimento editorial se firmou e caminhou para sua independência das empresas estrangeiras. Como ponto de expressão de uma nova fase, surgiram diversos suplementos e revistas (algumas já existentes marginalmente), das quais se enumera: a *Revista Nova*, *A Ordem*,[1] *Boletim de Ariel*, *Lanterna Verde*, *Revista do Brasil*, o jornal literário *Dom Casmurro* e *Diretrizes*. Antônio Cândido chama atenção para a importância desempenhada pelos suplementos literários publicados nos grandes jornais, nos quais "se manifestavam críticos literários de elevado teor como Tristão de Athayde (Alceu Amoroso Lima), Mário de Andrade, Sérgio Buarque de Holanda, Afonso Arinos de Melo Franco, Augusto Meyer, Barreto Filho, Olívio Montenegro, Astrogildo Pereira, Lúcia Miguel-Pereira, Álvaro Lins, Moisés Velinho etc" (CÂNDIDO, 1964, p. 29-30).

Ainda conforme Antônio Cândido, nesse panorama de efervescência intelectual há uma mudança no percentual relativo de leitores no país, o que proporciona a criação de novos laços entre escritor e público. Entretanto, é importante lembrar que, ao mesmo tempo, este público leitor será conquistado por novos meios de comunicação como o rádio, o cinema, o teatro e as histórias em quadrinhos. Se considerarmos os dados apresentados por Cândido, observaremos que havia realmente uma evolução em relação ao número de leitores, mas o quadro ainda permanecia problemático.

> Os analfabetos eram no Brasil, em 1890, cerca de 84%; em 1920 passaram a 75%; em 1940 eram 57%. A possibilidade de leitura aumentou, pois, consideravelmente. Muito mais, todavia, aumentou o número relativo de leitores, possibilitando a existência, sobretudo a partir de 1930, de numerosas casas editoras, que antes não existiam. Formaram-se então novos laços entre escritor e público, com a tendência crescente para a redução dos laços que antes o prendiam aos grupos restritos de diletantes e "conhecedores" (CÂNDIDO, 1964, p. 137).

---

1   Nesse período que vai de 1930 a 1945 a revista *A Ordem* tem papel decisivo como porta-voz dos intelectuais católicos em relação às questões mais importantes do cenário brasileiro. Alceu Amoroso Lima, seu diretor e líder, teve papel relevante na condução dos intelectuais católicos e no seu relacionamento com as temáticas político-religiosas (RODRIGUES, 2005).

No período que vai de 1900 a 1920 há também no cenário brasileiro um retorno à filosofia do espírito, do antimaterialismo, uma tentativa de recuperação do prestígio da Igreja Católica a partir do Neotomismo. É também nesse momento que o movimento católico militante – com Jackson de Figueiredo, o grupo da revista *A Ordem* e do Centro Dom Vital e depois com Alceu Amoroso Lima –, consegue se firmar, o que ocorre em função também de sua vinculação às tradições nacionais. O estudo clássico de Francisco Iglesias é categórico a esse respeito:

> Jackson de Figueiredo acredita, como Joseph de Maistre, nos "dogmas nacionais", fruto de uma realidade, uma consciência nacional. Sem chegar ao extremo do nacionalismo integral de Maurras, ou ao culto estetizante da nação, à maneira de Barrès, acredita na ideia de nação, na medida em que ela tem um passado comum, tradições, crenças, valores e mitos, figuras e fatos que venera. Trata-se de algo comum entre os ideólogos da direita, com se vê sobretudo na França. Jackson de Figueiredo identifica o nacionalismo, no Brasil, com o passado católico, tradição que vê ameaçada pelo protestantismo, pelo ianque, ou pelo que chama de metequismo, de invasão da maçonaria e do judaísmo do capital externo (IGLESIAS, 1977, p. 148).

Essa opinião é compartilhada por Antônio Cândido em sua obra *Literatura e Sociedade: estudos de teoria e história literária*, de 1976, onde ele demonstra que já no período da Primeira Guerra Mundial se esboçava uma renovação literária diretamente relacionada com o espiritualismo e com o simbolismo. Segundo Cândido, expressões decisivas disso foram a filosofia de Farias Brito, a crítica de Nestor Victor e a ação do apostolado de Jackson de Figueiredo. Portanto, "dessa tendência brotaram sugestões decisivas para a criação das modernas ideologias de direita, como o integralismo e certas orientações do pensamento católico" (CÂNDIDO, 1976, p. 117).

Portanto, foi justamente nos últimos anos da década de 1930 que se intensificou a "fermentação espiritualista". Foi do Simbolismo, dos efeitos da pregação de Jackson de Figueiredo, do nacionalismo, que emergiram tendências ideológicas e estéticas. Como já mencionado, temos a poesia de Augusto Frederico Schmidt, de orientação neorromântica, também as de Jorge de Lima e Murilo Mendes, ambas católicas. Todas estas tendências estavam ligadas ou eram dependentes do Modernismo.

Assim, foi face este cenário que Alceu Amoroso Lima ganhou notoriedade, principalmente após sua conversão, se firmando como adversário de algumas posições ideológicas do Modernismo. Isso se deu pelo fato dele enxergar neste os pilares de um "perigo" maior, que possivelmente destruiria o que ele acreditava ser a tradição religiosa e moral do país. Ainda nessa linha, com maior resistência às mudanças nos valores, surgiu o integralismo de Plínio Salgado, a versão brasileira do fascismo italiano, o qual se tornaria organizado e com grande número de seguidores nos anos 1930. Segundo Cândido, esta vertente foi expressão clara da "exacerbação de um aspecto do localismo modernista: o nacionalismo, transferido para o campo da política". Assim, Cândido demonstra que se processou uma repercussão no Brasil das tensões ocorridas na Europa, de modo muito particular, mas não como transposição. Isso se deu de tal modo que tanto a direita quanto a esquerda política tiveram suas expressões na literatura, em manifestações "de populismo literário e problemas psicológicos; socialismo e neotomismo; surrealismo e neo-realismo; laicismo e arregimentação católica; libertação nos costumes, formação da opinião política" (CÂNDIDO, 1976, p. 124-126).

As questões relativas especificamente ao modernismo no Brasil ou se quiser, movimento modernista, são alvo de debates e novos estudos, entre os quais estão os estudos da historiadora carioca Mônica Pimenta Velloso e de Ivan Junqueira. Entender estes debates é crucial para compreender o campo dentro do qual Alceu Amoroso Lima e uma enorme gama de intelectuais se inserem e formam suas convicções e modos de agir.

Mônica Velloso (1996) propõe repensar a modernidade no Brasil a partir do estudo do humor no Rio de Janeiro, com o objetivo de "compreender o modernismo fora do paradigma paulista em que forçosamente acabou se convertendo o movimento de 1922". Na realidade, sua intenção maior foi repensar o sentido atribuído ao modernismo até então, utilizando-se para isso do estudo do cenário e ambiente citadino do Rio de Janeiro, e, também, tomando como fonte de análise particularmente a revista *Dom Quixote*. Nesse estudo, Velloso procurou "redimensionar a questão do humor no imaginário constitutivo da própria nacionalidade". Assim, procurou reunir elementos para entender o sentido do modernismo dentro do que chamou de "dinâmica acidentada do cotidiano", a partir de uma linguagem visual.[2] A autora reafirma sua tese mais tarde, em texto de 2003, onde procura ampliar o seu campo de argumentação tentando demonstrar que o fato de a historiografia ter tomado o modernismo como sinônimo de 1922, em São Paulo, constitui-se em equívoco. Segundo ela, o termo "modernismo" já se aplicava à chamada "geração de 1870", com expressão em "Tobias Barreto, Silvio Romero, Graça Aranha, Capistrano de Abreu e Euclides da Cunha" (VELLOSO, 2003, p. 354).

---

2   No conjunto de sua obra, a autora demonstra que ocorreu um "processo modernizador" proveniente de fins do século XIX, dentro do qual surgem inovações como o telégrafo sem fio, o telefone, o cinematógrafo, a fotografia, o avião, o automóvel. Tudo isso promove nas comunidades urbanas uma mudança na sua forma de sentir e perceber o mundo. A mudança na percepção do tempo e do agir não se dá de forma simples e homogênea. Há sim, relata a autora, reações à uniformização e isso é uma expressão de que a dinâmica social é bem mais complexa, de modo que tentar vincular a modernidade a um "movimento cultural organizado e com marcos temporais definidos" seria incorreto. O núcleo de sua tese está em esclarecer que a associação, no Brasil, entre os conceitos de moderno, modernidade e, consequentemente, modernismo, por um lado, e o movimento ou Semana de Arte Moderna paulista de 1922, veio contribuir para a cristalização de uma visão "generalizante" do conceito; isso, por sua vez, trouxe em si, argumenta a autora, a ideia de um período "pré-moderno" ou mesmo de um "vazio cultural" anterior. Em sua visão, o mais apropriado é relativizar o ano de 1922 paulista como marco temporal do moderno e pensá-lo mais como um momento onde ocorreu a confluência de um conjunto de ideias que, por sua vez, vinham sendo constituídas durante um bom tempo no seio da dinâmica social. Trata-se aí, 1922, como o ponto de culminância de mudanças que influíam na percepção da vida, do real, e que eram expressões da coexistência de valores culturais múltiplos (VELLOSO, 1996, p. 17-32).

Mas há um debate no Brasil a respeito dessas questões do modernismo[3] apontadas por Mônica Velloso.

Ivan Junqueira traz contribuições significativas sobre a discussão do tema. Este autor alerta para o fato de que "sempre que se fala em tradição e ruptura, é comum ocorrer a ideia de uma fratura exposta entre aquilo que pertence ao passado, à tradição, o que alimenta o novo, a modernidade em nome da qual se processa tal ruptura" (JUNQUEIRA, 2000, p. 629). Para este autor, tal noção de ruptura, "além de falsa, só pode ser aplicada àquela ruptura que se pratica em nome do nada". Segundo ele, no evento modernista há sim ruptura "profunda" com os seguimentos gastos ou gangrenados dessa mesma tradição. O autor alerta-nos que "ruptura não é demolição pura e simples":

> Se assim o fosse, jamais seria possível estender-se a ponte entre o antigo e o novo, e o papel da ruptura é o de exatamente lançar essa ponte, que se resume naquele momento em que se harmoniza e articula todo um processo de transição de valores, de rearticulação estética relativamente àquilo que não mais interessa seja porque já está morto, seja porque o mau uso o tornou imprestável (JUNQUEIRA, 2000, p. 630).

Na defesa de sua tese sobre a ruptura, Junqueira assevera que aquilo que se encontra no Brasil antes de 1922 não pode ser considerado como nacional em "sentido de próprio, de autônomo, de diferenciado". Tomar casos isolados como o de Machado de Assis[4] (com contribuição "mais moderna

---

3   Há um texto provocativo e interessante sobre a questão. Entretanto as afirmações do autor caem no vazio porque carecem de qualquer comprovação empírica (LEDO, 2000, p. 701-712).

4   Roberto Schwarz aborda com clareza e precisão a produção de Machado de Assis demonstrando que, principalmente após *Memórias Póstumas de Brás Cubas*, "o escritor embuído de seu tempo e país ainda quando trate de assuntos longínquos é uma figura programática". No caso de Machado de Assis, sua fórmula narrativa congregava uma "certa alternância sistemática de perspectivas, em que está apurado um jogo de pontos

do que o Modernismo") e o de "vertentes premonitórias" (Manuel Antônio de Almeida e Euclides da Cunha) não condiz com a magnitude de 1922, momento com um programa definido. Na realidade, Junqueira lembra que o movimento modernista de 1922 tinha à sua frente "uma paisagem de fato desoladora", onde triunfava o parnasianismo na sobreposição da "fôrma sobra a forma", além de suas raízes estarem ligadas a "um ideário estético inteiramente importado" (JUNQUEIRA, 2000, p. 631).[5] Para este autor, ao que tudo indica, o evento de 1922 foi decisivamente original na medida em que se apresentou com novo viés de visão da literatura e das artes, uma nova visão do mundo e da sociedade brasileira, mesmo considerando-se as especificidades no decorrer do seu desenvolvimento.

Evidentemente, pode-se entender que Velloso aponta elementos que expressavam o caráter de modernização da sociedade brasileira, onde apareciam caricaturistas, boêmios, alguns da geração de 1870; mudanças sobretudo na capital Rio de Janeiro. A autora demonstra que os elementos de modernidade, nos diversos campos, não passam despercebidos por esses grupos de indivíduos. Velloso está com a razão neste sentido, inclusive porque, mesmo antes disso, Nicolau Sevcenko (1983, 2001) havia demonstrado com muita propriedade tais mudanças. E Velloso está também com

---

de vista produzido pelo funcionamento mesmo da sociedade brasileira". O exemplo de Machado de Assis, dado por Schwarz, seria portanto um demonstrativo claro da historicidade do autor e de sua obra. Assim, para Schwarz, em Machado "o dispositivo literário capta e dramatiza a estrutura do país, transformada em regra da escrita"; seria então, sua prosa narrativa "um espetáculo histórico-social complexo, do mais alto interesse" porque Machado "compunha uma expressão da sociedade real, sociedade horrendamente dividida" (SCHWARZ, 1990, p. 10-11).

5   Mas Junqueira demonstra igualmente que há sim uma ruptura em 1922 por parte das vanguardas paulistas e isso foi mesmo um grande risco. Há sim uma ruptura que não foi "demolição pura e simples", reafirma o autor. Nesse sentido, mesmo havendo diálogo com o período anterior, o evento de 1922 guarda autenticidade enquanto ato inusitado e de tomada de nova postura, mencionando-se aí toda a reação que se seguiu à Semana de Arte Moderna. O próprio Alceu Amoroso Lima seria o grande crítico do movimento, direto do Rio de Janeiro.

a razão ao demonstrar que a modernidade no Brasil foi um processo que passou por vários aspectos e ainda hoje é vista sob diversos registros.

Entretanto, essa importante avaliação de Velloso não descaracteriza nem relativiza o evento de 1922, como momento de originalidade, inflexão no campo literário brasileiro e das artes, inclusive com mudanças de ordem prática nos planos literário, das artes, da sociologia, da história da arte, da crítica, da ideologia e da configuração dos intelectuais.[6]

A partir da segunda metade do século XIX os intelectuais buscavam desempenhar uma missão civilizadora com vistas a forjar uma identidade nacional, sob a esperança de obter reconhecimento junto ao poder político e logo benefícios práticos como, por exemplo, a publicação de seus livros. No Brasil dos anos 1930 e 1940 estes intelectuais desempenhariam também um papel de protagonistas políticos, sobretudo Alceu Amoroso Lima, que estava à frente de um conjunto de instituições e movimentos de defesa dos interesses católicos.

Para Denis Rolland, particularmente no período do Estado Novo, "os intelectuais são chamados a participar na construção da cultura nacional". Eles atendem ao "chamado" do Governo por entenderem que nem tudo havia sido perdido com o novo regime e que, portanto, ainda haveria campo para sua colaboração. O argumento que Rolland utiliza para justificar a atuação dos intelectuais é o de que eles não haviam perdido a independência

---

6   Há uma relação de continuidade no que diz respeito à percepção das mudanças nos diversos setores, mas isso não invalida o evento de 1922 em si. Em resumo, Junqueira esclarece que dado o atraso "letárgico" do Brasil nos anos 1920 em relação às mudanças nas leituras sobre a França, Espanha, Inglaterra e mesmo Estados Unidos, o advento do modernismo, ou dos modernismos (paulista, mineiro, carioca, gaúcho, nordestino), era de "urgência urgentíssima". Nesse sentido, segundo Junqueira, "talvez por isso a ruptura que ele promoveu, ainda que epidérmica, foi tão violenta e indiscriminada, com óbvios prejuízos, como se veria depois, para tudo aquilo que iria cristalizar nas décadas posteriores". Esse caráter fez com que a ruptura fosse absorvida pelas classes mais favorecidas que tinham acesso aos "jogos de espírito e suficiente dinheiro no bolso". Na contrapartida do movimento, Junqueira aponta que o povo vaiou os modernistas e acabou lendo Bilac, Castro Alves e Coelho Neto e no campo da música queria ouvir o de sempre, já consagrado pelo uso (JUNQUEIRA, 2000, p. 633-641).

em outras áreas; a seu ver, eles gozavam sim de uma "liberdade relativa à criação", a exemplo o caso de Carlos Drummond de Andrade, então funcionário do Ministério da Educação e Saúde e que também publicava "poemas políticos e revolucionários" (ROLLAND, 2003, p. 85-88).

Mas essa posição de Rolland merece reparos face uma análise mais próxima de uma sociologia que demonstra as estratégias e a racionalidade das ações dos intelectuais. Na França, sob a Ocupação, por exemplo, esse tipo de comportamento de um intelectual recebeu o nome de *colaboracionismo* e, se pensarmos de forma mais crítica, perceberemos que a noção de intelectual descompromissado ou sem engajamento é bem mais complexa.

Sérgio Miceli demonstra, de forma pormenorizada, que foi no contexto de início dos anos 1920 que a Igreja Católica intensificou a sua política de ampliação de influência na sociedade, particularmente através da "criação de uma rede de organizações paralelas à hierarquia eclesiástica e geridas por intelectuais leigos". Segundo esse autor, "a amplitude desse projeto resultava não apenas das diretrizes do Vaticano, então preocupado em sustar o florescimento dos movimentos operários de esquerda na Europa, mas também da tomada de consciência por parte do episcopado brasileiro da crise com que se defrontavam os grupos dirigentes oligárquicos" (MICELI, 2001, p. 127).

Miceli informa-nos também sobre as relações entre a Igreja e o campo intelectual. Estuda como essas relações são levadas à frente por meio de um aparato institucional considerável, exemplificado na ação da revista *A Ordem*, do Centro Dom Vital, da revista *Festa*, do Instituto Católico de Estudos Superiores, da Editora Agir. Quadros que se somariam mais tarde (por volta de 1935) ao movimento da Ação Católica. A esse "circuito de instituições" a Igreja agregou a *Revista Brasileira de Pedagogia*, com o objetivo maior de se utilizar dela para combater a influência dos métodos pedagógicos norte-americanos no Brasil. Num plano maior, na visão de Miceli, esse aparato constituía "uma prolixa literatura de proselitismo subsidiada pela Igreja" (MICELI, 2001, p. 129).

O papel dos pensadores autoritários na conjuntura dos anos 1930 e 1940 é tratado por Miceli, particularmente no campo educacional, como exemplo da efetivação de suas estratégias próprias, das do Estado e dos embates deste último com setores da Igreja Católica nas definições de reformas educacionais, onde a Igreja era a investidora no setor. Para Miceli, as famílias de alguns intelectuais e pensadores autoritários

> estavam ligadas desde muito tempo à cúpula da elite burocrática, valendo-se de seu capital de prestígio e honorabilidade para se assenhorear das benesses concedidas pelo poder central. Os pensadores autoritários eram [...] herdeiros que puderam tirar partido de uma correlação de forças extremamente favorável à produção de obras cujos reclamos reformistas coincidiam com os interesses de autopreservação da fração de classe a que pertenciam (MICELI, 2001, p. 221).

Foi face à este amplo espectro de mudanças sociais, políticas, religiosas e culturais, ocorridas nos primeiras décadas do Brasil do século XX, que o intelectual Alceu Amoroso Lima, enquanto pensador católico, organizou, deu sentido para a ação da Igreja por meio da sistematização das forças políticas reais vinculadas a ela – por exemplo: a revista *A Ordem*, a Liga Eleitoral Católica, a Ação Católica e de outros movimentos e instituições já mencionados. No percurso de organizador e partícipe de uma da ação católica Alceu defendeu, inicialmente, uma posição conservadora e autoritária em relação a temáticas as mais diversas presentes na sociedade brasileira. Num segundo momento, ele assumiu, gradualmente, posições que o colocaram no campo inverso, mais próximo do ideário progressista e democrático e em defesa da liberdade. Portanto, é nesse cenário que Alceu Amoroso Lima ocupará posição de destaque à frente da intelectualidade católica laica e de um aparato considerável de instituições vinculadas diretamente à hierarquia da Igreja Católica.

O capital cultural e político que Alceu Amoroso Lima adquiriu durante o cenário dos anos de 1920, passando pelo debate com os modernistas, pelas discussões com Jackson de Figueiredo, sua estadia na França, tudo isso o acompanhou nas discussões mais cruciais das décadas de 1930 e 1940, juntamente com o catolicismo adquirido após sua conversão em 1928.

Passo agora ao estudo da relação de Alceu Amoroso Lima com Jackson de Figueiredo, por meio também da análise da correspondência trocada por ambos, os embates, aproximações e a conversão.

2

Embates, conversão e novas leituras: presença de Jackson de Figueiredo

A investida da Igreja Católica logo no início do século XX para tentar retomar o seu posto na sociedade brasileira se fortalece, também, por meio das ações de uma elite intelectual católica, tendo à sua frente, nos anos 1920, Jackson de Figueiredo e, mais tarde, Alceu Amoroso Lima. A relação entre estes dois intelectuais, suas aproximações e distanciamentos, e destes com o Cardeal Dom Leme constituem capítulo importante para uma melhor compreensão do movimento intelectual católico laico no Brasil das primeiras décadas da República e do consequente empenho da Igreja em fortalecer suas bases, partindo de uma *reação* intelectual.

A compreensão da relação entre a Igreja Católica e a sociedade brasileira ganha maior solidez à medida que levamos em consideração os estudos de Sérgio Miceli em *A Elite Eclesiástica Brasileira*, livro de 1988, crucial para a compreensão do novo status que a Igreja ocupou no regime republicano. No processo que levou à instalação da República no Brasil, a Igreja passou por mudanças que contribuíram para sua "construção institucional" atendendo, por um lado, às diretrizes da Santa Sé ainda pertencentes aos embates do século XIX e, por outro, "aos desafios organizacionais e condicionantes políticos que teve de enfrentar no interior da sociedade brasileira" (MICELI, 1988, p. 11).

Tal processo foi condicionado pela dependência à postura da Santa Sé, a qual ainda tinha um olhar na condenação do que definia como os erros da modernidade, entre os quais o racionalismo, a liberdade de imprensa, liberdade de religião, a maçonaria, o comunismo e a separação entre Igreja e Estado. Mas esta mesma Santa Sé já vislumbrava às novas demandas do século XX e por isso se voltava a uma tentativa de reaproximação com o Estado contando, para isso, com um segmento considerado crucial, os intelectuais. Foi neste cenário que tanto Jackson de Figueiredo como Alceu Amoroso Lima desempenharam papel central como arregimentadores de quadros intelectuais sob a defesa dos princípios católicos.

A esse movimento de crítica ao mundo moderno, de fortalecimento da política ultramontana, onde se reivindicou como ponto central o reforço do poder de Roma, do poder papal, aliaram-se diversas iniciativas com o objetivo de fortalecer a organização da Igreja em âmbito mundial. Há o remanejamento das antigas ordens religiosas, um empenho maior nos trabalhos missionários, o direcionamento à nacionalização do clero, a reformulação do apostolado e investimentos na área da educação etc. Ao passo que ocorriam essas investidas à ampliação e consolidação de sua presença no mundo, a política da Igreja Católica no Brasil direcionou-se no sentido de "firmar uma sólida aliança político-doutrinária com os setores dos grupos dirigentes favoráveis às pretensões católicas e cientes da colaboração ideológica eficaz que a Igreja estava em condições de prestar à consolidação da nova ordem social e política" (MICELI, 1988, p. 12-15). Entretanto, como bem observou Miceli, esse novo direcionamento da Igreja no Brasil não se deu sem enfrentamentos, inclusive com movimentos religiosos, como no caso de Canudos, Juazeiro e Contestado.[1]

Nicolau Sevcenko (2001, p. 16-19), na "Introdução" ao volume três da *História da Vida Privada no Brasil*, demonstrou que a sociedade brasileira de fins do século XIX e início do XX passou por diversas mudanças em seus quadros hierárquicos e de valores, além de sofrer alterações resultantes

---

1   A este respeito observar MONTEIRO, 1977, p. 39-92.

também de questões como imigração, abolição, consolidação das práticas de trabalho assalariado e consequente constituição de um mercado interno mais amplo. Mudanças que promoveram um processo de "desestabilização" da sociedade e cultura tradicionais. A Revolta de Canudos (1893-1897) e a Revolta da Vacina são episódios cruciais das implicações dessas mudanças e do desejo das elites de promover a "modernização" do país.

Após a instalação da República a Igreja se viu sob urgência de definir uma "moldura organizacional própria", dadas as necessidades de reunir condições para fomentar-se tanto do ponto de vista material e financeiro como doutrinário. Isso significou desenvolver atividades para conseguir recursos financeiros e recuperar suas propriedades, igrejas, residências, conventos etc. Dentro desse movimento as lideranças da hierarquia estreitaram suas relações com representantes do *laicato católico*, com o objetivo de, por meio deles, "barganhar em melhores condições a concessão de subsídios de toda ordem por parte das autoridades públicas do novo regime". Com o apoio leigo, a Igreja conseguiu fazer valer seus interesses políticos dentro do regime republicano recém-instalado, notadamente na prestação dos serviços educacionais às elites, com maior expressão no ensino secundário, especialmente na década de 1930 (MICELI, 1988, p. 19-23).

O fato de a Igreja estar desvinculada institucionalmente do Estado, a partir da instalação da República liberal, não se constitui em fator que a coloque na obscuridade, à margem do poder político e alheia ao meio social. Muito pelo contrário. Sérgio Miceli demonstra que o "desligamento" do Estado ocorrido em 1889 impôs à Igreja a necessidade de reorganizar-se institucionalmente e autonomamente. Mais tarde, por volta dos anos 1920, a Igreja contou, para isso, com o apoio decisivo de setores laicos da sociedade junto ao campo político, tendo como exemplos notórios os intelectuais relacionados com Jackson de Figueiredo e Alceu Amoroso Lima, sob orientação de Dom Leme. Isso coloca por terra a historiografia que atribuiu à Igreja Católica uma "precária visibilidade política" e institucional nas primeiras décadas da República (MICELI, 1988, p. 153).

Na reorganização da Igreja Católica criou-se ao longo das décadas do século XX um aparato de grupos e instituições constituídos pelo laicato católico, com o objetivo de auxiliar na ação político-religiosa da Igreja rumo à sua "restauração" no seio da sociedade brasileira.

Entre as instituições temos o Centro Dom Vital, fundado em 1922 por Jackson de Figueiredo, sob orientação de Dom Sebastião Leme, com o intuito de auxiliar na promoção de uma ação eclesiástica mais próxima do Estado e, sobretudo, organizando a intelectualidade católica laica; a Ação Universitária Católica, criada em 1929 por Alceu Amoroso Lima no Rio de Janeiro como parte do Centro Dom Vital, com o objetivo de levar os princípios católicos ao meio universitário e intelectual e servir de base à contestação do Estado leigo. Esta tarefa foi realizada a partir de uma orientação política bem definida, por meio da Ação Patrianovista Brasileira, organização fundada em 1928 em São Paulo com ideal na defesa do princípio monárquico e corporativo ao estilo medieval que buscava o restabelecimento do prestígio que a Igreja tinha no período anterior à instalação da República. Entre os seus líderes mais expressivos estavam Sebastião Pagano e Plínio Correia de Oliveira; este último, nos anos 1960, fundaria a T.F.P. (Tradição, Família e Propriedade). Neste momento forma-se também a Legião de Outubro, movimento criado em 1930 com a finalidade de buscar apoio para fomentar as condições necessárias à concretização da Revolução de 1930, onde apresentavam-se figuras militares e civis como Góes Monteiro, Oswaldo Aranha, Francisco Campos, Gustavo Capanema, entre outros. Disseminou-se além de Minas Gerais, pelo Norte e Nordeste e teve certo "entendimento" entre setores da Igreja, entre os quais o arcebispo de Mariana, Dom Hélvio Gomes de Oliveira. Após a chamada Revolução Constitucionalista (1932) e com a Constituição de 1934, o movimento fragmentou-se e perdeu sentido.

Havia outras agremiações nesse cenário como a Legião Cearense do Trabalho, a Ação Integralista Brasileira, sob o comando de Plínio Salgado, a Liga Eleitoral Católica, fundada em 1932 por ordem de Dom Sebastião Leme e com o apoio de Alceu Amoroso Lima, objetivando orientar os católicos a respeito dos assuntos políticos e pressionar os indivíduos que se elegiam com o seu apoio a defenderem interesses junto ao governo; a Ação Católica Brasileira, fundada em 1935 sob inspiração do modelo italiano, com o objetivo de "garantir por um lado, as conquistas católicas obtidas na Constituição de 1934 e, por outro, criar uma nova força de resistência ao avanço das ideias comunistas"; a Juventude Universitária Católica, que ganha força em meados dos anos 1940, mas terá papel de maior relevância nos anos 1960 quando faz uma opção "por um socialismo democrático e pela chamada 'revolução brasileira'" (AZZI, 2003, p. 9-38).

Riolando Azzi estudou as ações da Igreja rumo a uma aproximação com os leigos. Para ele, tanto o chamado Movimento Litúrgico como a Ação Católica apresentaram-se como "dois eixos principais dessa presença do laicato católico no âmbito da instituição católica", onde, de modo mais específico, nos campos filosófico e teológico encontra-se a "revitalização da filosofia tomista", sob inspiração de Jacques Maritain.[2] Ele exercerá forte influência sobre o laicato, principalmente da Ação Católica, mas enfrentará resistências em diversos setores da hierarquia católica (COMPAGNON, 2003a, 2003b). Contribuiu para que a "atuação política começasse a ser reconhecida como um valor da esfera política". Depois a condenação dos regimes de força como o nazifascismo e mesmo o franquismo. Enfim, Maritain encontra considerável resistência por defender princípios democráticos não muito pertencentes ao interior dos quadros da Igreja, em boa parte dos anos 1930-1940 (AZZI, 2003, p. 9-40).

Mas dois intelectuais desempenharam papel relevante para o desencadeamento de grande parte das entidades e movimentos citados acima, de tal forma que a consequente compreensão da atuação na Igreja nas primeiras décadas do século XX passa pelo estudo da ação de ambos.

---

2   Nasceu em Paris, em 1882, e morreu em Toulouse em 1972. Foi sem dúvida um dos maiores filósofos católicos do século XX, influenciando direta e expressivamente o meio católico brasileiro, já desde a década de 1930. Escreveu inúmeras obras sobre filosofia, religião e política. Em 1945 se tornou embaixador da França junto à Santa Sé.

As relações entre Jackson de Figueiredo e Alceu Amoroso Lima[3] se deram junto a diversos intelectuais laicos, inicialmente próximas daqueles a que se chamou de "os pioneiros do Centro Dom Vital", nomeadamente Perilo Gomes, Jônatas Serrano, Tasso da Silveira, Hamilton Nogueira, Heráclito Sobral Pinto, Everardo Backheuser, Gustavo Corção, Wagner Antunes Dutra e, mais tarde, Fábio Alves Ribeiro, Murilo Mendes e muitos outros. A ação das agremiações mencionadas anteriormente e dos respectivos intelectuais se deu em grande parte do século XX, sendo a década de 1930 o ponto decisivo de onde partiram as diretrizes da hierarquia católica, com o objetivo de organizar a ação do laicato – organização rumo a uma contribuição efetiva na reaproximação da Igreja com o poder político e de sua ação mais intensa nos diversos setores da sociedade brasileira. Tal fato se deu, embora grande parte dos bispos tivesse como intenção que o apoio dos intelectuais laicos se restringisse à concretização do princípio cristão na orientação da ação do Estado (AZZI, 2003, p. 10).

Nesse quadro de rearticulação da Igreja Católica no Brasil das primeiras décadas do século XX, Jackson de Figueiredo, antes mesmo de Alceu Amoroso Lima, desempenhou papel significativo principalmente na organização dos intelectuais católicos desde inícios dos anos 1920. Pode-se afirmar que Jackson de Figueiredo foi, no Brasil das duas primeiras décadas do século XX, a principal expressão dos autores tidos como pais do pensamento conservador de fundo tradicionalista ou contrarrevolucionário europeu. Suas principais expressões são Edmund Burke, De Bonald, Donoso Cortés e, particularmente, Joseph De Maistre. Com espírito forte e posições inflexíveis, este intelectual pernambucano se transformou em líder católico e fundou, nos anos 1920, a revista *A Ordem* e o Centro Dom Vital, os quais serviram como instrumentos de divulgação dos seus ideais e dos projetos da intelectualidade católica do momento.

---

3 Alceu Amoroso Lima tinha relações mais profundas também com o meio literário e político, mais diretamente com Gustavo Capanema, Mário de Andrade, Ronald de Carvalho, Carlos Drummond de Andrade, Sérgio Buarque de Holanda, Augusto Frederico Schmidt e muitos outros, sobretudo ligados à Academia Brasileira de Letras.

Há que se ressaltar as diferentes personalidades de Jackson e Alceu Amoroso Lima e mesmo a diferença na orientação do Centro Dom Vital e da revista *A Ordem*, quando sob a direção de um e depois do outro, embora isso não reduza em nada a forte presença de Jackson como um dos maiores mestres de Alceu.

Contra o "comunismo marxista [e] o liberalismo burguês", considerados como ideologias destruidoras ou falsificadoras, Jackson de Figueiredo propôs uma revolução espiritual, uma *reação cristã* e, para isso, contou com o apoio de uma elite intelectual católica, considerada responsável pela divulgação da *mensagem evangelizadora*. Atuando decisivamente no campo político, Jackson de Figueiredo viu a sociedade não no sentido estático, mas também não aceitou a sua evolução ou ruptura através de uma *revolução*. Daí a sua grande crítica, já feita anteriormente pelos contrarrevolucionários do século XIX (RODRIGUES, 2005), em relação à Revolução Francesa, à ideia de revolução.

Um trabalho mais detalhado sobre Jackson de Figueiredo é o artigo célebre de Francisco Iglesias, intitulado "Estudo sobre o pensamento reacionário: Jackson de Figueiredo", de 1977. Nesse artigo, o autor demonstrou, entre outras coisas, de onde se formou o seu ideário, qual seu projeto para o Brasil, incluindo aí sua relação com a Igreja e a política, e como suas ideias vão chegar às mentes de intelectuais, fossem ligados ao catolicismo ou não.

Segundo Francisco Iglesias, podemos definir a história do catolicismo no Brasil entre o antes e o depois de Jackson de Figueiredo. Ele atuou de forma muito próxima à política, fosse marcando suas posições ou no trabalho de "convocação" dos correligionários à causa de transformar o catolicismo em uma força mais presente, nas decisões que orientaram os rumos do país. Isso sempre por meio de um discurso em defesa da autoridade e de crítica à liberdade.

A pregação de Jackson de Figueiredo esteve diretamente voltada para o combate ao liberalismo, ao socialismo, mas, acima de tudo, à ideia de *Revolução*. Francisco Iglesias lembra que esse posicionamento foi a primeira manifestação do reacionarismo no país, considerando o fato de que, na

Europa, era o momento de ascensão de ideologias de direita, como o fascismo. A obra de Jackson se tornou no Brasil de então uma expressão clara do pensamento conservador, tradicionalista e mesmo reacionário. Este intelectual promoveu uma pregação considerada antirrevolucionária, de direita, fascista, lançando mão da divulgação de ideias formuladas por teóricos da contrarrevolução francesa, entre os quais Edmund Burke, Louis-Ambroise De Bonald, Joseph De Maistre[4] e Juan Donoso Cortés. Vale lembrar que dado o caráter autoritário de sua pregação, Jackson também exercerá influência nos meios não católicos.

Para complementar os escritos de Iglesias cabe lembrar que o mais correto seria dizer que De Maistre foi um conservador contrarrevolucionário,[5] porque pretendeu a conservação de uma ordem passada através de uma contrarrevolução, de uma reação, e não simplesmente a partir da evocação da tradição, como era o caso de Edmund Burke.

As principais temáticas tratadas por Jackson de Figueiredo em suas obras são: o *catolicismo* (segundo ele a moral, a arte, a política, a sociedade, e o pensamento devem estar conformados aos valores do catolicismo); a *contrarrevolução* (a concepção segundo a qual uma série de fatores teriam contribuído para uma ruptura no seio do catolicismo auxilia no entendimento dos mesmos como fatores que conduziram a uma Revolução, a uma mudança abrupta na relação da Igreja com a sociedade); a *Reforma*, o racionalismo de Descartes, as ideias da Enciclopédia, consequentemente a Revolução Francesa e, por fim, o corromper da autoridade sob o primado da liberdade e da igualdade entre os homens, logo a desordem total. Um Estado leigo, indiferente à religião, proporcionaria a chegada ao

---

4   Segundo Iglesias, será em Joseph De Maistre que Jackson "verá a grande matriz do reacionarismo. O tradicionalista francês é dos autores que o brasileiro mais leu e assimilou: cita-o com frequência, apela a cada passo para suas lições" (IGLESIAS, 1977, p. 120-121) Posição essa de Iglesias que deve ser relativizada especificamente quanto à definição de De Maistre como tradicionalista.

5   Ao cenário proveniente da Revolução Francesa de 1789, seria necessário opor uma reação, ou melhor, *uma revolução ao contrário*, para falarmos nos termos de Joseph De Maistre.

liberalismo, em seguida ao socialismo e, por fim, ao comunismo. Este era o medo exato de Jackson: o fantasma, muito próximo, do comunismo.

Temáticas também, presentes no ideário de Jackson de Figueiredo são: a *ordem* – onde a não observância dos princípios cristãos conduziria ao desrespeito à ordem em todos os campos e isso levaria a sociedade a um estado de confusão em suas relações, o que certamente resultaria numa "falsa noção de igualdade"; a *autoridade*, pois vê no seu enfraquecimento o princípio da condução a um estado caótico, anárquico, o qual seria sanado somente com o restabelecimento da ordem a partir da ação de uma mão forte, autoritária. Cabe lembrar também que Jackson condiciona a "ordem intelectual, como a social e a política", à moral cristã católica; daí sua condenação ao que considerava a imoralidade reinante na sociedade brasileira do período das duas primeiras décadas do século XX (IGLESIAS, 1977, p. 146-148).

Assim, foi através do contato com Jackson de Figueiredo que Alceu se converteu ao catolicismo e, com isso, fez aflorar em seu próprio pensamento conceitos de ordem conservadora (autoridade, ordem, hierarquia), amplamente discutidos com Jackson durante o percurso da sua conversão, e adquiridos a partir igualmente de leituras sugeridas pelo amigo.

Ao estudarmos o pensamento de Jackson de Figueiredo, observamos que sua ação foi crucial na constituição e consolidação de propostas em torno de um laicato católico diretamente presente na cena política dos anos 1920 e décadas posteriores. Sua importância foi central no processo que culminou com a conversão de Alceu Amoroso Lima ao catolicismo, em 1928. Grande parte do seu ideário (principalmente as noções de tradição, autoridade, crítica da Revolução Francesa, hierarquia, ordem) foi devedor de pensadores como Joseph De Maistre. Foi por meio de Jackson que esse ideário chegou a Alceu Amoroso Lima e, consequentemente, a toda uma elite intelectual católica brasileira.

Após um bom tempo de relacionamento, de troca de correspondências e de discussões, Alceu chegou à conversão ao catolicismo e foi durante esse processo que ele manteve contato com os escritos dos autores conservadores, por indicação de Jackson. Esse, por sua vez, utilizou em sua argumentação para o convencimento de Alceu um discurso constituído de elementos provenientes do ideário contrarrevolucionário e, muitas vezes, indicou a leitura de como foi o caso particular autores de De Maistre.[6]

É importante ter claro que nessa conversão de Alceu Amoroso Lima ao catolicismo há um processo de *convencimento* e de *discussão* entre ele e Jackson. As discussões entre ambos ocorrem no período que vai de 1919 a fins de 1928, por meio de uma correspondência que se constitui por 123 cartas enviadas por Jackson a Alceu e 121 de resposta. Ao final desse processo, depois de muitas discussões de fundo até mesmo teológico, de conflitos internos e de novas leituras, Alceu se converteu ao catolicismo tornando-se, a partir de então (18 de agosto de 1928), o líder intelectual laico mais importante para a Igreja Católica, pelo menos durante os quatro decênios seguintes do século XX. O processo que levou Alceu à conversão ao catolicismo foi, portanto, *uma mudança interior de valores e se constituiu por meio das discussões pessoais e aquelas travadas também na correspondência entre ele e Jackson de Figueiredo*. Considerar o processo de conversão religiosa algo como uma simulação, sem mesmo conhecer o teor exato das questões inerentes a tal mudança ou mesmo conhecendo é, sem sombra de dúvida, uma opção teórica que respeito, embora não adote a mesma. Ao meu ver, a relação dos homens com o fenômeno religioso ultrapassa os limites do puro e simples *jogo de estratégias*, embora reconheça que tal ocorra com grande frequência.

O estudo do teor da correspondência entre ambos os pensadores é decisivo para a compreensão do processo de conversão pelo qual Alceu Amoroso Lima passou e como isso definiu o seu *agir* diante do mundo que o cercava e o peso que teve para a condução de inúmeras ações à frente dos intelectuais católicos etc.

Portanto, a relação entre Alceu e Jackson se deu de forma mais próxima por meio da troca de correspondência, entre o final do ano de 1919

---

6   Especialmente: DE MAISTRE, Joseph. *Du Pape*. Paris: Charpentier Librarie-Éditeur, 1860. DE MAISTRE, Joseph. "Considérations sur la France". In: *Oeuvres Complètes*. Tome I. Genève: Slatkine Reprints, 1979.

e final de 1928, com a morte de Jackson. A correspondência entre ambos revela os questionamentos de dois intelectuais que, cada qual a seu modo, *procuravam respostas para o que consideravam ser o estado da civilização, e do Brasil em particular, além da compreensão do sentido de suas próprias existências.*

Os nomes de Joseph De Maistre, Charles Maurras e Jacques Maritain aparecem com maior frequência nas discussões entre ambos, mais particularmente a respeito das questões relacionadas aos princípios de autoridade, liberdade, catolicismo, além de uma visão do mundo contemporâneo como resultado de uma *crise moral* e, portanto, espiritual. Assim, foi no período de 1919 a fins de 1928 que Jackson de Figueiredo conduziu, por meio de inúmeras discussões e reveses, Alceu Amoroso Lima à conversão ao catolicismo.

Sem dúvida, o grande mestre de Jackson de Figueiredo foi o contrarrevolucionário Joseph De Maistre, mas ele recebeu também forte influência das leituras de Charles Maurras[7] e das publicações de Jacques Maritain referentes ao período em que esse esteve ligado à Action Française,[8]

---

7   Maurras estava à frente do movimento da Action Française e de sua revista, criada em agosto de 1899, defendendo uma reação nacionalista e monarquista, em razão de acreditar que faltava à França um verdadeiro poder "responsável e autorizado". Sob sua ótica, havia sempre um complô entre os franceses – considerados traidores – e os judeus, por sua vez, corresponsáveis pelo trabalho em favor da destruição da França. Ao mesmo tempo, Maurras defendia um nacionalismo integral sob a formulação teórica do "pensamento positivo" e da política da restauração (WINOCK, 2000, p. 76-99; RÉMOND, 1982, p. 284).

8   A Ação Francesa exerceu influência na vida política e na opinião pública francesas nas quatro primeiras décadas do século XX. Nascida mais cronologicamente do que intelectualmente com o caso Dreyfus, oficialmente fundada em 20 de junho de 1899, é filha do nacionalismo antirrevisionista. Originalmente, os primeiros maurrasianos queriam reagir contra o que entendiam ser uma anarquia resultante da "proclamação sem precaução nem contrapartida dos Direitos do homem". O repúdio aos princípios democráticos, a defesa da hierarquização social, aproximavam a doutrina da Ação Francesa a outra forma de pensamento, a da direita tradicionalista. Isso se deu em razão das inegáveis similitudes: tanto numa como noutra era presente a intransigência, a recusa da discussão e da acomodação; ambas não admitiam a partilha. De modo mais específico, a Ação Francesa era o contrário da democracia, pois sua filosofia política era profundamente aristocrática, sobretudo fundada na concepção hierárquica da sociedade

notadamente a obra *Antimoderne*, de 1922. Jackson lê também *Primauté du Spirituel* de Maritain,[9] mas prefere ficar ligado à sua produção anterior bem como ao pensamento de Maurras em *Politique d'abord*.

Embora Jackson de Figueiredo tenha sucesso em fazer com que Alceu Amoroso Lima entre em contato com Joseph De Maistre, o mesmo não se repete com relação ao pensamento de Charles Maurras, pois Alceu Amoroso Lima já conhecia sua produção por meio do debate que presenciara quando de sua viagem à França para assistir aos cursos do filósofo metafísico Henri Bergson,[10] em Paris.

Por outro lado, é importante notar que Alceu já tomou posição a favor de Jacques Maritain a partir do lançamento de *Primauté du Spirituel* (1927), o que demarcou, a nosso ver, o seu distanciamento gradual das ideias de Charles Maurras, à semelhança do próprio Maritain e do próprio Vaticano. Isso contribuiu para que Alceu Amoroso Lima relativizasse o seu conceito de autoridade, embora isso não lhe tenha obrigado a se afastar das posturas conservadoras ou mesmo autoritárias defendidas até então, coisa que faria somente no decorrer dos primeiros anos da década de 1940. O afastamento que Alceu procede em relação a Maurras não acontece por parte de Jackson, que ainda vê nas argumentações do líder da Action Française um referencial coerente com suas aspirações e visão de mundo. O debate entre Alceu e Jackson a esse respeito será caloroso.

---

e defensora do que considerava as *superioridades naturais*. O seu programa no campo social se reduzia a uma evidente e anacrônica tentativa de restauração dos quadros corporativos, produto do "tradicionalismo, aristocrático e paternalista do catolicismo social". Assim, "afirmar a 'política primeiro' é novamente uma forma de negar o social e manter o status quo" (RÉMOND, 1982, p. 169-173).

9   Consultar MARITAIN, Jacques. *Antimoderne*. Paris: Editions de la Revue des Jeunes, 1922. MARITAIN, Jacques. *Primauté du Spirituel*. Paris: Plon, 1927 (esta obra demarca o distanciamento de Jacques Maritain do grupo de Charles Maurras). Consultar WINOCK, Michel. *O Século dos Intelectuais*. Rio de Janeiro: Bertrand Brasil, 2000, p. 241-265

10 A propósito de Bergson consultar os artigos que Alceu publica na revista *A Ordem*. Uma das obras mais lidas é: BERGSON, Henri Louis. *Les deux sources de la morale et de la religion*. 88ª ed. Paris: PUF, 1958.

Na Europa, o filósofo católico Jacques Maritain rompeu com a Action Française, já a partir de 1926, momento em que o Vaticano fez o mesmo condenando-a. O fato de Alceu Amoroso Lima estar, neste momento, alinhado à posição de Jacques Maritain não implicou sua imediata guinada à democracia e ao pensamento progressista. O próprio Jacques Maritain acabava de sair da Action Française e dava início ao processo de formulação de sua conceituação democrática e humanista integral.[11]

O processo de conversão de Alceu Amoroso Lima ao catolicismo, por meio do contato com Jackson de Figueiredo, guarda elementos importantes para a compreensão do período posterior de sua vida, o de defensor de ideias e posturas autoritárias. Mas o pensamento autoritário de Alceu, a sua defesa da autoridade, ordem, hierarquia, não deve ser tomado de forma simplista pois há uma série de matizes em suas formulações que o diferenciam de Jackson de Figueiredo.

---

11 A produção dos escritos de Jacques Maritain e sua proposta de humanismo devem ser compreendidos no contexto da sua divergência com o mundo moderno, com a ciência e a filosofia modernas; mas, ao mesmo tempo, de sua percepção dos avanços desse mesmo mundo. Dentro desse movimento, é em *Humanismo Integral*, de 1936, que Maritain propõe a distinção entre o plano do *espiritual* e o plano do *temporal* e a subordinação do último ao primeiro. Para Maritain, o plano espiritual se referia à condição do homem em sua relação com o divino, à sua vida sacramental, em suas ações pautadas na busca da vida eterna. O plano temporal consistia naquele em que o homem atuaria como simples membro da sociedade civil, tendo suas mais diversificadas atividades intelectuais, morais, científicas, artísticas, sociais ou políticas como condições determinantes para o bem-estar terreno da comunidade civil e para a promoção da cultura. Portanto, na concepção maritainiana, a cultura e a civilização seriam relativas ao temporal, enquanto as questões ligadas à fé, à vida eterna e à relação com Deus pertenceriam ao plano do espiritual – em razão de pertencerem, por analogia, à ordem do temporal, na mesma medida que Deus gozava de liberdade em relação ao mundo. Por outro lado, Maritain ressaltava que ambos os planos eram distintos mas não separados; dizia que existia a preponderância do espiritual sobre o temporal e mencionava como exemplo o fato de que mesmo quando um homem agia como membro da sociedade civil, estava sob o poder da luz divina (MARITAIN, 1942, p. 94-95; p. 284)

CORRESPONDÊNCIA

Em fins de 1920, Jackson de Figueiredo dirige uma carta a Alceu Amoroso Lima elogiando-o como possuidor de caráter distinto em meio ao domínio das letras contemporâneas e como crítico literário. Isso interessava a Jackson de Figueiredo e aos católicos, a ponto dele procurar iniciar o seu contato com Alceu pedindo que tivesse um "olhar de simpatia no exercício da crítica" e uma "inclinação para julgar com bondade". Nesses termos, Jackson argumentava que essa mesma bondade era difícil de ser alcançada e, por vezes, tornava-se uma forma de "revolta e indignação" frente a trabalhos "indignos". A isso Jackson chamava de "aquelas 'cóleras racionais' de que fala de Maistre" (FIGUEIREDO; LIMA, 1991, p. 42).

Mas foi em carta de de fevereiro de 1923 que Alceu Amoroso Lima admitiu mesmo o seu caráter de conservador, demonstrando a sua proximidade com a Action Française naquele momento, e definindo a sua diferença com a posição de Jackson de Figueiredo no campo da crítica literária. Posições essas definidas por Alceu em 1923, mas que mudariam em parte especialmente no período de 1927 a 1928, o que revela o quanto foi tortuoso e conflituoso o seu processo de conversão.

Nessa carta de 1923 Alceu admitiu ter sido "um espírito conservador em política" de modo a conceber "as reformas necessárias" somente como resultantes de uma "evolução natural". Para ele, um processo revolucionário estava totalmente fora de cogitação, mas, a seu ver, o erro de Jackson era o de confundir "espírito conservador político e espírito conservador literário, autoridade social e autoridade estética". Ora, Alceu se dizia espantado em ver em Jackson a condenação da arte de Mário de Andrade como sendo "fruto de uma imaginação demente e de um espírito insincero e carnavalesco" e, ao mesmo tempo, a não condenação ao "sensualismo" de um Olavo Bilac. Alceu se colocava contrariamente ao que Jackson de Figueiredo pensava nesse campo, por isso, definia que a arte de Mário de Andrade procurava a "expressão de um momento de civilização, cheio de esgares, de incertezas, de exageros de abusos, de forças novas magníficas, de abusos intoleráveis, de anarquia mental e de progresso material" (LIMA; FIGUEIREDO, 1991, p. 63-64).

Alceu Amoroso Lima dizia que era conservador em matéria de política e não no campo da crítica literária. Para ele, a arte de Mário de Andrade valia tanto quanto a obra de um "Marcel Proust, de Paul Morand, de Joan Giraudoux, de Tristan Derême". Autores que, segundo sua visão, estavam à extrema direita na Europa junto com a *Action Française* e, considerando a si mesmos contrarrevolucionários, produziam uma arte "revolucionária" e não desejavam repetir "indefinidamente" o que os seus avós haviam dito (LIMA; FIGUEIREDO, 1991, p. 65).

Para Alceu, aí estava a sua diferença como crítico que respeitava uma variedade de expressões individuais fosse de que lado estivessem, enquanto Jackson de Figueiredo tinha sua análise comprometida com um viés de política *à la Maurras*. Podemos observar tal diferenciação na carta de 2 de fevereiro de 1923:

> Pouco me importa louvar, ao mesmo tempo, um tradicionalista e um modernista, se em ambos reconhecer talento, originalidade e sinceridade. [...] Esse é talvez o ponto vital de nossa discordância: você louva e prega a crítica dogmática, que submete as obras a certos critérios fixos, julgando-os de acordo com esses modelos inflexíveis. A minha crítica é o oposto disso: ela procura buscar a vida onde a encontre, e como um dos maiores males da nossa literatura é o academicismo, e o ar confinado da classicomania, é lógico que pode chocar por vezes os espíritos tímidos ou dogmáticos, louvando certas inovações que parecem, à primeira vista, páginas de hospício (LIMA; FIGUEIREDO, 1991, p. 66).

Mas Jackson de Figueiredo desejou de toda forma converter Alceu Amoroso Lima ao catolicismo, de modo que a relação entre ambos sempre foi pautada por sua tentativa de convencê-lo, sobretudo em favor de questões que passavam pelo recurso à leitura de Joseph De Maistre na questão da autoridade. Temáticas como *autoridade, ordem, Action Française, catolicismo* e *política* são abordadas em meio a discussões sobre literatura, fé, amor, suicídio, e são retomadas de tempos em tempos. É isso o que observamos, por exemplo, anos mais tarde na carta que Jackson enviou a Alceu, do Rio de Janeiro e datada de 22 de abril de 1927. Foi nessa carta que Jackson de Figueiredo defendeu mais decididamente o fortalecimento do princípio de autoridade no Brasil, em contraposição ao fato de Alceu ter-lhe imputado como erro sua concepção particular de autoridade.

Para Jackson de Figueiredo não havia romantismo algum na defesa do princípio de autoridade. Pelo contrário, viu no reforço deste, especialmente no que se referia ao poder público, algo imperioso simplesmente porque os homens "haviam se esquecido e desprezado tal princípio". A consequência lógica é que isso havia acarretado às suas vidas, desde tempos passados, "a desordem, o aniquilamento, a negação mesma do seu *meio universal* que é a sociabilidade". Jackson acreditava que o romantismo individual ou coletivo estava no centro do esquecimento do princípio de autoridade. Isso o fez rememorar a "lição de Joseph De Maistre: 'conheço o Francês, o Inglês, o Alemão, mas nunca tive ocasião de encontrar o Homem'". Estava posta aí, entre outras coisas, as questões dos direitos individuais e da soberania popular. Nesse sentido, na interpretação de Jackson de Figueiredo, esses homens – "o Francês, o Inglês, o Alemão, como o Brasileiro" –, embora pudessem compreender e sentir de forma diferente uma série de questões, não podiam se furtar ao domínio das "leis da natureza humana" e a uma delas, em especial, a de "ser eminentemente hierárquica" (FIGUEIREDO; LIMA, 1991, p. 100).

A resposta de Alceu Amoroso Lima à postura de Jackson de Figueiredo sobre a autoridade e a hierarquia veio dois dias depois em carta, datada de 24 de abril de 1927, onde ele defendeu uma noção de autoridade vinculada ao que concebeu como justiça, portanto diversa daquela pensada por Jackson. Isso revela a compreensão peculiar que Alceu teve dos conceitos de justiça e autoridade. Mais ainda, traz à tona o seu autoritarismo, expresso ao eleger Mussolini como o melhor representante "de certo modo de autoridade em sua forma realista"; embora isso não o tenha impedido de reconhecer que

Mussolini representava uma ameaça para a Itália e para o mundo com o seu "imperialismo romano perigoso" (LIMA; FIGUEIREDO, 1991, p. 105).

Nessa mesma carta, Alceu Amoroso Lima chegou ao que considerou ser o "modelo" de autoridade prática de Mussolini por meio da compreensão *peculiar*, de que só se poderia "conseguir a permanência do sentido social e a solidez da estrutura de organização de um povo, se o princípio de autoridade" fosse "justo". A seu ver, somente pela justiça se conseguiria fazer do princípio de autoridade "não uma simples fórmula de força, mas uma convicção mais ou menos aceita pela maioria da comunidade social". Mas o autoritarismo de Alceu Amoroso Lima nesse período se revela mais claramente quando define que, para se alcançar essa "harmonia social" da qual falava, os governos tinham a "necessidade primária de criar um ambiente social, sentimentos de aproximação, ideais comuns, uma base comum sobre a qual poderão pairar, inocuamente, as variedades de partidos etc" (LIMA; FIGUEIREDO, 1991, p. 106).

De forma prática, Alceu dá o exemplo de um equívoco no uso da autoridade no Brasil do início dos anos 1920, com o governo Artur Bernardes. Segundo Alceu, o elemento que dera a Artur Bernardes a sua impopularidade fora a "prolongação indefinida do estado de sítio, isto é, a privação da lei, ou pelo menos, o arbítrio e a instabilidade da Lei" (LIMA; FIGUEIREDO, 1991, p. 108).

Portanto, para Alceu Amoroso Lima, a autoridade deveria ter respaldo da Lei e do povo por meio de uma série de *mecanismos de coerção criados pelo Estado*. A seu ver, o erro maior de Artur Bernardes estava em não ter observado esse pressuposto. Em síntese, Alceu defendia o que considerava ser uma "concepção realista" de autoridade, como se observa no trecho da carta de 274 de abril de 1927 onde fica mais patente sua vertente autoritária:

> Acho, também, com você, que toda a vida social, ainda a mais rudimentar, é fundada num princípio de hierarquia. E sendo assim, a autoridade é um princípio, um elemento vital, o próprio cimento de todo o edifício social. [...] E o que entendo

> por política é justamente a arte de curar e defender a estrutura social. A política é, no mundo moral, o que a arquitetura é no mundo das artes. [...] Bernardes não se limitou a receber um doente grave e a tentar, para salvar-lhe as últimas esperanças de vida, uma medicina heroica, embora rude. *Bernardes agravou, de início, o mal*, justamente por vir possuído do romantismo do princípio de autoridade, e não de uma concepção realista e prática desse princípio. [...] Mussolini [...] representa de certo modo o princípio de autoridade em sua forma realista (LIMA; FIGUEIREDO, 1991, p. 104-106).

Assim, Alceu Amoroso Lima e Jackson de Figueiredo defendiam o princípio da autoridade, mas discordavam entre si em relação à forma de sua aplicação e garantia social. Isso fica mais evidente ainda na carta resposta que Jackson envia a Alceu em 22 de julho de 1927. Nessa carta, Jackson de Figueiredo chega à conclusão de que ele está de acordo com Alceu Amoroso Lima em vários pontos relativos à questão da autoridade, mas que guarda algumas divergências. Argumenta que ambos estão de acordo quanto à necessidade de se "reforçar o princípio de autoridade porque não pode haver sociedade, e muito menos civilização, onde não houver autoridade". Concordam ainda quanto ao fato de que desde há um século se procedia ao "esquecimento grave desta necessidade". Noutro sentido, Jackson argumenta que além dessa consonância de opinião entre ambos quanto à necessidade de reforço do princípio de autoridade e de sua visível ausência na sociedade, ele e Alceu estavam igualmente de acordo em relação ao entendimento do que era a autoridade. Portanto, Jackson resumia isso na frase a seguir: "aceito todas as suas restrições, todas as 'garantias' teóricas, que você pede. Autoridade não é força bruta em ação, mesmo quando aparentemente organizada" (FIGUEIREDO; LIMA, 1991, p. 116).

Entretanto, analisando melhor a posição de Jackson de Figueiredo a esse respeito, podemos concluir que ele discordava de Alceu Amoroso Lima quanto aos meios de ação da autoridade.

A construção teórica de Jackson é toda formulada no sentido de demonstrar que a concepção de autoridade que Alceu tinha não levava em consideração a "diferença entre o que a autoridade" devia ser, "(originariamente e normalmente)", e "o que" poderia ser ou era *forçada a ser*", dadas as condições mundiais de revolução e perturbações generalizadas. Nesse sentido, Jackson se alinhava mais a Charles Maurras na medida em que, face à conjuntura mundial e mesmo do Brasil, defendia que para restabelecer a ordem, a própria autoridade precisava "desistir de muitas características da sua identidade cristã" (FIGUEIREDO; LIMA, 1991, p. 117). Entendamos com isso, por exemplo, no mínimo negligenciar os direitos individuais!

Não bastasse tal afirmativa, Jackson vai se apoiar em Joseph De Maistre para fundamentar sua defesa da hierarquia e autoridade, considerando os direitos individuais, a liberdade, como detalhes secundários dentro da sociedade pensada por ele. Sob sua ótica autoritária, era válida a frase de Joseph De Maistre, segundo a qual "na prática, às vezes, tem que ser como na filosofia que [...] só se organiza se sabe esquecer detalhes". Mas Jackson completa ainda nessa carta de 22 de julho de 1927: "O trabalho atual, penso eu, é o de refazer o senso da autoridade. Só de forma prática será possível: os homens que conquistaram o poder têm que ressuscitar a autoridade" (FIGUEIREDO; LIMA, 1991, p. 117).

Portanto, a conclusão de Jackson de Figueiredo, como autoritário convicto, é a de que a autoridade deve ser *imposta* pelos homens de governo como algo legítimo e imprescindível mesmo que para isso tenham que considerar o ônus de tal feito. Assim, a seu ver a conclusão lógica é que os mesmos

> Chegarão ao fim da jornada. Levantarão a pedra do sepulcro. Dizia Joseph de Maistre que a Contra-Revolução, para vencer a Revolução, terá que lançar mão de processos revolucionários. É esta a fatalidade da humanidade decaída. É o tributo do *suor do seu rosto*, o trabalho amargo. É com *atos do homem* que chegaremos a *atos humanos* (FIGUEIREDO; LIMA, 1991, p. 117-118).

O BURGUÊS SERVIL E O ANARQUISTA ACORRENTADO: DISTANCIAMENTOS

Mas as divergências entre Alceu Amoroso Lima e Jackson de Figueiredo em relação ao princípio de autoridade expressam, na verdade, o processo conflituoso que levou o primeiro à conversão. Nesse processo podemos observar que ambos os intelectuais assumiram, em muitas ocasiões, posturas relutantes quanto ao sentido de suas existências.

Tal fato pode ser observado quando Alceu Amoroso Lima revela a Jackson de Figueiredo sua luta contra o *espírito burguês* que havia dentro de si. O que fica expresso na carta de 9 de agosto de 1927:

> Você, dizia eu, luta contra o que tem de mais elevado em si. Mas eu luto contra o que tenho de mais baixo. Você luta contra um temperamento revolucionário. Eu luto contra um temperamento de burguês (pense bem nesta frase cruel que ousei escrever. Leia de novo. Veja se não tenho de detestar-me). Você luta contra o anarquista que há em você, queira ou não queira o reacionário que você criou em si para acorrentar o outro. Eu luto contra o servil, o que se submete, o que aceita, o que se resigna (LIMA; FIGUEIREDO, 1991, p. 137).

Mas a parte dessa carta que expressa melhor o estado de espírito de Alceu Amoroso Lima no momento de 1927 é aquela que revela a insatisfação com a própria vida, com o mundo que o cercava. Insatisfação existencial que o perseguia, mesmo ele estando sob uma condição financeira privilegiada. Essa mesma *ânsia pelo sentido de sua existência* seria uma das forças decisivas para a sua conversão (15 de agosto de 1928). Mas, ainda em 1927, Alceu falava das suas angústias existenciais a Jackson por meio de expressões fortíssimas e reveladoras deste processo:

> Tenho uma mãe que morreria talvez se eu morresse. Tenho uma família que me cerca de tudo o que posso aspirar na vida. [...] Tenho posição de fortuna... Fiz um pequeno nome

literário. Tenho tudo, tudo, tudo o que um homem normal pode desejar da vida. [...] No entanto,... sinto-me num beco sem saída. Sinto-me ferido de morte. *Sinto-me velho*. [...] Juro-te que se Deus existe em qualquer parte do universo... só uma coisa lhe peço: a loucura ou a morte (LIMA; FIGUEIREDO, 1991, p. 138-139).

Outro fator que revela a relutância de Alceu, sua incerteza, o processo de mudança, é sua postura frente à *Action Française*, ora criticando alguns dos seus postulados, ora defendendo-a. Veja-se, por exemplo, o que ele diz a esse respeito em carta de agosto de 1927: "Ainda hoje passei o dia lendo a *Action Française*. A energia de ferro daqueles homens. Um desprezo pela vida ou pela morte, pelo *qu'en dira-t-on*, por tudo, até mesmo pelo bom senso, pois eles facilmente extravasam para o fanatismo" (LIMA; FIGUEIREDO, 1991, p. 139-140).

Em carta a Jackson de Figueiredo, de dezoito de janeiro de 1928, Alceu questiona o posicionamento fixo do seu interlocutor em relação ao predomínio do político sobre o espiritual (a la Action Française). Questiona-o se o livro *Primauté du Spirituel* de Jacques Maritain não seria uma espécie de chamado ao "sentido humano da Igreja". Ou melhor, dizia Alceu: "A condenação da *Action Française* não será um conselho de volta à *contemplation*? Temo dizê-lo por ser demais de acordo com o meu gosto. E como a minha tortura máxima é *passar* (como?) da contemplação à ação, temo *ver* o que *desejo* ver" (LIMA; FIGUEIREDO, 1991, p. 296).

O momento de 1928 expressava bem o debate em torno da condenação do movimento da Action Française pelo Vaticano (ocorrida em 1926), o que havia feito com que muitos dos discípulos de Charles Maurras e simpatizantes de suas ideias autoritárias ainda estivessem desconcertados, desorientados.

Esse era o caso, por exemplo, de Jackson de Figueiredo e de Alceu Amoroso Lima. Jackson estava mais ligado às ideias primárias de Maurras em relação ao predomínio do político sobre os demais campos sociais. Alceu estava mais propenso a se alinhar a Jacques Maritain a partir da leitura de sua obra *Primauté du Spirituel*, definidora do afastamento de Maritain da *Action Française* e defensora do espiritual sobre o político. Mas, como já dito, Maritain evoluiria progressivamente para a democracia e em 1936 lançaria o seu *Humanisme Integral*, ao passo que Alceu demoraria mais, chegando à defesa da liberdade e ao campo progressista e democrático somente com o iniciar da década de 1940.

Por outro lado, com o correr dos acontecimentos, enquanto Jackson permanecia atrelado às ideias de Charles Maurras, Alceu dizia abandoná-las formalmente. É o que se observa na carta enviada a Jackson de Figueiredo com data de 1º de fevereiro de 1928, onde Alceu contesta-o juntamente com Maurras na questão do predomínio das atividades políticas sobre as espirituais. Observamos que em sua concepção a atividade política não continha "nenhum elemento preferencial, nenhuma hierarquia de valor em relação a qualquer das outras atividades humanas". Alceu promove uma crítica ao livro *Politique d'abord*, de Maurras, como "uma expressão puramente naturalista", pois, na lógica dessa obra, o homem era "um ser puramente natural, racional" tendo como fim primordial o convívio social (LIMA; FIGUEIREDO, 1991, p. 311-312).

Ao contrário disso, a argumentação de Alceu se constituía no sentido de demonstrar que o homem era um ser "natural e supranatural" que obedecia tanto a "estímulos materiais e racionais, como espirituais e suprarracionais". Portanto, compreende-se que, na sua visão, a política não podia constituir-se de privilégios sobre as demais atividades, posição que demarca bem o seu distanciamento com Jackson neste ponto:

> Penso que o equívoco está em confundir atividade política com *atividade*, com ação. E julgar que a arte, a religião, sejam contemplação. [...] Eu penso que, em qualquer atividade humana, seja arte, seja filosofia, seja sociologia, seja ciência, – há uma parte de contemplação e uma de ação (LIMA; FIGUEIREDO, 1991, p. 312).

O COMUNISMO, A CONVERSÃO E A "REVOLUÇÃO" ESPIRITUAL

Nesse debate que tinha como pano de fundo a questão da condenação da Action Française, Alceu Amoroso Lima estava ao lado da Igreja Católica. Isso ficou expresso na sua carta a Jackson, de 12 de março de 1928, onde ele alertou para o fato de que a Igreja estava percebendo que o ciclo da civilização greco-romana estava no final e que no horizonte surgia uma "atitude universalista" de Roma. Nessa nova fase, Roma se aproximava do extremo ocidente, do extremo oriente e do Brasil. Para Alceu, a Action Française não compreendia esse movimento da Igreja e preferia permanecer em defesa de uma religião nacional e de um catolicismo muito peculiar aos seus interesses políticos (LIMA; FIGUEIREDO, 1991, p. 311-352).

No mês de maio de 1928 Alceu confidenciava a Jackson que a civilização contemporânea estava a esconder sua decadência moral sob uma casca, a mesma que havia levado a Rússia e o México à desagregação. Portanto, ele sugeria que o procedimento a ser adotado em relação a essa civilização decadente era o mesmo que Joseph De Maistre havia adotado contra a Revolução Francesa. O mesmo servia em relação ao comunismo. Assim, a seu ver, era preciso olhar para a civilização moderna decadente e para o comunismo com olhos e espírito mais atentos:

> Ainda há dois dias eu tomei das *Considerações sobre a França* e tudo o que ele diz da R.F. aplica-se à R.R.[...] Nós devemos olhar para esta, *de dentro*, do fundo, vendo a importância fundamental que ela tem no mundo moderno, como Joseph de Maistre considerou a Revolução Francesa. E não distraidamente como uma coisa longínqua. A mocidade sul-americana está toda *impregnada de comunismo*. É preciso contar portanto com esse fator. Estudá-lo profundamente, *como elemento espiritual* que é, e não simples ameaça social, de bombas, etc. E o espírito só se cura com o espírito (LIMA; FIGUEIREDO, 1991, p. 90-91, grifo nosso)

As leituras que Alceu Amoroso Lima fez de Joseph De Maistre foram frutos das indicações de Jackson de Figueiredo, o que pode ser observado na questão do comunismo e da liberdade, de 24 de julho de 1928, onde Jackson defendia a questão material em detrimento da espiritual:

> Penso que todos os problemas da terra já foram resolvidos no céu, e que eu aqui estou livremente para aceitar o que Deus quer, os processos que me propõe. *Comunismo é materialismo*, consciente ou não. Crença de que o homem pode criar a sua lei. Ver Joseph De Maistre nas *Soirées* – liberdade de ser livre; quando usamos mal da liberdade já somos escravos da morte, tendemos ao nada. Enfim, nada mais posso dizer (FIGUEIREDO; LIMA, 1992, p. 207). (grifo nosso)

Enfim, foi no correr dos anos 1919 a 1928 que Jackson de Figueiredo chegou a ver o seu mais considerado discípulo se converter ao catolicismo, o que se deu em 15 de agosto de 1928 e foi relatado pelo próprio Alceu Amoroso Lima em carta do dia seguinte:

> Querido Jackson. Conforme lhe disse, recebi ontem a comunhão das mãos do Padre Leonel Franca, que tão bem soube encaminhar-me e facilitar-me esses últimos arrancos do homem velho. Estou portanto de novo na velha Igreja. Que farei por ela? Poderei fazer alguma coisa? São tantas no horizonte, dentro de mim e fora de mim! Tanta coisa a pesar-me sobre a alma! Há momentos em que vejo tudo *insolúvel*. É o que penso neste de agora (LIMA; FIGUEIREDO, 1992, p. 226-227).

Se para Jackson de Figueiredo o primado do político era central, para Alceu Amoroso Lima a preferência deveria recair sobre os demais caminhos sintetizados no *rumo ao espiritual*. Isso se observaria melhor, a partir de sua conversão, na segunda metade do ano de 1928. Mas se Alceu abandonou Jackson e Maurras nesses aspectos, por outro lado ele lhe permaneceu fiel por um grande período da década de 1930, particularmente em relação à defesa do reforço do princípio de autoridade. Portanto, as questões da autoridade e hierarquia seriam os elos de ligação entre ambos, sobretudo após a conversão de Alceu, agora sob um referencial mais concreto: Joseph De Maistre e não mais Charles Maurras.

Numa perspectiva mais ampla, o estudo das mudanças no cenário político, cultural e religioso das primeiras décadas do Brasil do século XX contribui para a compreensão do papel dos intelectuais e, particularmente, da formação de um laicato intelectual católico a partir de Jackson de Figueiredo e do apoio de Dom Leme. Com maior relevância, o estudo desse percurso das duas primeiras décadas do século XX é decisivo para a compreensão da formação do cenário intelectual, de um modo geral, e com especificidade no meio católico.

Assim, percebe-se o papel desempenhado pelo intelectual autoritário Jackson de Figueiredo para a Igreja Católica no meio político e sua presença decisiva na conversão do intelectual Alceu Amoroso Lima, que até então estava "disponível para o mundo". Enfim, o período de 1900 a fins da década de 1930 é o momento onde a Igreja Católica se rearticula institucionalmente dentro de uma sociedade que ingressava na modernidade. É nesse momento que Jackson e Alceu passam da adolescência e juventude, ingressando na vida adulta.

É no período anterior a 1930 que ambos começam uma longa correspondência e veem os conflitos e mudanças da sociedade brasileira e do mundo. É, também, o momento no qual se firmam e ganham notoriedade e importância frente ao debate religioso, cultural e político no Brasil; Jackson junto aos católicos da revista *A Ordem* e do Centro Dom Vital e Alceu como crítico importante e de renome no meio intelectual literário. Nesse período se opera a conversão de Alceu ao catolicismo e, com a morte de Jackson,[12] ele assume a frente dos intelectuais católicos laicos e passa a defender as reivindicações da Igreja (à frente de inúmeros grupos e movimentos católicos leigos) e suas próprias, por grande espaço de tempo, sob o

---

12 Jackson de Figueiredo morre em 04 de novembro de 1928.

domínio de posições autoritárias. Nas três primeiras décadas do século XX, uma figura tem papel relevante junto à conduta tanto de Jackson quanto de Alceu. Trata-se de Dom Sebastião Leme, mais conhecido como Dom Leme,[13] o qual procurou estar sempre muito próximo do poder político, sobretudo no período Vargas. Assim, o processo de reaproximação da Igreja Católica com o Estado esteve fortemente marcado, pelos desdobramentos da rearticulação da Igreja com os diversos setores sociais e, especialmente, da aproximação entre uma gama significativa da elite intelectual católica com o aparato estatal e sua inserção no meio social sob a ótica da promoção de uma *revolução espiritual*, da qual a relação entre Jackson de Figueiredo e Alceu Amoroso Lima é ponto crucial.

Assim, da conversão em diante, Alceu Amoroso Lima aprofundaria suas leituras sobre o pensamento conservador com destaque para Joseph de Maistre para, mais tarde, e numa linha absolutamente oposta, se aproximar de Jacques Maritain.

Então, passemos agora à leitura de um pequeno esboço a respeito das principais linhas do pensamento conservador europeu do século XIX, com o fim de observar onde é que tanto Jackson como Alceu vão buscar os elementos autoritários, especialmente no pensamento de Joseph De Maistre.

---

13   O cardeal Dom Leme esteve à frente da Igreja Católica até 1942, ano de sua morte, portanto por quase todo o primeiro período Vargas. Nesse período, Dom Leme tinha relações estreitas com o Governo Vargas e se utiliza delas para efetivar as reivindicações da Igreja. A historiografia é ampla sobre a questão que envolve a relação da Igreja com o Governo Vargas, mas há um trabalho recente que merece atenção. Consultar – ARRUDA, Marcelo Pedro de. *Triunfo católico no calendário secular. Nossa Senhora Aparecida no calendário republicano (1930-1980)*. Tese (Doutorado em História). Programa de Pós-Graduação em História Social. FFLCH – Universidade de São Paulo, São Paulo, 2005.

3

Leituras conservadoras:
Joseph De Maistre

O revolucionário "só idolatra o devir até a instauração da ordem pela qual se debatera". Émile Cioran (1957).

Os direitos dos povos... partem sempre da concessão dos soberanos. [...] Mas os direitos do soberano e da aristocracia não têm data nem autores. Joseph De Maistre (1797).

Para realizarmos o estudo do pensamento conservador, de fundo tradicionalista ou contrarrevolucionário, cumpre considerar como e em relação a que esse tipo de pensamento se constituiu. A partir daí, poderemos entender como ele se formou e como serviu de fundamentação para a crítica que a Igreja Católica fez ao mundo moderno, a partir do século XIX. Consequentemente se compreenderá como a Igreja no Brasil também esteve obrigada a atender aos ditames de Roma, principalmente no início do século XX, sob a política do ultramontanismo, do reforço do poder papal; compreende-se como, a partir daí, se constituiu uma intelectualidade católica laica no Brasil que auxiliou a Igreja em suas reivindicações junto ao Estado. Essa intelectualidade esteve, inicialmente, sob comando de Jackson de Figueiredo, intelectual católico conservador que inspirou seus escritos e posições diretamente no pensamento conservador, sobretudo em Joseph De Maistre. Jackson de Figueiredo foi o principal responsável pela conversão ao catolicismo de outro intelectual com expressão no período, Alceu Amoroso Lima, e por transmitir-lhe o legado conservador que este carregaria por muito tempo, como foi demonstrado no capítulo anterior.

O pensamento conservador *tradicionalista* ou conservador *contrarrevolucionário* se forma face às mudanças operadas pela Revolução Francesa. Se a Grã-Bretanha fornecia ao mundo do século XIX os impactos de sua revolução industrial, a França daria suas revoluções e ideias ao mundo, de modo que a política europeia até por volta de 1917 seria formada por lutas "a favor e contra os princípios de 1789, ou os ainda mais incendiários de 1793". É em relação a muitos desses princípios que o pensamento conservador se volta, reage. O historiador Eric Hobsbawm sugere que as origens da Revolução Francesa devem ser buscadas nas condições gerais da Europa mas, em primeiro lugar, em situações específicas da França. Embora a França não fosse uma potência como a Grã-Bretanha, ela era a "mais poderosa […] das velhas e aristocráticas monarquias absolutas da Europa", de forma que "o conflito entre a estrutura oficial e os interesses estabelecidos do velho regime e as novas forças sociais ascendentes era mais agudo na França do que em outras partes. […] As novas forças sabiam muito precisamente o que queriam" (HOBSBAWM, 1989, p. 71-73).

As ideias e mudanças oriundas da Revolução Francesa representaram forte impacto na Europa e pelo mundo afora, especialmente entre aqueles que defendiam a permanência dos privilégios do regime anterior, como foi o caso de intelectuais e políticos aristocratas conservadores na Inglaterra, França e, mais tarde, na Espanha. Hobsbawm foi conclusivo sobre o teor da Revolução Francesa:

> A França forneceu o vocabulário e os temas da política liberal e radical-democrática para a maior parte do mundo. A França deu o primeiro grande exemplo, o conceito e o vocabulário do nacionalismo. A França forneceu os códigos legais, o modelo

de organização técnica e científica e o sistema métrico de medidas para a maioria dos países. [...] A Revolução Francesa pode não ter sido um fenômeno isolado, mas foi muito mais fundamental do que os outros fenômenos contemporâneos e suas consequências foram portanto mais profundas (HOBSBAWM, 1989, p. 71-72).

A reação aos princípios e efeitos da Revolução Francesa foi violentíssima em várias regiões da Europa (GODECHOT, 1961).[1] Com a República Jacobina do Ano II, há um acirramento da resistência por parte do rei, da nobreza francesa e da emigração aristocrática e eclesiástica, defendendo a ideia de que somente uma força de reconquista da França, vinda do exterior, poderia "restaurar o velho regime". Hobsbawm descreve essa movimentação como expressão tanto dos cerca de 300 mil franceses emigrados entre 1789 e 1795 como do impacto causado pela Revolução na Europa.

> Esta intervenção não foi muito facilmente organizada, dadas as complexidades da situação internacional e a relativa tranquilidade política de outros países. Entretanto, era cada vez mais evidente para os nobres e os governantes por direito divino de outros países que a restauração do poder de Luís XVI não era meramente um ato de solidariedade de classe, mas uma proteção importante contra a difusão de ideias perturbadoras vindas da França (HOBSBAWM, 1989, p. 83).

Mais recentemente, François Furet (2001) estudou o debate sobre a Revolução Francesa. Nesse livro, o autor referiu-se aos contrarrevolucionários, em especial a Edmund Burke, demonstrando que tanto os historiadores do século XIX – Mignet, Michelet – como os do XX – Jaurès e George Lefebvre – ignoraram sua atuação. Furet aponta esse fato como decorrência de sua obra *"Reflections"* constituir-se, também aos olhos desses

---

1   Godechot estuda a doutrina e a ação contrarrevolucionária, com atenção especial para a França, Inglaterra e Alemanha.

historiadores, algo estranho por seu caráter de *surpresa* política e filosófica, dado que Burke considerava o acontecimento francês somente sob o "ângulo de uma ruptura com a civilização europeia". Furet argumenta que a ausência de grandes estudos sobre o inglês Burke é produto então desse estranhamento em relação à sua postura quanto ao fato revolucionário, já que esse mesmo fato "aparece aos franceses, mesmo contra-revolucionários, como uma série de acontecimentos quase familiares, à força de serem constitutivos de sua história" (FURET, 2001, p. 93-94).

René Rémond, ao estudar a Revolução Francesa, demonstrou como esta operou modificações irreversíveis no que se refere ao lugar da religião e de suas relações com a sociedade civil. Observou ainda que antes de 1789 já se expressava uma mudança no campo das ideias e mesmo da política dos Estados, o que representava também a alteração de posição em relação à Igreja Católica. Cabe considerar que o racionalismo responsabilizava o domínio político da Igreja como causador de grande parte das desigualdades sociais. Dentro dessa perspectiva, também o absolutismo monárquico mobilizou-se em direção a uma emancipação, dado que a definição de sua soberania "era válida no tocante às tutelas religiosas". Nesse campo, segundo Rémond, no decorrer da Revolução Francesa as movimentações ao redor da questão religiosa ganharam força determinante, sobretudo no que se refere à ruptura com o catolicismo romano como ponto determinante. Nesta ruptura, os revolucionários franceses radicalizaram ações em relação à Igreja, onde, por exemplo, o clero acabou por perder seu estatuto, incluindo-se aí seus privilégios e suas atribuições na sociedade civil. Isso se deu na medida em que o estado civil foi transferido para as municipalidades e seus bens foram confiscados. Em consequência, ocorreu rapidamente a dissolução das ordens religiosas com relevante prejuízo para o culto católico. Foi nesse momento revolucionário que "pela primeira vez, as sociedades modernas fizeram a experiência de uma separação radical entre o religioso e o político, entre as Igrejas e o poder público", o que conduziu a Igreja a perder o apoio secular e igualmente "todo um conjunto de costumes, de sentimentos e de obrigações coletivas" (RÉMOND, 1986, p. 137-139).

Após a Revolução, Napoleão reatou as relações com a Santa Sé, particularmente a partir da assinatura da Concordata em 1801, momento a partir do qual o catolicismo deixou de ser a única forma de crença reconhecida, passando o protestantismo e o judaísmo a serem contemplados. Daí em diante a França viveu, por direito público, sob o regime do pluralismo religioso. Foi também aí que Napoleão fez com que o Papa reconhecesse a "transferência dos bens nacionais" e renunciasse à sua restituição. Portanto, em razão dessas mudanças a Igreja se viu com seus bens confiscados, de tal forma que o clero passou a ter dependência direta do Estado por meio da verba dos cultos. A partir de então, o Estado passou a nomear os bispos e os padres, que foram equiparados aos outros funcionários, recebendo o mesmo tratamento inclusive no que se referia à dependência aos poderes públicos. Observa-se que mesmo no período da Restauração não foi possível restabelecer o poder da Igreja do ponto de vista religioso, embora muitos fossem favoráveis a tal feito. Assim, as relações entre o poder político e religioso ficaram prejudicadas, na medida em que a partir da Revolução haviam "sido irrevogavelmente modificadas" (RÉMOND, 1986, p. 139).

Rémond trabalha também com a ideia de acordo com a qual, no plano político, a Revolução acabou por prolongar e ao mesmo tempo romper com o Antigo Regime. Defende, particularmente em relação ao campo social, que tenha ocorrido uma renovação de forma integral. A seu ver, a obra da Revolução se resumiu em constituir uma sociedade nova, caracterizada essencialmente pela liberdade, fosse a do indivíduo, a da terra, ou a da iniciativa individual. Explica-se aí que com a derrocada da servidão e dos direitos feudais, incluindo-se as corporações, confrarias, privilégios etc, foram colocados por terra os elementos que operavam como entraves à invenção, à livre iniciativa. Outro exemplo foi o fim dos monopólios que impediam a concorrência, a livre escolha e toda sorte de regras restritivas. Portanto, de acordo com Rémond, encontra-se aí a verdadeira revolução, "muito mais do que a transferência de soberania". A Revolução Francesa procurou proclamar como direito e instaurar como prática a igualdade civil, a partir da igualdade de direitos e deveres, com o fim dos privilégios, com a supressão dos títulos e das diferenças sociais; enfim, supressão de "todas as justiças senhoriais, municipais, eclesiásticas" (RÉMOND, 1986, p. 139-141).

Mais tarde, com a Restauração, se efetivou como que uma retomada dinástica, algo que ocorreu em grande parte da Europa, como na França com Louis XVIII, com os Bourbons em Nápoles e na Espanha, também com os Braganças em Portugal, e com a dinastia dos Orange nos Países-Baixos. Ao mesmo tempo, ocorreu uma restauração do princípio ou do espírito monárquico – pois já não se falava mais em República – com a defesa da legitimidade por parte de doutrinadores e filósofos da contrarrevolução, entre os quais estavam os descendentes de Burke, De Maistre, De Bonald, entre outros. A deste momento ocorreu o que Rémond chamou de acomodação dos "ultras", que sonhavam com a restauração integral do Antigo Regime e desejavam ratificar os movimentos revolucionários considerados como provenientes de uma revolução satânica. No sentido oposto estavam os liberais, que não aceitavam os tratados de 1815 e que desejavam lutar pelos ideais da Revolução (RÉMOND, 1997, p. 17-24).

As transformações sociais expressas com o fim da servidão, fim dos privilégios, surgimento da igualdade civil, o novo acesso a cargos públicos, o fim das interdições na aquisição de terras por parte da burguesia acabaram por favorecer a esta e, assim, operar a passagem de uma "sociedade aristocrática para uma sociedade burguesa". Nesse momento, sob uma aparente Restauração se operou o prevalecimento de uma solução de compromisso, onde se deu, ao mesmo tempo, uma "aceitação não confessada, de uma parte da obra da Revolução" e uma investida por parte dos contrarrevolucionários, em sentido oposto (RÉMOND, 1997, p. 22-23).

Foi na segunda metade do século XIX que se operou uma espécie de divórcio entre dois universos, duas sociedades, e nesse meio a Igreja Católica atuou como representante do passado, da tradição, da autoridade, do dogma, da coação. Em sentido contrário à Igreja se posicionaram os defensores da razão, da liberdade, do progresso, da ciência, do futuro, da justiça. Nesse embate, em muitas situações, ocorreu a derrota das "forças conservadoras e reacionárias" ligadas à Igreja, o que operou uma cisão na história política de países católicos como França, Espanha e Bélgica (RÉMOND, 1997, p. 170). Portanto, foi em relação a esse estado de coisas que o pensamento conservador se formou e se manifestou de forma radical.

Foi em relação à Revolução Francesa e seus desdobramentos que se insurgiram os pensadores franceses Joseph De Maistre, Louis De Bonald (conservadores contrarrevolucionários), o espanhol Juan Donoso Cortés (igualmente contrarrevolucionário) e o inglês Edmund Burke (1982) (conservador tradicionalista). Os escritos destes pensadores influenciaram direta ou indiretamente inúmeros grupos por todo o mundo, especialmente a partir da segunda metade do século XIX. Mais tarde com expressão significativa na Action Française de Charles Maurras e no Brasil junto a Jackson de Figueiredo, com suas leituras próximas de De Maistre e o consequente debate com Alceu Amoroso Lima.

O principal expoente do pensamento conservador tradicionalista é Edmund Burke,[2] o qual fixou sua crítica à Revolução Francesa. Isso se deu, a partir da defesa de posições e de conceitos como os que seguem: a) a partir do ódio da *abstração* ele vê na Revolução uma base filosófica, teórica e dogmática; b) Burke faz o elogio do natural, acreditando que somente a Providência oferece o que é natural, em razão do que ele pressupõe a *desigualdade natural* entre os homens; c) elogio dos *constrangimentos*: para ele entre os direitos dos homens dever-se-ia incluir o de ser "governado, o direito às leis, aos constrangimentos" e isso não incluía, em hipótese alguma, o direito à participação no governo ou nas questões de ordem pública. Burke considerava que esse direito era reservado a uma aristocracia natural, responsável pela condução da sociedade; aí residia o desejo da

---

2   Descendente de família católica, Edmund Burke nasceu em Dublin (Irlanda) em 1729 e teve a sua vida política intimamente relacionada com a Inglaterra, onde esteve ligado ao grupo dos Whigs, partido representante de parte da oligarquia liberal inglesa. Produziu seus primeiros escritos em meados do século XVIII, sendo sua maior produção a obra *Reflexões sobre a Revolução em França* (1790). Essa obra atingiu grande reconhecimento, mesmo sem que o autor pudesse presenciar seus efeitos, dado que morreria logo após a sua publicação. Sua obra tem o ponto central justamente na crítica à Revolução Francesa e a seus desdobramentos. Burke faleceu em 1797.

Providência, o Estado de natureza, sem subversão da ordem natural, da herança, nem da hierarquia; d) *instituições* encarnadas em pessoas: rei e rainha com poderes divinos; e) liberdade: deveria ser regrada, produto da *herança dos antepassados* e não o fruto de uma revolução, pois o acesso amplo a ela causaria consequentemente desordem social; f) *revolução*: neste ponto Burke apenas apresenta um tema que será tratado mais detalhadamente pelos contrarrevolucionários: o tema da Revolução como um castigo divino aos pecados humanos (TOUCHARD, 1959a, p. 40-45). De um modo geral, essas são as temáticas tratadas por Edmund Burke e que, por formas diversas, são apropriadas por Joseph De Maistre.

Publicada um ano após *Théorie du pouvoir politique et religieux*, de De Bonald, e seis anos após *Reflexões sobre a Revolução em França*, de Edmund Burke, a obra *Considerações sobre a França* (1797), de Joseph De Maistre, é um marco do pensamento conservador contrarrevolucionário. Nesta obra, o autor, postula que somente a religião estava imbuída da função de atribuir o poder e legitimar a política. O homem deveria estar de acordo com os seus preceitos e com a autoridade do Papa, sob o comando do qual estava a Igreja Católica, a verdadeira "matriz da civilização europeia". Estando o mundo temporal e supratemporal inteiramente sob a égide do poder divino, ao homem não caberia alterar a *ordem das coisas*. Deveria, pelo contrário, conservar o que já existia (DE MAISTRE, 1979, p. 34-36).

Podemos encontrar na argumentação de De Maistre conceitos provenientes de Burke, o que pode ser observado, sob forma muito peculiar, na negação de uma Constituição política baseada na deliberação popular e na defesa de uma que fosse fundada em precedentes como os de uma monarquia de caráter religioso. De Maistre entende que o princípio da liberdade dos *Direitos do Homem* foi sempre uma concessão dos soberanos; as nações livres foram constituídas pelos reis, algo que poderia ser constatado historicamente através da natureza (MANENT, 1993, p. 736-737) (como na visão de Burke, a propósito da herança ancestral incorporada pelos ingleses em sua Constituição). Isso fica expresso em determinada parte de *Considerações sobre a França*:

> Nenhuma Constituição resulta de uma deliberação; os direitos dos povos nunca são escritos, ou ao menos atos constitutivos, ou as leis fundamentais escritas só são títulos declaratórios de direitos anteriores. [...] Os direitos dos povos [...] partem sempre da concessão dos soberanos. [...] Mas os direitos do soberano e da aristocracia não têm data nem autores (DE MAISTRE, 1979, p. 76-68).

Como mencionado, De Maistre define o valor do poder real e impõe limitações à liberdade, numa clara afirmação de sua proposta de restauração do regime monárquico:

> A liberdade, em certo sentido, foi sempre um dom dos Reis; pois todas as nações livres foram constituídas pelos Reis. É a regra geral. [...] Jamais existirá nação livre que não tenha na sua constituição natural princípios de liberdade tão antigos quanto ela; e jamais alguma nação tentará se desenvolver eficazmente, através de suas leis fundamentais escritas, outros direitos que aqueles que existiam em sua constituição natural (DE MAISTRE, 1979, p. 71).

Jean Touchard aponta a continuidade nos temas de Edmund Burke em Joseph De Maistre:

> As mesmas prevenções contra o racionalismo aplicado às sociedades humanas, os mesmos transportes quando se evoca a herança das tradições seculares, a mesma soberania dos destinos, a mesma crença na Providência, reguladora misteriosa e soberana dos destinos dos povos, a mesma filosofia da história que moraliza os cataclismos políticos e neles vê o sinal do castigo divino do pecado (TOUCHARD, 1959a, p. 48).

Mas se há entre Burke e De Maistre uma identidade de temáticas, com certa pluralidade frente ao contexto ideológico, que dizer da relação entre o pensamento deste, que chega até Lamennais e ao catolicismo social? Sem dúvida, Jean Touchard lembra bem que, embora exista nesse caso uma distinção, há igualmente semelhanças importantes: a) experiência versus razão (crítica às regras abstratas em detrimento da experiência); b) natureza: o sentido da natureza está pautado e legitimado na história, o que leva a concluir que no campo da política o natural é aquilo proveniente da tradição, da história; c) em De Maistre a História está subordinada à Providência: portanto, a Revolução, a guerra, Napoleão e a França estavam permeados pelo agir divino, pelas intenções de Deus, e seriam o meio para a expiação dos pecados. Observe-se que, neste caso, De Maistre difere de Edmund Burke, pois este último não vê seus adversários revolucionários franceses como portadores do ideal e vontade divinos; d) Sociedade versus Indivíduo: para ambos os autores a sociedade comporta os indivíduos e não a situação contrária. Assim, não é demais para De Maistre dizer que aos indivíduos está relegada a obediência, os deveres, e não os direitos. Neste sentido, eles observam a sociedade como um ente supremo, divinizada, personalizada no Estado, então de base teocrática, de modo que o não atendimento ao dever se torna um pecado passivo de punição severa. Mais ainda, é desse raciocínio que provém "o antiprotestantismo de De Maistre, o antissemitismo de De Bonald, a justificação da Inquisição por parte do primeiro, a legitimação da escravatura por parte do segundo" (TOUCHARD, 1959a, p. 116-119). A conclusão a que chega Jean Touchard é a de que De Maistre e De Bonald são mais contrarrevolucionários do que tradicionalistas, em razão de não se apegarem tanto às tradições nacionais francesas, como o conservador Burke fazia em relação ao passado, à continuidade ingleses.

O filósofo Émile M. Cioran, no artigo "Joseph De Maistre. Ensaio sobre o pensamento reacionário", originalmente publicado em 1957, fornece elementos importantes para pensarmos o ideário conservador de fundo tradicionalista ou contrarrevolucionário (também chamado de reacionário).

Dá atenção especial a Joseph De Maistre e demonstra como suas ideias se centram na defesa da autoridade em detrimento da liberdade e na crítica da noção de revolução. Pontos que interessaram significativamente Alceu Amoroso Lima e se expressaram em suas ideias e posturas face ao cenário brasileiro, especialmente da década de 1930.

Cioran estabeleceu uma interessante distinção entre o pensamento reacionário e o pensamento revolucionário atribuindo, ao primeiro, um caráter muitas vezes interesseiro, explorador das verdades metafísicas e do íntimo do ser humano com o fim de "revelar o seu terror". Ao segundo tipo de pensamento, o revolucionário, Cioran reservou a caracterização de "mais generoso, porque mais ingênuo", distinguindo-se por um princípio de "ruptura da identidade e da monotonia". Em certo sentido, esse mesmo pensamento revolucionário, segundo Cioran, "só idolatra o devir até a instauração da ordem pela qual se debatera", pois somente o momento pré-revolucionário goza de um estado realmente revolucionário, já que é nele que os partícipes da elaboração da ação revolucionária têm em mente tanto o culto do futuro como o da destruição; projetam, assim, possibilidades que transcendem a história e ultrapassam o seu espaço. Mas esse pensamento revolucionário, no exato instante em que se instaura, "retorna e se confirma a ele e, prolongando o passado, segue sua rotina". Sem dúvida, isso se deu, segundo Cioran, de forma mais visível na medida em que o pensamento revolucionário se utilizou dos mesmos meios adotados pela *reação* que, por sinal, haviam sido alvos de sua condenação anterior. Assim, Cioran dá um exemplo desse comportamento ao procurar demonstrar que não havia um só anarquista que não escondia, "no mais fundo de suas revoltas, um reacionário" esperando o momento do caos revolucionário para transformar o ímpeto em autoridade e deixar de resolver os problemas até o momento questionados (CIORAN, 2000, p. 18-31).

Por outro lado, ainda para Cioran, o pensamento *reacionário* e *teocrático*, obviamente diverso do revolucionário, tem sua fundamentação tanto no desprezo como no temor ao homem. Isso ganha substância, segundo ele, sobretudo na ideia de que o homem havia se corrompido demais para "merecer a liberdade" e que, por isso, utilizava-se dela "contra si mesmo". Cioran diz que para "remediar a sua desgraça" esse homem reacionário acreditava que era necessário fazer "as leis e as instituições" repousarem "sobre um princípio transcendente, de preferência sobre a autoridade do antigo 'deus terrível', sempre pronto para intimidar e desencorajar as revoluções" (CIORAN, 2000, p. 23).

Nesses termos, para Cioran, um dos principais representantes desse pensamento foi Joseph De Maistre, o qual se demonstrou muito mais interessado nos problemas da religião do que nas questões relativas à fé. De Maistre está voltado a pensar a relação entre os homens e Deus a partir de um prisma mais jurídico do que religioso, ou afetivo e confidencial. Por essa razão, De Maistre havia dado maior destaque às leis, de modo a fazer com que a religião em si se transformasse numa "mera argamassa do edifício político". É dentro dessa lógica que Cioran avalia que De Maistre preferiu atribuir o poder ao Papa e não a Jesus Cristo ou a Deus; prova disso foi a surpresa do próprio Papa à sua obra apologética *Du Pape*. Por outro lado, Cioran demonstra que na correspondência De Maistre exprimiu "seus projetos, suas fraquezas e seus fracassos", procedendo à atenuação dos "exageros de seus livros" e descansou dos seus "excessos". Importante destacar que a análise de sua correspondência revelou que ele "era um moderado" e isso fez com que muitos se apressassem em classificá-lo no rol dos liberais, coisa que não tinha a menor razão de ser (CIORAN, 2000, p. 3-24).

Joseph De Maistre defendeu o poder Papal nos seguintes termos:

> Além do mais, o direito de oposição repousando numa cabeça conhecida e única, poderia estar submisso às regras, e exercido com toda prudência; ao contrário, a resistência interior, ele só pode exercer pelas sugestões, pela multidão, pelo povo, em uma única palavra e, consequentemente, pela via única da insurreição. [...] Isso não é tudo: o veto do Papa poderia ser exercido contra todos os soberanos e se adaptaria a todas as constituições e a todos os caracteres nacionais (DE MAISTRE, 1860, p. 144).

O que se verifica em sua obra *Du Pape* é a busca em demonstrar na organização hierárquica da Igreja Católica, na função dada ao Papa como árbitro do poder temporal, os caminhos para a "reorganização" da sociedade, segundo o "significado" da sociedade medieval e a estrutura do regime monárquico. Dizia De Maistre, novamente, a esse respeito:

> A autoridade dos Papas foi o poder escolhido e constituído na Idade Média para equilibrar a soberania temporal e torná-la suportável aos homens. [...] E esta só é apenas uma dessas leis gerais do mundo que não queremos observar, e que são, entretanto, de uma evidência incontestável. Todas as nações do universo estão de acordo mais ou menos com a influência do sacerdócio nos negócios políticos (DE MAISTRE, 1860, p. 198).

A questão do "divino" é também relevante para a compreensão do pensamento contrarrevolucionário, com especial atenção em Joseph De Maistre. Para este, a constituição, a soberania, a monarquia hereditária, o papado e a autoridade consolidada são frutos de uma obra divina.[3] As demais questões são expressões da obra humana, portanto, desprezíveis e meros sinais de miserabilidade. A seu ver, a guerra – identificada por ele com a Revolução Francesa – tinha certo caráter divino, na medida em que representava a expiação, a redenção dos pecados.

Em De Maistre, a obsessão pela Unidade[4] é questão central e se apresenta, em primeiro lugar, sob o aspecto metafísico – uma espécie de triunfo

---

3   As questões da autoridade e da tradição vão ser apropriadas por Jackson de Figueiredo e, depois, por Alceu Amoroso Lima. As discussões entre esses dois pensadores a respeito desse assunto se dão por meio de cartas. Já o papel que De Maistre atribui à figura do Papa não é compartilhada por Alceu, pelo menos não naqueles termos.

4   No século XX, a direita, principalmente aquela em torno da Action Française de Charles Maurras, vai se utilizar dessa questão da "unidade" para fundamentar sua defesa do nacionalismo. Isso aconteceu sobretudo onde o autoritarismo e totalitarismo floresceu. Na década de 1930, Jacques Maritain utiliza essa mesma temática, mas associada ao conceito de pluralidade, agora sob uma forma democrática. Alceu Amoroso Lima também tomou a questão da unidade por um tempo considerável, sobretudo no que

sobre a divisão, o pecado e o mal. Em segundo lugar, apresenta-se sob o prisma histórico – primando pela instauração efetiva do catolicismo sobre "as tentações e os erros modernos", o que significa dizer "unidade ao nível da eternidade; e unidade ao nível do tempo". Essa forma de compreensão não abre espaço para o rompimento da ordem estabelecida ou mesmo para inovações, e com isso não percebe, nos dizeres de Cioran, que a "heresia representa a única possibilidade de revigorar as consciências, que ao sacudi-las ela as preserva da letargia em que o conformismo as mergulha e que, se de um lado enfraquece a Igreja, de outro fortalece a religião". Isso ocorre, na visão de Cioran, pois "só se reza com fervor nas seitas, entre as minorias perseguidas, na obscuridade e no medo, condições indispensáveis para o bom exercício da piedade". Interessante notar que a filosofia da Restauração exercerá influência sobre pensadores dos mais diversos matizes: De Bonald sobre Balzac, De Maistre sobre Baudelaire, Donoso Cortés sobre o jurista alemão nazista Carl Schmitt (CIORAN, 2000, p. 15-36; p. 45).

Mas De Maistre e De Bonald foram também alvos da crítica de Émile Cioran, segundo o qual ambos eram guiados por uma *ilusão*. Ficaram decepcionados ao constatarem que a Restauração não havia conseguido colocar por terra as marcas da Revolução Francesa, o que demonstrava a eles os erros de seus projetos e "equívocos de seus sistemas". Cioran chama atenção para o fato de que o apego a um passado sem vitalidade, a "formas de vida antiquadas, a causas perdidas ou más" acabou por tornar patéticos os anátemas de um De Maistre e um De Bonald. Em resumo, De Maistre, por exemplo, enquanto esteve ligado à franco-maçonaria ainda guardou certa abertura para o liberalismo, ao passo que ao se entregar totalmente à Igreja, em oposição à Revolução, "descambou para a intolerância" (CIORAN, 2000, p. 28-35).

Para Roberto Romano (1997), os pensadores Louis De Bonald e Joseph De Maistre constituem as raízes de onde derivariam as futuras concepções

---

concerne à unidade nacional e, nesse sentido, ele esteve em sintonia com o discurso nacionalista do governo Vargas.

da política romântica autoritária; seus discursos serviriam de esteio a teóricos que teriam seus pensamentos utilizados com consequências práticas por regimes autoritários e totalitários, no século XX, como foi o caso do jurista alemão Carl Schmitt,[5] ligado ao nazismo.

Portanto, os pensadores Edmund Burke, De Bonald, De Maistre e Donoso Cortés serão as vozes de condenação à Revolução Francesa e a seus desdobramentos, sobretudo aqueles relativos à Igreja Católica, à autoridade, à liberdade e à soberania. Cada um desses pensadores faz isso por meio de escritos produzidos frente a uma determinada conjuntura, os quais iriam servir de sustentação à defesa da restauração da monarquia católica, à defesa da autoridade pontifícia, aos privilégios da aristocracia. São pensadores que, em grande medida, fundamentam o ideário político da Igreja Católica de ampliar seu poderio, centralizado, sobre outros países católicos. Política que vai ser conhecida como ultramontanismo (MANOEL, 2004), e primar pela centralização em Roma e pela crítica à ciência, à filosofia e ao mundo moderno, de um modo geral.

Os conceitos e escritos dos pensadores conservadores teriam impacto até no século XX, especialmente entre aqueles que seriam esteios de governos e posições autoritárias. Foi o que se deu na França junto ao movimento da Action Française, do qual inclusive Jacques Maritain fez parte até 1926, ano de condenação do movimento pelo Vaticano.

No Brasil, o ideário conservador contrarrevolucionário receberá a filiação de Jackson de Figueiredo e, mais tarde, de Alceu Amoroso Lima, até fins da década de 1930. Entretanto, em ambos os intelectuais a filiação teórica se dará em relação, mais decisivamente, a Joseph De Maistre. Sem dúvida, as ideias e posturas conservadoras estarão presentes entre inúmeros católicos, sobretudo aqueles próximos ao movimento Integralista e à revista *A Ordem* – nesse caso até princípios da década de 1940 (RODRIGUES, 2005); e ainda dentro da própria hierarquia. Na grande maioria das vezes,

---

5   A este respeito consultar, entre outras: RODRIGUES, Cândido M. "Apontamentos sobre o pensamento de Carl Schmitt: um intelectual nazista". *Saeculum* (UFPB), João Pessoa, vol. 12, p. 20-40, 2005.

as posições de diversos intelectuais e militantes estarão de acordo com os interesses maiores do governo autoritário de Vargas, sobretudo por meio da defesa de tradição nacional, da autoridade, da unidade nacional e da crítica à liberdade.

Passemos agora ao estudo do filósofo católico francês Jacques Maritain, dando ênfase ao período posterior à sua saída da Action Française. Esse filósofo foi a segunda matriz do pensamento de Alceu Amoroso Lima: a matriz progressista democrática.

O filósofo Jacques Maritain:
aproximações com um novo mestre

O objetivo deste capítulo é apresentar, em linhas gerais, o filósofo francês Jacques Maritain, parte de suas obras e posturas ao longo dos anos 1920 a 1940, com o fim de que o leitor tome contato com seus escritos e ideias e, com isso, reúna maiores elementos para compreender melhor o grau e importância de sua produção e o peso do seu contato na vida de Alceu Amoroso Lima.

Na virada do século XIX para o XX a relação dos intelectuais europeus com o nacionalismo era bastante complexa, o que afetava até mesmo a esquerda socialista. Tal relação ganha novos contornos com o Caso Dreyfus, momento no qual o nacionalismo ganha uma feição mais intelectualizada. Segundo Michel Winock,

> É, justamente, a partir do caso Dreyfus e do processo de Zola que surge um nacionalismo intelectualizado, em particular, por intermédio de Barrès e Charles Maurras. [...] Acredita-se que Barrès tenha sido, senão o inventor, pelo menos o introdutor do termo "nacionalista" (WINOCK, 2000, p. 47).

Para Rémond, "o nacionalismo não tem teoria, apenas um programa: ele tem antipatias poderosas, aspirações vigorosas; é instintivo, passional, furioso". Foi em razão disso que, segundo este autor, ele "inspirou uma abundante literatura, composta de ilustres escritores, engajando inúmeros intelectuais eminentes: é um de seus paradoxos" (RÉMOND, 1982, p. 156-157).

Charles Maurras e a Action Française tiveram importância decisiva no pensamento de Jacques Maritain até o ano de 1926 e sobre Jackson de Figueiredo e Alceu Amoroso Lima (como já demonstrado no capítulo 2), embora Alceu tenha rompido com as ideias de Maurras entre 1927 e 1928.

Para Michel Winock, Charles Maurras era uma espécie de príncipe do nacionalismo, da autoridade, da antidemocracia, da xenofobia e do sentimento de decadência. Nessa ótica, o caso Dreyfus forneceria um "príncipe ao nacionalismo". Essas são as palavras com as quais Winock define o status de Charles Maurras, reconhecendo que ele havia deixado sua marca por muitas décadas no meio intelectual europeu e no mundo todo.

Segundo Winock, Maurras foi convidado por Barrès, na década de 1890, para colaborar no jornal *Cocarde* e datam daí as suas primeiras formulações de ordem xenófoba. Ainda na sua juventude, fez leituras que fundamentaram suas teorizações, entre as quais as de pensadores como Le Play, Taine, De Maistre, Bossuet, Comte e Renan. Desses pensadores ele retirou elementos que o convenceram dos "benefícios da desigualdade" e que, mais tarde, o auxiliaram na rejeição aos princípios da democracia. Assim, Maurras estava à frente do movimento da Action Française e de sua revista, criada em agosto de 1899, defendendo uma reação nacionalista e monarquista, por acreditar que faltava à França um verdadeiro poder "responsável e autorizado". Sob sua ótica, havia sempre um complô entre os franceses – considerados traidores – e os judeus, por sua vez, corresponsáveis pelo trabalho em favor da destruição da França. Ao mesmo tempo, Maurras defendia um nacionalismo integral sob a formulação teórica do "pensamento positivo" e da política da restauração (WINOCK, 2000, p. 76-99).

Um dos principais eixos de formulação da doutrina de Charles Maurras seria, pouco tempo mais tarde, o mesmo motivo para a condenação do movimento da Action Française por Roma: a oposição que ele fazia entre catolicismo e cristianismo. Para Maurras, *o catolicismo era de origem latina, hierárquico e dogmático, constituindo-se necessariamente em pilar da ordem tanto da sociedade quanto dos espíritos.* De outra forma, *Maurras associava o cristianismo ao protestantismo, portanto, visto como individualista e anarquista, e mais negativo* ainda pelo fato de autorizar cada pessoa a "procurar sua própria religião, a ser seu próprio padre e ler diretamente os livros sagrados, sem filtro, sem comentário, sem pano de fundo". Assim, Maurras acreditava, por dedução, que a compaixão que muitos tinham por Dreyfus era expressão do "espírito cristão" e isso era detestável aos seus olhos (WINOCK, 2000, p. 95).

Por essas posições e pelo laço de inserção que essas ideias tinham na Europa e sobretudo na França, Maurras e a Action Française exerceram forte influência sobre grande parte da juventude, principalmente no pós--Primeira Guerra. Nas palavras de Michel Winock,

> A Ação Francesa oferecia aos jovens em busca de ordem intelectual e moral uma perspectiva de ação de que não há outro exemplo, na França, a não ser sua antípoda, a organização comunista. Além disso, ela exercia, nas alas católicas, o que Jacques Maritain chama de um "principado de opinião", que se estendeu às alas dos eclesiásticos, satisfeitos de encontrarem na Ação Francesa um braço secular contra os leigos, os franco--maçons e todos os inimigos da Igreja (WINOCK, 2000, p. 239).

Ainda conforme Michel Winock, o grande perigo da Action Française residia no fato de seu catolicismo ser de fundo "estritamente político", o que tendia a "desviar os cristãos da pura fé em benefício de uma nova religião, inteiramente pagã, a da Pátria". A condenação da Action Française por Roma não tinha como foco suas escolhas políticas, mas sim, o "ensinamento espiritual implícito, meta-político, insidioso... o ateísmo, o agnosticismo, o anticristianismo". Foi por isso tudo que, em 29 de dezembro de 1926, Roma condenou o movimento e colocou as obras de Maurras no Índex.

Interessante notar que a submissão "aos anátemas de Roma" foi essencial para que duas figuras importantes do pensamento católico francês – até então ligadas à Action Française – pudessem continuar gozando de trânsito na Igreja: Georges Bernanos e Jacques Maritain. O primeiro permaneceria fiel a Maurras até 1932, enquanto Maritain romperia imediatamente com o movimento a ponto de, em 1927, publicar *Primauté du Spirituel*, réplica ao *Politique d'Abord* de Maurras. Se Maurras defendia a política, em primeiro lugar, para Maritain, a primazia deveria ser ao espiritual, pois existia uma ameaça à sociedade, a qual passava por uma crise espiritual (WINOCK, 2000, p. 241-265).

René Rémond estudou o processo de abandono que a Igreja Católica elaborou em relação a parte do seu referencial conservador ultramontano, próximo de De Bonald e De Maistre. Demonstrou que, paralelamente, há uma espécie de cisma em seu interior, provocado pela direita conservadora filiada à Ação Francesa, ao lado da qual Jacques Maritain esteve por um bom tempo. Este *cisma* ocorreu pelo fato desta direita ter discordado da infiltração de ideias progressistas na sociedade francesa, expressas, por exemplo, no direito à livre escolha religiosa.

A Igreja operou uma espécie de divórcio com a direita tradicionalista (Maurras etc) privando-a de grande parte de seus adeptos e lhe retirando a legitimidade, uma vez que o núcleo de sua racionalidade tradicionalista era pautado na religião. Mas como esse pensamento da direita católica se manteria vivo sem o apoio da Igreja? Como sua filosofia política e social sobreviveria com tal ausência de maternidade? O declínio dessa direita católica estava relacionado à desagregação de muitos dos temas que só tinham audiência quando eram anunciados por ela. Esses mesmos temas seriam tomados como material de trabalho por seus inimigos, o que lhe retiraria a autonomia e autenticidade. Por exemplo, Rémond fala da apropriação que a esquerda francesa acabou por fazer sobre os temas das comunidades naturais ou dos corpos intermediários, centrais na teorização da direita e levantados por ela contra o individualismo liberal e o centralismo jacobino. Rémond relata ainda que o pluralismo, o enaltecimento da diferença, acompanhados da crítica do Estado centralizador, eram elementos históricos da direita católica, agora tomados pela esquerda, e apareciam como se esta os tivesse defendido sempre (RÉMOND, 1982, p. 283).

Da mesma forma, lembra Rémond, observa-se a questão do regionalismo, onde não havia no momento melhor defensor das culturas regionais, dos dialetos, de aspirações autonomistas, do que uma parte da esquerda. Então, ao mesmo tempo em que a direita tradicionalista católica dos anos 1920-1950 se viu abandonada por alguns de seus aliados seculares, ela também se encontrou espoliada de temáticas que se constituíam no núcleo de seu sistema de pensamento. Somente anos mais tarde, em fins da década de 1960, que uma nova juventude, capitaneada por Philippe Aries, tentou regenerar as tradições de Maurras, sob uma forma inusitada, onde a "Nouvelle Action Française" veio a tornar-se a "Nouvelle Action Révolucionaire", a qual faria uso de temáticas indiferentes tanto à esquerda como à extrema direita (RÉMOND, 1982, p. 284).

Rémond demonstrou como surgiram as raízes da direita contrarrevolucionária na França e como se deu sua fragmentação nos anos de 1960 e 1970. Demonstrou ainda que a tradição dessa direita na França do século XX encontrou seu *lócus* no catolicismo, definido por ele como integrista, cujas bases eram fundadas, de forma indubitável, em De Bonald, De Maistre e Lammennais. A relação com essas bases se constatou a partir do uso da mesma linguagem e pensamento, tendo como exemplo a rejeição da Revolução Francesa e da Revolução Russa de 1917 e considerando a segunda como decorrente da primeira. Já a Revolução Francesa, por sua vez, aparece como produto da Reforma Protestante, esta por sua vez vista como resultado do movimento das *Luzes*. Para Rémond, foi contra a luta de classes, mas também contra os abusos do liberalismo e os excessos do capitalismo, que esse tipo de pensamento, conservador tradicionalista e conservador contrarrevolucionário e mesmo ligado à Action Française, se apresentou. Segundo Rémond, na França esse integrismo conduziu os elementos da direita contrarrevolucionária até 1981. Embora essa direita integrista tivesse apresentado uma vida longa, os seus descendentes conheceriam mais tarde um grande revés por parte da instituição na qual eles se inspiravam e identificavam como símbolo de imutabilidade: a Igreja Católica. Com o apoio de Roma, a Igreja na França trabalhou para romper suas alianças com a sociedade antiga e, neste ponto, o episódio da condenação da Action Française por Pio XI, já em 1926, representou um marco importante. Mais tarde, o Concílio Vaticano II consagrou e universalizou essa orientação (RÉMOND, 1982, p. 278-280).

Portanto, o pensamento conservador serviu de sustentação para o discurso tanto de uma parcela considerável da Igreja no século XIX (e nas primeiras décadas do século XX), como para governos que privilegiavam a questão da ordem e da autoridade em detrimento da liberdade e da democracia. Isso se deu tanto ao conservadorismo de fundo tradicionalista, com Burke, como contrarrevolucionário com De Maistre, De Bonald e Donoso Cortés, como apontamos no capítulo 3. Reafirmamos que no caso específico do Brasil do século XX, elementos desse pensamento chegaram de forma concreta sobre parcela da intelectualidade católica laica, inicialmente dirigida por Jackson de Figueiredo e depois com Alceu Amoroso Lima.

O MUNDO MODERNO, SEGUNDO MARITAIN

Estabelecidas essas premissas que historicizam a o surgimento da Action Française e a relação de Jacques Maritain com tal movimento, passemos agora a estudar os aspectos centrais de algumas de suas obras, produzidas entre as décadas de 1930 e 1940 e que representam mudanças significativas em suas ideias. Notadamente *Religion et culture*; *De la philosophie chrétienne*; *Du régime temporel et de la liberté*; *Humanismo integral: uma visão da nova ordem cristã*; *Principes d'une politique humaniste* e *Os direitos do homem e a lei natural*. Tal feito, embora um tanto exaustivo, é ponto crucial para a compreensão do teor da sua relação com o intelectual Alceu Amoroso Lima e de como este procede, gradualmente, à incorporação de suas teorizações e condutas.

A obra *Religion et culture* foi publicada em 1930 pela coleção "Questions disputées", sob direção de Charles Journet e Jacques Maritain, com o selo da editora Desclée de Brouwer. Embora a obra faça parte de uma coleção com um título sugestivo, observamos que as ideias nela expostas não guardavam caráter hipotético, mas pretendiam traduzir verdades comuns e fundadas solidamente. A sintonia de Maritain com o ambiente intelectual europeu pode ser constatada nessa obra, onde se encontram diversas referências a nomes do campo da filosofia, da história e das ciências sociais, entre os quais Freud, Dostoiévski, André Gide, Padre Clérissac, Joseph De Maistre, Paul Claudel, Tomás de Aquino, Descartes, Léon Bloy, Charles Péguy, Marx, Jean de la Croix, Durkheim, Leibniz, Malebranche, Rembrandt, Mozart, Rousseau, Lucien Febvre, Émile Tonnelat, Marcel Mauss, Alfredo Niceforo, Louis Weber. Os quatro últimos nomes são responsáveis pela publicação da obra *Civilisation, le mot et l'idée*, dirigida por Henri Berr e publicada em Paris, em 1930, pela editora La Renaissence du Livre. Nesta obra Maritain encontra os conceitos de civilização e cultura, além de questões relativas a valores e à reflexão filosófica; nela ele se inspira para produzir o livro *Religion et Culture*.

Segundo Maritain, a religião cristã desempenhava papel central em 1930 face um mundo moderno entendido por ele como o resultado de uma civilização dominada culturalmente e espiritualmente pelo humanismo do Renascimento, pela Reforma Protestante e pela Reforma Cartesiana. Mundo que a seu ver, mesmo sob esse domínio, guardava em si o aspecto positivo e digno de respeito: o de dar à natureza humana o máximo do seu rendimento terrestre – embora fosse condenável sob o ponto de vista do seu privilégio à "cultura antropocêntrica" em prejuízo do sagrado.

Ao comentar sobre o progresso material, oriundo dessa civilização moderna, Maritain contestava a visão de Joseph De Maistre segundo a qual a Revolução Francesa teria sido uma obra "satânica". Para Maritain, não se tratava disso, pois mesmo que o Diabo detivesse o poder em algumas situações, tudo era da vontade e permissão de Deus, considerando-se que ele escrevia certo por linhas tortas.[1]

---

1   Maritain faz aqui referência ao provérbio português: "Deus escreve direito por linhas tortas", utilizado como explicação por Paul Claudel em uma passagem de sua obra *Soulier de Satin*.

Em contrapartida à concepção antropocêntrica da cultura, muito particular ao mundo moderno, Maritain propunha o que entendia ser a concepção cristã, baseada no humanismo inspirado nos ensinamentos de São Tomás de Aquino. Assim, essa concepção cristã da cultura se oporia, segundo ele, àquela baseada na concepção materialista, entendida como capitalista ou marxista, onde havia a supremacia do econômico – considerada por ele como fundada no dinheiro. Entretanto, Maritain argumentava que a sabedoria cristã não deveria propor um retorno à Idade Média, pois este período estivera "longe de realizar plenamente a noção cristã de civilização". Pelo contrário, seria necessário almejar algo superior, onde uma *nova cultura católica tivesse como intenção aproveitar todo o conhecimento histórico e as riquezas provenientes do mundo moderno*, inclusive seus sofrimentos, frutos de sua desumanidade. Para ele, esse mundo moderno guardava elementos importantes que podiam auxiliar em sua recuperação junto ao novo ideal cristão (MARITAIN, 1930, p. 32-41).

Observa-se que já no início da década de 1930 Maritain vislumbrava a possibilidade de aproveitar as conquistas do mundo moderno para a construção de um mundo mais igualitário, diferentemente do que Alceu Amoroso Lima pensava a partir de uma crítica à sociedade burguesa capitalista, naquele momento.

Nesse momento de início da década de 1930, Jacques Maritain atribuía ao "espírito cartesiano" as mazelas do mundo contemporâneo, especialmente aquelas nos campos político e econômico. Temática vista por ele sob inspiração de Tomás de Aquino e, por este, de interpretações de princípios anteriormente formulados por Aristóteles, segundo os quais a política e a economia eram partes da ética. Maritain criticava o que definia ser o "espírito cartesiano" em cuja concepção a política e a economia no mundo contemporâneo eram componentes portadores de regulamentos próprios (materiais) e não necessariamente com fins humanos. Por exemplo, Maritain se opunha ao fato de a política – dentro dessa concepção – ter por finalidade a prosperidade, o poder e o sucesso material do Estado, e tudo mais que dirigisse para esse fim, mesmo que para isso fosse necessário cometer injustiças as mais diversas.

A mesma crítica se direcionava rumo àquilo que Maritain via como o fim supremo da economia: "aquisição e aumento sem limites" das riquezas materiais e tudo o que contribuísse para isso, incluindo-se as injustiças, a opressão e toda gama de desumanidades. Decorria daí, para Maritain, o fato de que tanto a justiça como a amizade e os valores verdadeiramente humanos haviam se tornado "étrangères" à estrutura da vida política e econômica como tais. De modo que se a moral, fosse ela cristã ou não, quisesse intervir, entraria em conflito com o sistema capitalista. Em contraposição a esse sistema do mundo moderno, regido pela realidade e pela ciência política e econômica, Maritain opunha a "philosophia perennis", cujo fim, em suas palavras, seria a constituição de uma vida direita e humana, governada por um regime que tivesse como centro o espírito humano. Aqui reside a síntese do humanismo cristão de Jacques Maritain.

Para a realização desse ideal, conforme Maritain, seria decisivo o entendimento de que as leis políticas e econômicas eram leis da ação humana, mas com valores morais e não puramente físicos, como na mecânica e na química. Da mesma forma, ele defendia a ideia de que também a justiça, a humanidade e o amor ao próximo seriam partes fundamentalmente decisivas na constituição da estrutura que regeria a nova sociedade política e econômica. A deslealdade, a traição, a opressão e a riqueza – tomadas como um fim em si mesmas – não deveriam ser compreendidas simplesmente como atos defendidos por uma moral individual. Impunha-se a necessidade maior de analisá-las como atitudes que operavam política e economicamente mal, ao irem contra o próprio sentido do econômico que, para Maritain, era o de ter um fim humano, beneficiar o corpo social.

Maritain considerava a miséria uma espécie de inferno, conforme Léon Bloy e Charles Péguy haviam apontado. Logo, a seu ver, ela levava o homem a estar mais próximo do pecado e, àqueles que tentavam seguir e praticar o bem, a serem "verdadeiros heróis". Então, sob sua ótica, cabia aos homens, como um dever de justiça, denunciar e lutar para mudar essa situação e restabelecer a concepção cristã como dominante espiritual da sociedade. O aperfeiçoamento político, econômico e social do mundo contemporâneo deveria ser buscado, em resumo, não de acordo com o ideal medieval do Santo Império, mas sim, ao estilo novo e menos unitário onde uma ação moral e espiritual da Igreja presidisse, em suas palavras, "à l'ordre temporel d'une multitude de peuples politiquement et culturellement hétérogènes, et dont les diversités religieuses" estivessem presentes (MARITAIN, 1930, p. 42-48). Observe-se que em 1930 Jacques Maritain formulava a semente do ideal de nova cristandade que apareceria mais tarde e melhor definido em seu livro *Humanismo integral*, publicado originalmente em 1936.

Na realidade, Maritain desejava uma sociedade denominada por ele como nova cristandade, pautada num ideal de civilização supracultural, em oposição ao modelo da Idade Média. Nesta civilização, cristianismo e cristãos teriam papéis centrais: o primeiro penetrando a fundo na sociedade, com vistas a vivificar a cultura e os cristãos, cumprindo a missão de formarem-se intelectual e espiritualmente para auxiliar a colocar no plano da prática as "justas noções culturais, filosóficas e sociais, políticas, econômicas e artísticas" (MARITAIN, 1930, p. 48-49). Há uma clara diferença entre a visão de Jacques Maritain e a dos conservadores contrarrevolucionários no que diz respeito à Idade Média.

Observa-se ainda, em *Religion et culture*, que um dos principais problemas enfrentados pelo pensamento católico do momento se resumia em definir sua forma de ação em relação ao mundo moderno. Para Maritain, tratava-se de pensar esse mundo e o momento presente dentro do eterno e pelo eterno, com o intuito de não cometer erros passados, principalmente permanecer vinculado a fragmentos de um passado histórico imóvel. O ideal seria promover uma mudança na sociedade a partir da concepção tomista, de acordo com a qual a sociedade não seria um simples produto da natureza, uma obra física, mas sim uma obra moral, produto da razão e da virtude, e natural no sentido em que ela respondesse às inclinações essenciais da natureza humana, ou seja, à vida social e às virtudes (MARITAIN, 1930, p. 83-95).

Após *Religion et Culture* (1930), surgirá *De la philosophie chrétienne* (1933), obra também publicada pela Désclée de Brouwer de Paris, mas impressa na Bélgica. Essa obra é resultado de uma conferência feita por Maritain na Universidade de Louvain, Bélgica, em dezembro de 1931, onde ele já retomava, de forma mais elaborada, uma comunicação feita em março do mesmo ano na Sociedade Francesa de Filosofia, cuja temática central fora a filosofia cristã. No prefácio da obra, Maritain afirma que se encorajou a publicá-la graças ao incentivo e aprovação do teólogo Garrigou-Lagrange e de filósofos como Étienne Gilson e Gabriel Marcel. As questões que permeiam o desenvolvimento do livro se resumem na busca de uma filosofia cristã realmente concebível. Este livro tratava de questões especulativas, fossem as concernentes à natureza da filosofia, as relativas ao valor intelectual da fé ou mesmo sobre atitudes espirituais (MARITAIN, 1933a, p. 307-08).

Resumidamente, Jacques Maritain compreendia que a filosofia cristã não era, no momento, uma doutrina determinada, estabelecida, embora, a seu ver, São Tomás de Aquino fosse sua expressão mais pura e acabada. Por um lado competia dizer que a filosofia tomista *era filosofia por sua qualidade racional e não por seus elementos* cristãos. Igualmente não era somente em função da *razão* que o tomismo deveria ser uma filosofia verdadeira, mas sim, a se considerar algo superior a ela: *o que importava na filosofia era menos seu caráter cristão do que verdadeiro*. Segundo Maritain, quaisquer que fossem as condições de sua formação e exercício na alma, era a razão que lhe dava o caráter de verdade e de fidelidade à sua natureza de filosofia (MARITAIN, 1933a, p. 55-57).

Já em 1933 o princípio da liberdade era pensado por Jacques Maritain como algo imperativo, como uma liberdade efetivamente autônoma. Enquanto isso, no Brasil e na própria Europa a liberdade era condenada por muitos, principalmente entre católicos e governos de força. No Brasil deste momento Alceu Amoroso Lima não fugia a essa posição de condenação à liberdade, então entendida por ele como *fruto do espírito liberal burguês* e falsamente católico. Alceu Amoroso Lima defendia o princípio de autoridade como definidor do restabelecimento da sociedade nos parâmetros da *ordem, hierarquia*, dentro do que ele entendia ser uma concepção cristã e católica de organização social.

Essas e outras questões foram igualmente discutidas por Jacques Maritain em *Du régime temporel et de la liberté*, obra publicada no mesmo ano de 1933; o filósofo define "Une philosophie de la liberté". Esta consiste em ter por princípio demonstrar como o *universo da liberdade* se sobrepõe ao da natureza, é irredutível a ele, e se forma numa ordem diferenciada, partindo de uma liberdade inicial (livre arbítrio) até chegar a uma liberdade final chamada por Maritain de liberdade de autonomia (MARITAIN, 1933b, p. 10). Foi também nesta obra que Maritain se dedicou a estudar os meios práticos necessários para o que chamou de "transformação radical" de um regime temporal com vistas à formação e existência de uma civilização ideal: *uma civilização constituída por uma diversidade de status jurídico e com uma estrutura social pluralista*. Entretanto, a unidade dessa civilização não seria formada necessariamente pela profissão de uma mesma fé ou dos mesmos dogmas. *Imperfeita e material, essa civilização seria fruto sim de uma unidade de aspirações, rumo a uma forma consoante aos bens não temporais de autonomia.* Para a sua efetivação e para a retidão da pessoa e da liberdade, seria necessária a sabedoria católica que estaria incumbida de informar a civilização, não impondo soluções porque eram simplesmente católicas, mas sim, demonstrando que elas eram conformes à razão e ao bem comum e ao primado da defesa dos direitos dos homens (MARITAIN, 1933b, p. 86). Como se observa, esta "civilização ideal" proposta por Maritain, embora contemplasse uma pluralidade jurídica de direitos, deveria ser forçosamente guiada pelos interesses católicos.

Apesar de Alceu Amoroso Lima ter contato com a obra de Jacques Maritain nesse momento, onde o filósofo francês discutia a necessidade de liberdade de autonomia, ele permanecia fortemente sob influência das ideias conservadoras provenientes de sua relação com Jackson de Figueiredo e das leituras de Joseph De Maistre. Diversamente dos escritos de Jacques Maritain, Alceu Amoroso Lima colocava a liberdade em segundo plano, posição que mudaria somente no início dos anos de 1940.

É relevante notar que Jacques Maritain tinha uma noção de revolução social muito particular, pautada na ideia de mudança no campo da moral primeiramente por parte dos revolucionários. Ele advertia que *não era necessária a todos os homens a conversão à virtude moral, para que procedessem à transformação do regime social.* Considerava essa necessidade de conversão à virtude moral como um pretexto "farisaico" que objetivava iludir os esforços de transformação social. A muitos revolucionários, dizia Maritain, era necessário compreender que não podiam fazer a revolução ou "transformar o regime social" sem que provocassem, ao mesmo tempo – e em si próprios –, uma renovação da vida espiritual e da vida moral. Segundo a ótica maritainiana, os *comunistas russos haviam compreendido isso de forma bastante clara ao constituírem seu partido como uma confraria disciplinada, exigente e rigorosa, e ao se esforçarem, por todos os meios, para renovar, a seu modo, as bases da vida moral do povo.*

Compreende-se assim que, na avaliação de Jacques Maritain, o que dava "à revolução materialista e ateia" sua grande força de sedução sobre as almas era o indestrutível atrativo espiritual da Justiça, da Pobreza e do Sofrimento corajoso. Mas Maritain fazia a ressalva de que isso se dava na satisfação mesma da velha necessidade de orgulho e de violência e na exaltação das grandiosidades do aparato burocrático (MARITAIN, 1933b, p. 168-171).

A produção dos escritos de Jacques Maritain e sua proposta de humanismo devem ser interpretados dentro do contexto da sua divergência com o mundo moderno, com a ciência e a filosofia modernas e, ao mesmo tempo, de sua percepção dos avanços desse mesmo mundo. Dentro desse movimento, é em *Humanismo Integral* (1936) que o filósofo francês propõe a distinção entre o plano do espiritual e o plano do temporal e a subordinação do último ao primeiro.

O PLANO ESPIRITUAL E O PLANO TEMPORAL: SUBORDINAÇÃO E PLURALISMO

Para Maritain, o plano espiritual se referia à condição do homem em sua relação com o divino, à sua vida sacramental, em suas ações pautadas na busca da vida eterna. O plano temporal consistia naquele em que o homem atuaria como simples membro da sociedade civil, tendo suas mais diversificadas atividades intelectuais, morais, científicas, artísticas, sociais ou políticas como condições determinantes para o bem-estar terreno da comunidade civil e para a promoção da cultura. Mas o filósofo ressaltava que ambos os planos eram distintos mas não separados: existia a preponderância do espiritual sobre o temporal e o exemplo disso residia no fato do homem agir, ao mesmo tempo, como membro da sociedade civil e estar sob o poder da luz divina (MARITAIN, 1942, p. 94-95; p. 284).

Se em 1930, em *Religion et culture*, Maritain defendia que o catolicismo representava "algo de vivo, transcendente, independente e vivificador" (MARITAIN, 1930, p. 53), três anos mais tarde, em *Du régime temporel et de la liberté*, ele concluía que a finalidade da religião era a vida eterna, em razão de suas raízes estarem fixadas na ordem sobrenatural e terem por corpo coletivo próprio a Igreja. Decorria daí o fato de a Igreja ser "plenamente universal, supra-racial, supra-nacional e supra-cultural", ao passo que as diversas culturas relativas estritamente à ordem temporal, ao mundo sensível, eram parciais e deficientes (MARITAIN, 1933b, p. 113).

Encontra-se aqui a ideia segundo a qual não se devia confundir a Igreja com a civilização e nem incorrer no erro de associá-la com uma civilização cristã ou mundo cristão – o catolicismo com o mundo católico, visto que ela, Igreja, era universal e transcendia as estruturas temporais. Para Maritain, tanto a Igreja como o catolicismo eram coisas essencialmente sobrenaturais e supraculturais, cujo fim era a vida eterna. No momento de 1930, Maritain defendia que os jovens se preparassem para a ação, mas não no âmbito da formação de um partido político. Isso se dava porque, para ele, a Igreja tinha um espírito social sobrenatural, constituído e guiado pelo Espírito Santo, que não pertencia a clãs ou a partidos, pois estes representavam uma espécie de "nacionalismo espiritual". Essa posição sobre o partido político se modificaria mais adiante. A transformação da religião em algo extremamente temporal se constituía, para Maritain, em fator negativo, pois conduzia à conversão do catolicismo em um partido e fazia dos católicos partidários (MARITAIN, 1930, p. 57-59; p. 64).

A partir dessas leituras nos aproximamos da noção de cristandade, crucial no pensamento maritainiano. Noção que é designada por ele como o "regime comum temporal dos povos educados pela Igreja". A temática foi amplamente trabalhada em *Religion et culture, Du régime temporel et de la libérté* e mesmo em *Humanisme Integral*.

Maritain propõe "uma realização analógica do que havia de vivo e permanente na obra do passado", ou seja, na cristandade medieval, com vistas a estabelecer um ideal de cristandade a partir de um regime temporal cristão. Mas um regime que fosse apenas baseado nos princípios da cristandade medieval e comportasse uma "concepção profana cristã e não sacral do temporal". As características essenciais desse regime estariam em oposição às do liberalismo antropocêntrico e "corresponderiam ao que se poderia chamar de humanismo integral ou teocêntrico". Neste, a liberdade auxiliaria na promoção da cidade "pluralista", a qual comportaria em seu seio grupos e estruturas sociais que personificassem liberdades positivas, "por oposição às diversas concepções totalitárias do Estado" em voga no momento (MARITAIN, 1942, p. 156-157).

Nota-se que Jacques Maritain guarda uma postura de crítica ao mundo moderno, fato comprovado na medida em que se observa o autor atribuir a responsabilidade pelo fim da cristandade medieval ao desejo de separação do todo, às aspirações nacionais, passando por mudanças nas formas de viver social e economicamente, e culminando com as mudanças nas esferas do pensamento e do espiritual. Para o filósofo, o erro crucial na era moderna – antropocêntrica – residia nessa separação entre o sacral e o profano, ou numa associação entre ambos de forma equivocada (MARITAIN, 1930, p. 27-29).

Uma leitura mais atenta sugere que as teorizações de Maritain tinham, e teriam também mais adiante, um pano de fundo de crítica em relação a dois episódios que envolveriam a Igreja Católica: o Tratado de Latrão (AGOSTINHO, 2000, p. 441-442), de 1929, e a Concordata (AGOSTINHO, 2000, p. 94-95).

Muitas dessas ideias de Jacques Maritain estão presentes tanto em *Du régime temporel et de la liberté* (1933) como em *Os direitos do homem e a lei natural* (1942). Nesta última obra observamos que a nova cristandade idealizada por ele seria também *personalista*, pois encararia a sociedade como um conjunto de pessoas cuja dignidade seria inerente ao seu pertencimento. Seria uma sociedade comunitária pelo fato de reconhecer que a pessoa tenderia "naturalmente" para a "comunidade política". Essa sociedade, para Maritain, seria pluralista porque compreenderia o desenvolvimento da pessoa humana e comportaria "uma pluralidade de comunidades autônomas, com seus direitos, suas liberdades e sua autoridade próprias" (MARITAIN, 1967, p. 29-30).

Por sua vez, o aspecto pluralista da nova cristandade proposto por Maritain lhe causaria problemas, principalmente nos meios católicos, quanto à questão da tolerância religiosa. O motivo principal da crítica residia no fato de ele ter proposto a elaboração de estatutos jurídicos que se adequassem aos mais diversificados segmentos religiosos. Ao contrário de impor a todos os cidadãos uma estrutura católica de sociedade, como na sociedade sacral cristã da Idade Média, o Estado deveria, a seu ver, respeitar as liberdades das diversas religiões e estabelecer uma justa igualdade de direitos políticos. A acusação feita a Maritain fixava-se justamente na interpretação desta sua ideia como sendo liberalismo religioso e teológico. Essa postura teve ressonâncias inclusive entre os mais exaltados do clero brasileiro dos anos 1930.

Jacques Maritain se defendia dizendo que a acusação seria válida caso ele pretendesse uma igualdade de direitos no plano da verdade religiosa e das crenças, portanto no plano espiritual. Pelo contrário, o que propunha, dizia ele, era o estabelecimento da igualdade somente no que dizia respeito aos direitos políticos e sociais, numa igualdade no plano do temporal. Assim, a seu ver, a *solução pluralista* entendida em seu verdadeiro sentido pretendia contribuir para não ameaçar a paz na comunidade, mas sim, para tolerar nela diversas maneiras de credo que se afastassem mais ou menos da *verdadeira* forma" (MARITAIN, 1933b, p. 77-86).

A FILOSOFIA DA EMANCIPAÇÃO POLÍTICA: PRÁTICA SOCIAL E LIBERDADE

Em *Humanismo integral* (1936), Maritain definiu a liberdade como pertencente às características centrais de uma nova cristandade. Mas seria uma liberdade de autonomia das pessoas em oposição à ideia medieval da "força ao serviço de Deus" (MARITAIN, 1942, p. 191-213). Há uma passagem análoga em *Principes d'une politique humaniste*, originalmente publicada em 1944, onde Maritain define a necessidade de emancipação *política como fruto da prática social e política pautada na conquista da liberdade*, o que conduziria a um ideal histórico concreto e ao trabalho de formação e de educação dos cidadãos (MARITAIN, 1945, p. 22).

Desse modo, na elaboração de Jacques Maritain, a obra comum da nova cristandade se constituiria na realização de uma comunidade fraterna que, por sua vez, realizaria uma ação prática *profana cristã* com vistas ao bem comum civil. Entretanto, enquanto "profana" e não sacral, comportaria o pluralismo – do qual se falou acima –, possibilitando o convívio de crentes e não crentes na cidade cristã. Em suas palavras, "por isso mesmo que é profana e não sacral, não exige essa obra comum absolutamente de cada qual, como entrada, a profissão do cristianismo". Ao contrário, ela comportaria um "pluralismo" que tornasse possível "o convivium de cristão e não-cristão na cidade temporal" (MARITAIN, 1942, p. 198-199).

Essa relação entre católicos e não católicos sempre foi um ponto problemático para a Igreja Católica, principalmente nos anos 1930 e 1940. No Brasil, o discurso da Igreja se constituía justamente em oposição às confissões não católicas e radicalmente contra o comunismo. Mas por volta de 1942, Alceu Amoroso Lima, o líder da intelectualidade católica, reformulou suas posições em favor da liberdade e da democracia, especialmente a partir do contato mais próximo e intenso com Jacques Maritain. Obras de autoria de Maritain como *Les droits de l'homme et la loi naturelle* (1942), *Christianisme et démocracie* (1943), *Príncipes d'une politique humainiste* (1944), são suas referências mais próximas neste processo de mudança.

Por exemplo, em *Les droits de l'homme et la loi naturelle* (1942), pode-se encontrar uma definição semelhante à constituição da comunidade fraterna proposta por Maritain, em oposição aos regimes de força ora em vigor mundo afora, a qual difere radicalmente das posturas defendidas quando de sua relação com a Action Française. A clareza é exemplar neste caso, bastando observar sua defesa de liberdade e fraternidade, elementos caros ao pensamento conservador europeu do século XIX e que estiveram presentes em Jackson de Figueiredo e Alceu Amoroso Lima por bom tempo. O trecho abaixo demonstra claramente por que Maritain foi fonte das novas leituras e inspiração para Alceu Amoroso Lima e muitos outros intelectuais em todo o mundo:

> Bem comum revertido sobre as pessoas; autoridade política dirigindo os homens livres para este bem comum; moralidade intrínseca do bem comum e da vida política. Inspiração personalista, comunitária e pluralista da organização social; *ligação orgânica da sociedade civil com a religião*, sem opressão religiosa nem clericalismo, em outros termos, sociedade realmente, não decorativamente cristã. [...] Obra inspirada pelo ideal de *liberdade* e *fraternidade*, e tendendo para a instauração de uma sociedade fraternal em que o ser humano seja libertado da escravidão e da miséria (MARITAIN, 1967, p. 54, grifos nossos)

Então quais eram efetivamente as formulações de Jacques Maritain sobre a relação democracia e religião?

Foi na obra *Les droits de l'homme et la loi naturelle* (1942), publicada em plena Segunda Guerra Mundial, que Jacques Maritain defendeu a posição de que o mundo não era mais compatível com a neutralidade e que os

Estados teriam que optar por estarem a favor ou contra os ensinamentos do Evangelho, entendido por ele como fonte da justiça e democracia. Fato esse de extrema relevância, pois foi igualmente no mesmo momento que, no Brasil, Alceu Amoroso Lima se direcionou com maior clareza para o caminho das ideias e posturas progressistas, em favor da democracia e da liberdade, certamente seguindo a orientação do seu mestre Maritain, algo que pode ser comprovado por meio do estudo da correspondência entre ambos, analisada em capítulo posterior.

O que Jacques Maritain chamava de Estados decorativamente ou farisaicamente cristãos e "clericais" eram aqueles que se pautavam por uma estrutura exterior baseada em princípios cristãos, na defesa e na proteção de interesses cristãos, mas que internamente eram individualistas e tinham ambições políticas em prejuízo do bem coletivo, como a Itália e Alemanha do momento.

Portanto, para Jacques Maritain, o século XX era o palco onde os frutos da cultura moderna e antropocêntrica ganhavam formato, com exemplos claros no comunismo e no totalitarismo. *Maritain criticava severamente tanto um como outro, embora enxergasse uma chance de redenção e conversão nos comunistas.* Considerava que o comunismo objetivava uma "redenção universal" da humanidade e que o nazismo – de base "irracionalista e biológica" – rejeitava tal universalismo e tencionava impor, através da força, a hegemonia de uma raça considerada superior. Maritain entendia que não haveria regeneração humana a esperar de ambos, mas especialmente do "racismo nazi" por ser "irremediavelmente destruidor". O que Maritain postulava era a criação de um novo mundo, superior ao totalitarismo fascista, ao comunismo e à civilização capitalista, considerada em decadência. Um novo mundo fundado no princípio personalista e humanista integral (MARITAIN, 1942, p. 270-272).

Mas, na teorização de Maritain, a realização desse mundo seria possível somente com o auxílio das novas elites, compostas por elites operárias e camponesas e mesmo por elementos da classe dirigente do regime outrora em vigor. Essas elites, segundo ele, deveriam estar em comunhão com o próprio povo e ser provenientes das camadas profundas das nações, decididamente voltadas para o trabalho em favor do povo. Era das novas elites que o mundo necessitava desesperadamente (MARITAIN, 1942, p. 86-92) e no Brasil e na América do Sul as encontraria junto à Igreja Católica e a muitos intelectuais, dentre os quais o grupo em torno de Alceu Amoroso Lima.

Mas como se deu a ação efetiva de Jacques Maritain face ao cenário do entreguerras, especialmente face à Guerra Civil Espanhola e ao nazifascismo? Qual a medida da sua recepção na América do Sul, dos seus escritos e presença, especialmente entre os intelectuais católicos brasileiros ligados ao Centro Dom Vital e à revista *A Ordem*?

As respostas a estes questionamentos ajudam a entender o teor do contato de Alceu Amoroso Lima com o filósofo francês.

FILOSOFIA, AÇÃO POLÍTICA E RECEPÇÃO

Nos anos 1920 e em boa parte dos anos 1930 nos países da América Latina, havia uma relação complexa entre "a necessária restauração católica por um lado, e a afirmação de um nacionalismo violentamente hostil à democracia e tentado pelo autoritarismo de outro lado" (COMPAGNON, 2003b, p. 58).

Se Jacques Maritain representava, naquele momento, uma filosofia de reação antiliberal e contrarrevolucionária, o francês Charles Maurras era tido e lido como defensor de um nacionalismo exacerbado, voltado para a política. Já outros pensadores franceses como o Padre Clérissac, por exemplo, também eram lidos, principalmente na Argentina, sob esta ótica.

O historiador Olivier Compagnon revela que foi na América Latina, sobretudo na Argentina e Brasil, que muitos católicos tomaram Jacques Maritain como defensor das ideias maurrasianas, portanto, ainda como um nacionalista. Adverte que esta foi uma interpretação equivocada, já que Maritain havia rompido com as ideias de Maurras em 1926 e a partir de

1936, com a publicação de *Lettre sur l'indépendence* e *L'Humanisme integral*, se direcionado para o campo da política mais liberal e democrática.²

Olivier Compagnon defende a tese segundo a qual essa visão em relação a Jacques Maritain era fruto de uma leitura desatualizada de sua obra, dado que, no momento, já em 1936 suas preocupações não estavam mais voltadas para o campo especulativo, mas sim em direção ao estudo da relação entre o meio temporal e o espiritual. Isso quer dizer que por meio de suas análises Maritain buscava a constituição de uma cidade terrena e fraterna. Entretanto, na América Latina, isso não foi compreendido na mesma velocidade, em razão do pequeno ou escasso volume de traduções de suas obras mais recentes. Assim, mais tarde, a partir da leitura de suas obras já traduzidas, católicos nacionalistas latino-americanos se deram conta de que havia um mal entendido ou uma leitura *en retard* de seus livros mais recentes e que há tempos o pensamento de Maritain já se posicionava rumo à democracia. Então passaram a fazer parte dos grupos que se colocaram na linha de oposição ao filósofo, pois até então ainda o tinham como conservador e ligado ao grupo de Maurras, o que para eles era importante. Esses grupos de oposição são denominados "antimaritainistas", e os defensores de Maritain, "maritainistas". Ambos se enfrentariam sem cessar na América Latina, pelo menos, nas quatro décadas seguintes aos anos 1930 (COMPAGNON, 2003b, p. 59).

No Brasil, no caso do intelectual Alceu Amoroso Lima, por exemplo, Compagnon defende que este tomou contato com as obras de Jacques Maritain – de cunho democrático – somente em 1939, ano de sua reconversão, momento no qual ele teria reduzido a herança intelectual de Jackson de Figueiredo sobre si e adotado o rumo das ideias democráticas (COMPAGNON, 2003b, p. 97-98).

Entretanto, é mais correto dizer que Alceu Amoroso Lima, no Brasil, desempenhou papel importante como "maritainista", uma vez que já havia

---

2   O engajamento de Maritain rumo a questões políticas remonta, especificamente, a 1934 quando, em conjunto com outros intelectuais, produz textos que expressam suas posições em relação ao comunismo e ao fascismo (COMPAGNON, 2003b, p. 85).

tomado contato com as obras mais recentes do filósofo logo quando publicadas. Pelo contato de longa data com a língua francesa não foi necessário esperar as traduções, pois Alceu adquiria as obras no original, o que facilitava sua atualização. Por isso, logo percebeu a virada de Maritain para o campo da política, já com a realização da leitura de *Humanismo Integral* em 1936. Entretanto, Alceu encarou suas posições democráticas com cautela e adotou-as ao longo dos anos num processo interior de revisão de valores, de conflitos internos e do abandono de ideias autoritárias que integravam sua visão de mundo, algo concretizado somente no final da década de 1940 e não em 1939.

A dificuldade de leitura em francês, à qual Compagnon se refere, dizia respeito aos católicos de modo geral e não especificamente à elite ligada a Alceu e ao Centro Dom Vital. Assim, o ano de 1939 não afetou diretamente Alceu Amoroso Lima, já que ele conhecia as obras de Maritain no original, o que se expressa também no grupo de intelectuais católicos leitores em francês em cujo meio estavam dois grandes nomes, como Afrânio Coutinho e Silvio Elia, os quais já em 1936 e 1937 tinham conhecimento de *Humanismo Integral*.[3]

Será que Alceu não havia tomado contato com seus amigos e se informado sobre o teor do livro de Jacques Maritain, ou cada intelectual agia de forma isolada dentro do grupo? Afinal, Alceu não era o diretor-chefe da revista *A Ordem* e do Centro Dom Vital, do qual esses intelectuais faziam parte e comungavam de ideias semelhantes? Certamente quando se trata de um grupo de intelectuais pressupõe-se a aceitação das regras que permeiam a constituição do grupo, de modo que é improvável que Alceu não tivesse sido informado sobre o redirecionamento de Jacques Maritain com a publicação de *Humanismo Integral*.

---

3   Prova disso são os artigos lançados na revista *A Ordem*: Cf. COUTINHO, Afrânio. "Humanismo Integral Cristão". *A Ordem*, Rio de Janeiro, s/n, p. 436-441, nov./dez. 1936. Cf. ELIA, Silvio. "Jacques Maritain, mensageiro da Idade Nova". *A Ordem*, Rio de Janeiro, s/n, p. 151-158, fev. 1937.

Algo nesse sentido pode ser constatado, a exemplo, na análise do artigo de um dos mais importantes intelectuais católicos ligados ao grupo do Centro Dom Vital e amigo próximo de Alceu Amoroso Lima. Trata-se do artigo Humanismo Integral Cristão, escrito por Afrânio Coutinho, de novembro de 1936, onde o autor dedica-se ao estudo da obra *Humanismo Integral*.

A crítica de Afrânio Coutinho consistia em demonstrar que a burguesia liberal havia se apropriado do cristianismo e o relegado para "as coisas do culto e do altar", retirando-lhe, assim, o caráter de doutrina com vínculo essencialmente social. Para Coutinho, o livro de Jacques Maritain, *Humanisme Integral*, viera então repor o cristianismo em seu devido lugar, ao revelar que o mundo estava entre duas épocas históricas: uma que se desmoronava e outra que tentava se constituir a partir do conceito de um homem novo. Dentro desse projeto de homem novo, argumentava Coutinho, o cristianismo atuaria como religião e como "lei social orgânica... como um humanismo integral". Mas, conforme Maritain demonstrava, seria um humanismo diferente do humanismo moderno, considerado antropocêntrico. Segundo Afrânio Coutinho, o que Jacques Maritain propunha era um "humanismo teocêntrico", integral e cristão, pluralista, onde fosse possível a convivência livremente de "cristãos e não cristãos" (COUTINHO, 1936, p. 436-441).

Em resumo, para Afrânio Coutinho, o filósofo Jacques Maritain ensinava que a nova civilização nasceria inspirada, principalmente, nos valores de igualdade temporal de direitos. Foi por isso que Afrânio Coutinho apontou a Revolução Russa como tema importante, por ter demonstrado o quão trágico era o regime liberal burguês, embora salientasse que ela deveria ser ultrapassada em sua essência. Por mais estranho que isso pudesse parecer naquele momento a outros católicos, Afrânio Coutinho dizia que sua posição era fruto dos ensinamentos da obra de Maritain, *Humanisme integral*. Obra esta que já continha elementos que colocavam também os comunistas como possíveis pertencentes à nova cristandade: o que renderia a Maritain a acusação, por parte de muitos católicos, de propor a política da "main tendue", uma espécie de chamado à aproximação com os comunistas. Nestes termos, o intelectual católico Afrânio Coutinho tinha postura inusitada frente ao próprio meio católico do momento, por exemplo ao tratar da Revolução Russa:

> Não é possível desprezar ou anular a revolução russa. Aceitamo-la como um fato histórico estabelecido, pois a História não se nega nem se anula. Ainda mais. Aceitamo-la como uma necessidade, uma violência necessária que surgiu para apontar aos homens uma organização social injusta e falsa. Foi preciso a violência da revolução russa para que se convencessem os homens da miséria estrutural do regime burguês e mesmo para destruí-lo em alguns pontos. [...] O homem novo que nasce muito lhe deve (COUTINHO, 1936, p. 438).

Retomando Compagnon, podemos observar que este autor fala sobre Jacques Maritain e Alceu Amoroso Lima, a respeito de suas posições, mas não elege com foco central *demonstrar como* elas se davam efetivamente. O que não invalida sua tese ou a seriedade de sua pesquisa.

Segundo Compagnon, no Brasil e na Argentina, dominicanos como o Frei Tauzin defendiam Jacques Maritain, enquanto que jesuítas como o padre Vieira, no Brasil, e Pita, na Argentina, o classificavam de herético.

Reside nesse ponto uma das teses centrais do livro de Olivier Compagnon: demonstrar que Jacques Maritain foi lido equivocadamente por alguns[4] na América Latina como sendo o filósofo da democracia cristã. É o que ele define como *"le modèle malgré lui"*, ou seja, uma leitura à sua revelia. Em resumo, conforme a leitura de Compagnon, a recepção das ideias de Jacques Maritain na América do Sul é consensual até 1936, ano de sua

---

4 Compagnon lembra que os leitores de Jacques Maritain nesta época eram formados pela elite ou pequenos grupos que liam em francês, como é o caso no Brasil dos intelectuais ligados à Faculdade de Direito do Rio de Janeiro e ao Centro Dom Vital. Nos diversos países latino-americanos, o campo de leitura de suas obras torna-se mais amplo na medida em que vão surgindo traduções e com a divulgação por revistas do meio religioso (COMPAGNON, 2003b, p. 65).

visita à Argentina. Como já mencionado anteriormente, até essa data e na ótica de Compagnon, a maior parte dos intelectuais católicos tinha acesso somente às suas obras que tratavam do período anterior aos anos 1930, momento em que o filósofo tinha forte relação com o nacionalismo maurrasiano (COMPAGNON, 2003b, p. 63-74).

A visita de Jacques Maritain à Argentina em 1936, com breve passagem pelo Brasil,[5] guarda uma história interessante e ao mesmo tempo emblemática para a trajetória da sua interpretação na América Latina. Além disso gera, a partir desse momento, todo um ambiente de hostilidade à sua obra demarcando um campo de debate fortíssimo entre maritainistas e antimaritainistas. Como motivos principais destacam-se, em primeiro lugar, a visão que alguns de seus discípulos mais conservadores tinham de seu pensamento, a qual, até esse momento, resultava de uma leitura equivocada e atrasada. O segundo motivo decorre do episódio que é definido como "questão judaica".[6]

---

5   De acordo com Carpeaux, essa passagem pelo Brasil não foi tão rápida assim, dado que Maritain "fez uma conferência no Centro Dom Vital; e, por convite de Tristão de Athayde, foi recebido, em sessão solene, pela Academia Brasileira de Letras", o que revela o grau de intimidade entre ambos (CARPEAUX,1978, p. 80-81).

6   Em 1921 Jacques Maritain lançou um artigo de título "Question juive", que tinha caráter definidamente antissemita, num momento em que ele ainda estava próximo à Ação Francesa, a Maurras e às suas ideias. Ocorre que, após a condenação deste movimento pelo Vaticano em 1926, Maritain se afastou dele e de Maurras e a partir daí abandonou suas posições ortodoxas relativas aos judeus e a outras questões. De modo que, já em fins da década de 1920, seu posicionamento sobre os judeus mudou, sobretudo em função da percepção sobre o perigo que Hitler e suas ideias representavam e também pelo fato de Jacques Maritain ter sido influenciado por Jean de Menasce, um "judeu egípcio" que viera a tornar-se padre. No momento de sua visita à Argentina – entre agosto e outubro de 1936 – sua ótica de formulação filosófica já havia se modificado, num evidente abandono das posições mais antimodernas dos anos 1920, sendo o exemplo mais patente disso a publicação de sua obra *Humanismo Integral*, de 1936. Durante sua estada em Buenos Aires, Maritain fez uma conferência na Sociedade Hebraica Argentina, o que descontentou alguns católicos nacionalistas e antissemitas, entre os quais aqueles que estavam vinculados a um jornal chamado *Crisol*. Esse jornal, por sua vez, lançou artigos criticando Maritain pelo fato de ele ter ido àquela Sociedade (cujos judeus houvera

Decisivamente, se 1936 demarca o surgimento da crítica e oposição a Jacques Maritain na América Latina, ou mais especificamente na América do Sul, esse também é o momento do aflorar de uma nova gama de discípulos sob um olhar mais multilateral de interpretação de sua obra, principalmente a partir do conhecimento e leitura de *Humanismo Integral* (COMPAGNON, 2003b, p. 111-124). Entretanto, isso não se aplica a Alceu Amoroso Lima, considerado o fato de ele ser um dos intelectuais mais atualizados ligados à Igreja Católica e leitor antigo de Maritain.

O FILÓSOFO NA GUERRA CIVIL ESPANHOLA

Diversos intelectuais, fossem católicos ou não, manifestaram-se abertamente contra a Guerra Civil Espanhola e as pretensões de Franco. Vários pensadores assinaram manifestos contra a guerra, tal como o publicado em *La Croix*, em 08 de maio de 1937. Ali são signatários François Mauriac, Gabriel Marcel, *Jacques Maritain*, Jacques Madaule, Stanislas Fumet, Emmanuel Mounier, Maurice Merleau-Ponty, Claude Bondet e Paul Vignaux. Nessa linha de crítica, encontrava-se a ação de Jacques Maritain participando ativamente do "debate e da defesa do povo basco", atuando como "presidente do Comitê pela Paz Civil e Religiosa na Espanha" e não se cansando em "denunciar as pretensões religiosas da insurreição

---

criticado em artigo de 1921) e mais, o jornal deu ênfase ao fato de que a sua vinda para a América havia sido custeada pela Igreja Católica. Na realidade, o que se passou foi que havia um nacional-catolicismo na Argentina – do qual o jornal *Crisol* era apenas um representante – que tinha, em primeiro lugar, receio do que considerava o "perigo nacional" e a "individualidade étnica" judia; em segundo lugar, o jornal não aprovava a relação de Maritain com os judeus daquele país. Como Compagnon demonstrou bem, Maritain era um católico defendendo os judeus contra a onda mundial de antissemitismo, o que descontentou também certa imprensa Argentina católica e antissemita. Isso, indubitavelmente, teve ressonâncias em parte dos discípulos históricos do filósofo também no Brasil, certamente aqueles que faziam a chamada "leitura uniforme e unilateral" de sua obra, desconhecendo as publicações mais recentes que se direcionavam no sentido da constituição de um mundo mais "pluralista e democrático" (COMPAGNON, 2003b, p. 111-123).

franquista". Neste momento, para Maritain, a cristandade não poderia ser restabelecida pelas armas, promovendo o assassinato de inúmeros inocentes. Ao seu lado estavam Bernanos, Mauriac e outros tantos ligados à revista *Esprit*, cuja postura pautava-se pela denúncia do mito da guerra santa, defendido por Franco (WINOCK, 2000, p. 383-388).

Aqui é importante notar que há uma diferença de posição entre os autores Michel Winock e Olivier Compagnon quanto à relação de Bernanos e Maritain, frente à Guerra Civil Espanhola. Compagnon defende que Bernanos foi um dos críticos da ação de Maritain frente à guerra, enquanto Winock afirma que ambos estavam juntos na crítica a Franco e às pretensões fascistas por detrás da guerra. Essa questão precisa ser melhor estudada, mas tudo indica que há uma diferença de interpretação quanto ao período da oposição de Bernanos a Maritain. É improvável que estivesse inteiramente contra Maritain uma vez que ele próprio, Bernanos, esteve na Espanha poucos momentos antes da eclosão da guerra e ainda lançou o livro *Os grandes cemitérios sob a lua*, uma crítica aberta a Franco e aos católicos que imaginavam agir em defesa do cristianismo contra o comunismo. Dentro do debate sobre a guerra na Espanha, é decisivo compreender a opinião da Igreja Católica nesse momento, posição que se diferenciava muito daquela defendida por intelectuais como Maritain e Bernanos, haja vista o próprio pontífice Pio XII ter saldado "o fim da guerra civil com um telegrama a Franco explícito quanto à atitude da Igreja Católica: 'Elevando nossa alma a Deus, agradecemos a ele sinceramente, com Vossa Excelência, pela vitória da Espanha católica" (WINOCK, 2000, p. 388-391).

Otto Maria Carpeaux relata com clareza como se levantou contra Maritain, no momento de 1936-1939, "uma veemente tempestade" na França, em Portugal, na América Latina e sobretudo no Brasil. Isso se deu quando Maritain, ao lado de François Mauriac, Georges Bernanos e muitos outros, "percebeu o caráter fascista e totalitário da revolta de Franco" (CARPEAUX, 1978, p. 81).

Ao lado de Jacques Maritain estava Emmanuel Mounier, com a autoridade de quem podia vangloriar-se de ter atacado a agressão de Mussolini à Etiópia, de ter condenado a cruzada franquista na Espanha e de ter sido sempre vigilante contra o antissemitismo e o nazismo. Com o fim da II Guerra, novos tempos surgem com *Esprit*, Mounier e suas relações com os comunistas na França. Segundo Winock, os católicos não queriam mais "ficar confinados em seus próprios círculos e igrejinhas", pois o momento era de adotar o "pluralismo como palavra de ordem". De tal forma que Mounier iria aceitar a ideia da participação dos católicos nas lutas do Partido, mas desde que se mantivessem "vigilantes". Para Mounier, os católicos não precisavam ter "complexo de inferioridade". Pelo contrário, deviam orgulhar-se de "responder aos desafios de Nietzsche e de Marx" e defender que sua religião não era "alienação, resignação dos escravos, ou ópio do povo, mas fonte de ardor e heroísmo". Em outras palavras, "o orgulho, o otimismo, o senso do dever caracterizam essa nova geração cristã, ao término da Guerra" (WINOCK, 2000, p. 453-558).

Os intelectuais espanhóis que tinham se identificado inicialmente com o regime de Franco, logo se afastaram ao perceberem que as perseguições, prisões, exílios, os atentados aos direitos humanos, eram expressões de uma ditadura. Muitos se engajaram na luta armada e na propaganda, mesmo no exterior, em favor da República contra o golpe dos militares. Por outro lado, havia grupos de direita que não eram compostos por intelectuais, mas sim, por representantes de oligarquias financeiras, militares, católicos tradicionalistas e por monarquistas. Mesmo Franco reconhecendo a necessidade de ser apoiado pelos intelectuais, nenhum de alto nível esteve disposto a aderir, exceto alguns propagandistas e católicos conservadores. Na oposição ao regime o engajamento dos intelectuais foi decisivo e em massa pelo mundo todo. Inclusive nas Brigadas Internacionais Republicanas, entre os quais estavam "o suíço Talmon, o argentino Hypolite, Rosselli (chefe da legião italiana Ascaso), a coluna Durruti com a filósofa Simone Weill, George Orwell na coluna Lênin, Malraux, Hemingway, Pablo Neruda". Incluam-se ao lado desses, Jacques Maritain e Georges Bernanos (BACHOUD, 2003, p. 173-177).

Assim, a posição de Jacques Maritain de crítica ao governo franquista na Guerra Civil Espanhola foi execrada por muitos católicos. A guerra foi entendida por muitos, fundamentalmente na Europa, como levada à frente por Franco sob o dever de defesa do cristianismo e da Igreja Católica contra os comunistas. Maritain e outros intelectuais na Europa já denunciavam que o favorecimento ou apoio a Franco era um erro. Consideravam que por detrás de suas pretensões havia a gestão de um regime de cunho fascista e mesmo relações perigosas com os governos italiano e alemão. Assim, para Maritain, lutar contra o comunismo ao lado do fascismo era coisa a ser repudiada e desconsiderada por todos os homens de bem.

Cabe a ressalva de que Bernanos criticava Maritain inicialmente, mas quando percebeu os reais objetivos de Franco logo principiou em sua crítica aberta ao governo espanhol, sem entretanto deixar de condenar o comunismo. Bernanos também condenaria o governo francês de Vichy, tanto que viria se exilar no Brasil no mesmo momento em que Maritain se exilava nos Estados Unidos. O apoio dado pelo Papa Pio XII a Maritain, em 1945, constituiu-se em fato decisivo para sua permanência no seio da Igreja e também para que alguns de seus opositores mudassem o conceito a seu respeito. Esse foi o caso interessante da revista argentina *Critério* que, a partir de 1949, após mudar de direção, passa a fazer parte dos maritainistas, coisa impensável até o momento e que revelava a heterogeneidade da Igreja Católica na América do Sul (COMPAGNON, 2003b, p. 125-191).

CONTROVÉRSIAS SOBRE O PARTIDO POLÍTICO

Os escritos e a atuação de Jacques Maritain no campo da política tiveram peso importante junto a diversos intelectuais na América do Sul, especialmente católicos como Alceu Amoroso Lima e o grupo que contribuiu para a fundação do Partido Democrata Cristão.

Certamente Jacques Maritain não tinha mesmo a intenção de criar um partido político, em 1930, mas com o passar dos anos e com os acontecimentos no cenário dos anos 1930 e 1940 seus escritos falavam cada vez mais em política; e isso inspirou seus discípulos a criarem o Partido Democrata Cristão como forma mais prática de colocar em ação seus ideais e de reivindicar formalmente os seus interesses.

Áureo Busetto explica que as primeiras medidas tomadas na América Latina para a reorganização do movimento que levaria à "expansão da Democracia Cristã" no continente, acontecem no mesmo momento em que, na Europa ocidental, a Democracia Cristã surge como "força político-ideológica considerável". São exemplos disso na Itália, o partido Democrazia Cristiana Italiana (DCI) conquistando o governo em 1945; na Alemanha, em 1945, forma-se o CDU (Christliche-Demokratische Union), que conquista o alto posto da Chancelaria alemã e em 1949, na França, forma-se o Mouvement Républicain Populaire (MRP); outros partidos e movimentos surgem na Áustria, Bélgica, Países-Baixos e Suíça (BUSETTO, 2002, p. 25-27).

Sobre a Democracia Cristã na América Latina Áureo Busetto esclarece, com propriedade, que isso ocorre somente "após a realização do *I Congresso da Democracia Cristã na América*", que se passa no mês de abril de 1947 em Montevidéu. Os militantes e políticos católicos que organizaram e lideraram o I Congresso tiveram a iniciativa de elaborar uma "estratégia de ação conjunta" que viabilizasse a disseminação da Democracia Cristã[7] na América Latina. Entre os seus líderes estavam o uruguaio Dardo Regules, o chileno Eduardo Frei Montalva, o argentino Manuel V. Ordoñez e o brasileiro Alceu Amoroso Lima. Esse grupo elaborou o documento fundador do Movimento, sempre inspirado nos escritos mais recentes de Jacques Maritain, sobretudo aqueles que tratavam de pensar o chamado *humanismo integral* (BUSETTO, 2002, p. 28).

Olivier Compagnon defende ainda a ideia de que tanto Alceu Amoroso Lima quanto os integrantes da Declaração de Montevidéu – que haviam lançado as bases do Partido Democrata Cristão na América Latina –, em 1947, agiam a partir de interpretação e inspiração próprias em relação aos

---

[7] Sobre a Democracia Cristã no Brasil pós-1945 consultar também: COELHO, Sandro Anselmo. "Democracia Cristã e Populismo: um marco histórico comparativo entre o Brasil e o Chile". *Revista de Sociologia e Política*, Curitiba, nº 15, p. 67-82, nov. 2000. Consultar ainda: COELHO, Sandro Anselmo. "O Partido Democrata Cristão: teores programáticos da terceira via (1945-1964)". *Revista Brasileira de História*, São Paulo, vol. 23, nº 46, p. 201-228, 2003.

escritos de Maritain e, portanto, diferente do que ele havia dito e pensado. Este é o núcleo de sua tese.

Se observarmos o que o próprio Maritain diz em *Lettre sur l'indépendence*[8] veremos que ele não proibia a criação de um partido de fundo cristão que tivesse a democracia como um ideal. O *Tiers parti* do qual Maritain falava, referindo-se à França de 1935, foi entendido na América do Sul, em 1947, como condição primordial. Para a sua realização as *circunstâncias históricas do momento* foram cruciais, como o próprio Maritain o dizia em relação à igualdade jurídica de direitos entre cristãos e não cristãos dentro da nova cristandade. Tratava-se neste caso de uma adequação àquilo que fora exposto por Maritain em *Letter su l'independence* e a outros elementos de sua filosofia política. Tudo convergindo para a formação de um partido político, o Partido Democrata Cristão (PDC), considerando-se a realidade do momento e a especificidade dos países da América Latina.

Portanto, observamos nos capítulos anteriores, nomeadamente, o papel que os intelectuais ocuparam no Brasil dos primeiros anos da República; os embates entre Jackson de Figueiredo e Alceu Amoroso Lima e a conversão deste; elementos do pensamento conservador Joseph De Maistre, em relação ao qual Alceu desenvolve leitura atenta e, por último, um esboço das obras e condutas de Jacques Maritain.

Passemos então a analisar como os elementos do pensamento conservador condicionam os escritos e posicionamentos de Alceu Amoroso Lima no Brasil dos anos 1930 e 1940 para, na última etapa, demonstrar como Alceu se aproxima dos escritos de Maritain e do próprio filósofo por vínculo de amizade e como isso atua como fator decisivo para a sua nova conversão à liberdade e democracia.

---

8   Nesse caso específico consultamos dois textos: o original em francês: Cf. MARITAIN, Jacques. "Lettre sur l'indépendence". In: BARS, Henry (org.). *Oeuvres*. Paris: Desclée de Brouwer, 1975, p. 970-980. Também a tradução de dois capítulos do mesmo texto apresentados em *A Ordem*: Cf. REIS, Beatriz e REIS, J. Rezende. "Dois capítulos de Maritain". *A Ordem*. Rio de Janeiro, p. 583-588, maio/jun. 1946.

5

Posições de um intelectual
militante: do discurso à ação

A REVOLUÇÃO DE 1930: VISÕES HISTORIOGRÁFICAS

Segundo Ângela de Castro Gomes, a Revolução de 1930 – como um movimento revolucionário de militares e oligarquias dissidentes – trouxe ao centro da política homens que "sem dúvida não haviam ainda representado papéis de tão alta envergadura", entre os quais estava o próprio Getúlio Vargas. Após a tomada do poder Vargas ganha liderança e relevo, embora não fosse poupado de "poderosos questionamentos", entre os do estado de São Paulo (1932), os embates na Assembleia Nacional Constituinte (1933), e no período subsequente com o enfrentamento com o comunismo em 1935 e com o movimento integralista em 1938 (GOMES, 2000, p. 512-514).

Nesse processo, segundo Gomes, há o amadurecimento "em força militar e consciência político-ideológica" de "uma proposta de Estado autoritário e corporativo, cujo chefe acabou por ser Getúlio Vargas". Todos esses elementos são mais que ilustrativos de que a "Revolução de 1930 só foi o primeiro passo para o Estado Novo" pois assim o desejavam os ideólogos do regime que, nesses termos, "sagravam tanto o destino centralizador de nossa história política como a grandeza de sua liderança". Portanto, é certo dizer que o período que vai de outubro de 1930 a novembro de 1937 é um momento de conflitos e negociações que culminaram com a supressão dos intermediários entre Governo e povo, principalmente com a instalação do Estado Novo. Ocorre a implantação de uma "nova democracia" que em 1930, em essência, "negava a ideia de uma sociedade fundada no dissenso, postulando a tendência à unidade em todos os aspectos, fossem econômicos, políticos, sociais ou morais" (GOMES, 2000, p. 514-516).

O período de efervescência das primeiras décadas da República culminaria com o quadro político da Revolução de 1930, com o embate de forças locais e regionais na luta pelo poder. Essa problemática foi estudada pela historiografia, onde merecem destaque, inicialmente, duas posições, cuja observância é fundamental para a compreensão do período: as explicações de Boris Fausto e Edgad De Decca.

Para Boris Fausto, a união de forças sociais com os setores mais jovens das oligarquias tradicionais, a classe média e os tenentes rebeldes, em favor da Revolução, foi resultado de um processo de agravamento das contradições internas da sociedade brasileira, de "disputas regionais acumuladas ao longo da República" e, em segundo plano, produto dos efeitos iniciais da depressão desencadeada no cenário mundial a partir de 1929. Sob esse ponto de vista, nota-se ainda que a "fermentação da classe média, manifestações urbanas em favor de Vargas davam aos revolucionários a certeza de contar com o apoio de um setor politicamente significativo". Em certo sentido, lembra Fausto, a Revolução de 1930 foi também um ato de revolta contra São Paulo nos âmbitos político e econômico: no primeiro aspecto, São Paulo foi prejudicado em termos de perda de hegemonia – de sua classe dirigente representada pelo setor cafeeiro. Entretanto, ganhou em preponderância no setor econômico, em razão de continuar a ser o maior produtor do gênero e pela economia brasileira ser, no momento, inteiramente dependente dos recursos de sua venda.

Noutro sentido, os segmentos que se uniram, momentaneamente, para conseguir a vitória na Revolução tinham divergências entre si do ponto de vista político; entre os mais representativos estavam os setores da velha oligarquia regional que tinha como um dos objetivos o aumento do seu poder pessoal; parcela da juventude que se aliou temporariamente aos tenentes constituindo o que Fausto chamou de "tenentes civis", os quais focavam suas reivindicações em favor de modificações no campo político; havia também a participação do movimento tenentista com anseios de centralização do poder e de mudanças de cunho social. As posições tanto do Partido Democrático de São Paulo quanto da classe operária na Revolução serão destacadas pelo autor de forma bem distinta; o primeiro na busca do controle do Estado e o segundo ensaiando o apoio aos revoltosos, embora de forma ainda reticente (FAUSTO, 1977, p. 401-426).

Em texto posterior, intitulado "A Revolução de 1930", Boris Fausto (1985) retoma algumas questões abordadas inicialmente no artigo "A crise dos anos 20 e a Revolução de 1930" (1977). Aborda, em linhas gerais, o que foi a Revolução de 1930, quais foram os principais grupos em cena, retrata as mudanças na sociedade como resultantes de um processo cumulativo de alterações tanto no cenário nacional como internacional. Isso se observa, inicialmente, na medida em que Fausto procura demonstrar que a crise do café foi progressiva, proveniente desde o início da República, o que obrigou o Estado a implementar uma política de valorização forçada do produto; isso por sua vez, gerou, inicialmente, resultados positivos – a exemplo a tranquilização da burguesia cafeeira e a permanência estável da economia –, mas a médio prazo resultou em problemas como o endividamento do governo com o capital estrangeiro, de onde obtinha os recursos para o financiamento da estabilidade da mercadoria.[1]

---

1   Em certa medida, essa dependência tanto do governo quanto da burguesia cafeeira em relação aos grupos financeiros contribuiu para gerar vulnerabilidade às crises internacionais. Nota-se, conforme Fausto, que não havia uma burguesia industrial em fins da década de 1920 mas sim uma situação de fraqueza da indústria nascente, com princípios de divergências com o setor agrário. Em grande medida, a vida política do país oscilava a partir dos relacionamentos entre os Partidos Republicanos estaduais e o Presidente da República e, sobretudo, entre disputas regionais pela conquista do poder central. Para as eleições presidenciais de 1929 forma-se um grupo oposicionista denominado Aliança Liberal, representativo de Minas Gerais, Rio Grande do Sul e Paraíba

Por outro lado, em relação aos tenentes, Boris Fausto demonstra que o grande problema foi a falta de coesão interna e a dificuldade de ligação deles com outros setores sociais, o que contribuiu para que fossem colocados, gradativamente, à margem dos processos decisórios, tanto do ponto de vista dos segmentos sociais quanto do próprio Governo Vargas, como se observou no processo Constituinte de 1933-1934.

Portanto, há uma série de acontecimentos que contribuiriam para que se chegasse à Revolução de 3 de Outubro, sobretudo a partir da "aliança temporária entre as facções não vinculadas ao café, as classes médias e o setor militar tenentista". Disso resultaria um Estado que não representaria um setor específico mas sim se organizaria com vistas a estabelecer uma política de relacionamento com todos, sobretudo com as massas. Estado que não hesitaria, sobretudo, em coibir e eliminar os chamados "excessos revolucionários" colocando fora do grupo de poder indivíduos de maior destaque relacionados às mais diversas áreas.

Cabe ainda mencionar que para Fausto a classe operária teve papel de "problema" na Revolução e não de personagem, de onde o Governo instalado no pós-1930 procurou se aproveitar de sua fraqueza para buscar desenvolver políticas e criar leis que contribuíssem para mantê-la sob controle, a exemplo, medidas como o horário de trabalho no comércio e na indústria; acerca do trabalho das mulheres e dos menores; o início da regulamentação dos sindicatos (FAUSTO, 1985, p. 227-255).

– o Partido Democrático de São Paulo, fruto da junção de um setor da burguesia cafeeira e de grupos financeiros do estado, também fez parte da Aliança Liberal. Entretanto, sua base de sustentação estava assentada sobre as classes médias. Entre suas principais reivindicações estavam: a representação popular nas eleições através do voto secreto, a necessidade de industrialização do país, bem como incentivos a produtos da pecuária ligados ao mercado externo. Embora propusessem tais mudanças de âmbito político e econômico, os partidários da Aliança Liberal terminaram por não colocar em prática o seu discurso, o que os deixou em atitude contraditória. Entretanto, como bem Fausto demonstrou, "a derrota da Aliança [nas eleições] explica apenas em parte os rumos dos acontecimentos, de março a outubro de 1930" (FAUSTO, 1985, p. 227-245).

Vejamos o que o autor diz sobre o caso específico do movimento operário:

> Não se trata da aplicação imediata de um plano global [...] mas os objetivos estão definidos: institucionalizar a pressão da classe operária, transformando-a de categoria social marginalizada... em um setor controlável, no jogo das forças sociais. [...] Visa-se a ajustar as relações entre patrões e empregados na área do trabalho e, sobretudo, a anular, no campo sindical, a velha influência anarquista e a influência comunista nascente, transformando os sindicatos e organismos oficializados, numericamente restritos, apolíticos, voltados exclusivamente para as reivindicações profissionais (FAUSTO, 1985, p. 252-253).

Enfim, a constituição da classe dominante no período inicial dos anos 1930 se efetivará, na visão de Boris Fausto, a partir de uma mediação muito clara por parte do Estado, inclusive com a liquidação dos *excessos*. A República Velha ficaria para trás, sob o advento dos "novos tempos" com os "comícios de 1º de Maio no Estádio do Vasco da Gama, da repressão à vanguarda operária e manipulação da classe: nos episódios e nas instituições, cristalizavam-se assim modificações operadas em poucos anos" (FAUSTO, 1985, p. 254-255).

No contexto mesmo anterior a 1930, nos anos imediatamente posteriores ao fim da Primeira Guerra Mundial, Boris Fausto vai buscar elementos numa nova direita que influenciaria os dirigentes das principais áreas do governo Vargas do pós-1930 – mas diferente daquela até então conservadora e avessa a mobilizações sociais. Fausto refere-se, entretanto, à composição dessa nova direita por um sentido de mobilização das massas, o que se personalizava no fascismo na Itália a partir de 1922 e no nazismo, que chega ao poder na Alemanha em 1933.

Nesse ambiente de crescente efervescência e consolidação de regimes de força, pautados no mais das vezes na crítica ao liberalismo[2] e à democracia, Fausto aponta para a influência sobre o Estado Novo: exemplos disso seriam o que ele chama de a "moldura sindical" espelhada na *Carta del Lavoro* na Itália e as influências das técnicas de propaganda e o aparato policial da Alemanha de Hitler (FAUSTO, 1999, p. 17).

Assim, Fausto defende a tese de que é a partir dos anos 1920 que doutrinas de diferentes matizes, tanto de dentro quanto de fora da nação, vão contribuir para a elaboração de uma ideologia de direita no país; isso passa, por exemplo, pela direita católica, pelos tenentes, pelo Partido Democrático nos primeiros anos da década de 1930.[3]

---

2   Tanto isso é verdade que, por exemplo, os livros do jurista alemão e intelectual do Partido Nazista até 1936, Carl Schmitt, revelam esse processo. Em 1919 ele lança *La dictadura (*Madrid: Revista de Occidente, 1968). Em 1921 publica o artigo "A situação intelectual do sistema parlamentar atual" (In:_____. (org.) *A crise da democracia parlamentar*. Trad. Inês Lobhauer. São Paulo: Scritta, 1996. p. 1-80).

3   Também a crise mundial de 1929 atua como fator crucial – ao lado das lutas internas pelo poder – na condução do Brasil para o "caminho autoritário". A crise de 1929 desmonta "uma série de pressupostos do capitalismo liberal, que já não era tão liberal assim" e fornece "uma boa justificativa, no plano político, para a crítica à liberdade de expressão, para a crítica ao dissenso, expresso na liberdade partidária, tidos como elementos que conduziriam o país à desordem e ao caos". Mas uma das questões centrais apontadas por Boris Fausto se resume em saber se Vargas e sua equipe já tinham um projeto autoritário para o Brasil "desde o início dos anos 30", ou, por outro lado, se o projeto "foi sendo formulado ao longo dos anos, por força da crise mundial e dos embates políticos"? Sob sua ótica, a primeira questão guarda em si a própria resposta, pois decorrem daqueles anos iniciais, "entre outras coisas, medidas adotadas muito cedo pelo Governo Provisório no sentido de estabelecer canais de propaganda governamental e reforçar os instrumentos de repressão política", embora, segundo Fausto, isso não queira dizer "que em 1930 já estava dado, inexoravelmente, o desfecho de 1937". Em síntese, segundo Fausto, existiu "desde logo, um projeto político centralizador, unitário, antiparlamentar, forjado por Getúlio e sua entourage e por alguns nomes da cúpula do Exército, dentre os quais se destaca o general Góis Monteiro" (FAUSTO, 1999, p. 17-20).

Em estudo posterior, Boris Fausto atualiza e reavalia suas definições sobre o processo que leva à Revolução de 1930 demonstrando que este episódio "não foi" feito "por representantes de uma suposta nova classe social, fosse ela a classe média ou a burguesia industrial". Segundo ele, a classe média deu sustentação à Aliança Liberal, entretanto sua heterogeneidade e dependência do setor agrário lhe impediu de, no plano político, formular um programa próprio. Mesmo em relação aos industriais, Boris Fausto esclarece que havia uma acentuação regional dos "diferentes setores de classe", como resultado ainda de uma formulação social da Primeira República. Embora houvesse uma diferenciação entre burguesia industrial e setor agrário – principalmente a partir de 1928 com a formação do Centro das Indústrias do Estado de São Paulo –, isso não chegou a representar um rompimento do acordo "da classe dominante em nome dos interesses paulistas". Pelo contrário, "contavam com a proteção do PRP" e por isso apoiaram a candidatura de Júlio Prestes à presidência.[4]

Portanto, ainda de acordo com Fausto, dessa movimentação é que nasceria um "novo tipo de Estado" no pós-1930, o qual seria distinto do Estado oligárquico em razão da nova centralização, do maior grau de autonomia e por outros elementos como um capitalismo nacional inspirado no Estado e nas Forças Armadas e também na sociedade a partir da "aliança entre a burguesia industrial e setores da classe trabalhadora urbana" (FAUSTO, 2002, p. 182).

Cabe questionar se essa tese seria corroborada pelo processo de alijamento de certas elites tanto civis ou industriais, quanto militares ou oligárquicas, do âmbito do poder durante o Governo Vargas de 1930-1940.

---

4   Boris Fausto vai dizer ainda que "os vitoriosos de 1930 compunham um quadro heterogêneo tanto do ponto de vista social quanto político". De uma junção de forças diversas resultaria a Revolução de 1930, de onde ocorreria uma "troca de elite do poder sem grandes rupturas": sairiam de cena os grupos oligárquicos tradicionais e tomariam o poder os "militares, os técnicos diplomados, os jovens políticos e, um pouco mais tarde, os industriais" (FAUSTO, 2002, p. 181-182).

Bem provável que sim, como bem o demonstraram José Murilo de Carvalho (1999, p. 341-345), Mário Grynszpan e Dulce Pandolfi (1997). Entretanto, esses autores avançam no sentido de demonstrar, sob nova forma, como se deu o processo de alijamento das elites civis e militares. Isso é decisivo, mas cabe aqui a ressalva de que essa tese foi também apontada por autores considerados como pertencentes à chamada historiografia tradicional, mas que já alertavam sobre o assunto, embora em sentido diverso.

Esse foi o caso de Edgar Carone em *O Estado Novo* (1976), onde se observa essa temática quando o autor refere-se ao golpe de Estado de 1937 como o momento onde "tendências diferentes" se agrupam no poder enquanto "outros grupos serão excluídos" a partir da instalação da ditadura, gerando o seguinte quadro – que embora mereça reparos, é ilustrativo.

> É natural que o operariado e seus partidos políticos sejam os primeiros a serem marginalizados; a massa dos militantes dos antigos partidos da classe média – Partido Socialista Brasileiro entre eles – não são mais representados politicamente; e boa parte das classes oligarco-burguesas, que estão no poder em 1937, são despejados do governo e passa a ser oposição, como são os casos do Partido Constitucionalista de Armando de Salles Oliveira (SP), ou Partido Republicano Liberal de Flores da Cunha (RG do Sul), ou o Partido Social Democrático de Carlos de Lima Cavalcanti (Pernambuco). Neste rol de oposicionistas se incluem os militares contrários ao golpe e os liberais que não aceitam a ditadura (CARONE, 1976, p. 285).

A Revolução de 1930 foi objeto de estudo também de Edgar De Decca e Carlos Alberto Vesentini no artigo "A revolução dos vencidos: considerações sobre a constituição da memória histórica a propósito da 'revolução de 1930'",[5] de 1977.

---

5 Nesse artigo, os autores pretenderam questionar 1930 como "marco divisor de duas etapas da história política do Brasil". Para o desenvolvimento de tal projeto se utilizaram de fontes como um "relatório de 20 de julho de 1933, do Gal. Waldomiro de Lima,

Essa mesma temática foi retomada por De Decca em 1981 com o lançamento do livro *1930: o silêncio dos vencidos*, clássico da historiografia brasileira sobre os anos 1930. Particularmente o capítulo II, "A dissolução da memória histórica – a revolução do vencedor", é sobretudo relevante pois foi aí que o autor se dedicou a promover o que ele chamou de auto-destruição do discurso sobre a revolução de 1930: num primeiro momento, como exercício e prática do poder – este poder tomando a revolução como unitária e homogênea – e, em seguida, como discurso assumido pela historiografia com sendo o verdadeiro. Para a realização dessa "desconstrução", De Decca elaborou o que ele chamou de contradiscurso representativo, do ponto de vista simbólico de uma luta de classes, de uma classe social que fora excluída do que ele classificou de processo revolucionário: a classe operária, como já demonstrado anteriormente (DE DECCA, 1986, p. 72-75).

Marieta de Moraes Ferreira e Surama Conde Sá Pinto (2003, p. 387-415) vão demonstrar as mudanças pelas quais a sociedade brasileira passará a partir dos anos 1920, com atenção especial às crises que resultarão na Revolução de 1930.

No que diz respeito ao processo que leva à Revolução de 1930 as autoras complementam a tese de Boris Fausto na medida em que explicam os fatos com o auxílio de novas fontes, como o manifesto de Prestes (direito do exílio) em condenação ao apoio às oligarquias ligadas à Aliança Liberal

---

interventor em São Paulo nesse período"; tomaram como fontes também jornais do período de 1927/1928, tais como *O Combate, Correio Paulistano, O Estado de São Paulo*. No pretendido trabalho de desconstrução de 1930 como marco de ruptura na história brasileira, os autores analisaram o discurso "oficial" que propunha um modelo de memória histórica ao mesmo tempo em que constituía a própria história, ou melhor, o discurso constituía-se no "fazer da política enquanto o refazer da memória". Assim o relato oficial tinha o intuito de estabelecer como verdade o próprio discurso vencedor e daí promover a refundação da história. Isso é o que se passou, segundo os autores, com a Revolução de 1930, onde "diversos grupos lutaram por propostas diferentes de "revolução", entretanto o vencedor mostrou a revolução de forma unitária com o objetivo, sobretudo, de difundir a sua visão de luta e aperfeiçoar seus instrumentos de controle do poder político a partir da constituição da memória vencedora (DE DECCA & VESENTINI,1977, p. 25-32).

pretendentes à Revolução. Além dessa fonte, as autoras apresentam o estudo de cartas onde aparecem os debates e mesmo as relutâncias iniciais de Vargas e dos tenentes e de lideranças gaúchas em relação à Revolução de 1930. Segundo as autoras, o receio inicial apresentado por esses segmentos era expressão de uma clara "diferenciação mais explicável em termos de geração do que de ideologia" no interior da Aliança Liberal.

As autoras fazem uma análise das interpretações historiográficas relativas ao evento de 1930. Apontam para uma linha de análise que via no movimento de 1930 uma "revolução de classes médias" (SANTA ROSA, 1983); outra linha seria aquela representada por Nelson Werneck Sodré, surgida nos anos 1960, segundo a qual a Revolução de 1930 "expressaria a ascensão da burguesia industrial à dominação política". Para as autoras, foi nos anos de 1970 que Boris Fausto propôs uma interpretação alternativa a essas, defendendo que a Revolução de 1930 devia "ser entendida como o resultado de conflitos intra-oligárquicos fortalecidos por movimentos militares dissidentes, que tinham como objetivo golpear a hegemonia da burguesia cafeeira". Assim, surgia com Boris Fausto a noção de Estado de compromisso, com a qual as autoras concordam. Discordam, porém, da visão de De Decca e Ítalo Tronca pois esta carece da "comprovação empírica dos argumentos sustentados pelos autores" (FERREIRA & PINTO, 2003, p. 387-415).

Há um processo histórico posterior a 1930, que passa pelo anseio de reconstitucionalização do país com maior ênfase nos fatores que resultam na Revolução de 1932 e culminando daí com a Assembleia Constituinte de 1933 e a consequente Constituição de 1934. Esses momentos aliam-se mais tarde à chamada Revolta Comunista, em 1935, e à instalação do Estado Novo em 1937 (PANDOLFI, 2003, p. 17-37), embora esses momentos não atuem necessariamente uns como desdobramentos naturais dos outros. Atuam sim, como bem demonstrou Boris Fausto, como resultantes de um processo histórico onde se confrontavam interesses os mais diversos em torno de ideais e anseios, fossem democráticos, comunistas, socialistas, católicos, ditatoriais, integralistas.

Movimento histórico que, sem dúvida, não caminha de forma programática a partir do marco 1930, mas resulta, via de regra, do embate das forças necessariamente oriundas dos setores vinculados, de alguma forma, aos interesses de grupos já presentes nas primeiras décadas da República. Grupos que ganham maior formatação considerando-se o processo histórico também constituído por fatores do cenário externo e interno dos anos 1920 e 1930.

A POSIÇÃO DE ALCEU AMOROSO LIMA SOBRE A "REVOLUÇÃO" DE 1930

Nesse âmbito é que se apresenta a posição de Alceu Amoroso Lima como defensor dos interesses católicos em relação às temáticas mais importantes do cenário brasileiro das décadas de 1930 e 1940, a começar com a Revolução de 1930.

Alceu foi contra a Revolução de 1930. Foi igualmente contra a entrada dos intelectuais na luta política e defendeu a posição de que o Centro Dom Vital devia continuar com a "opção espiritual e social" em vez de realizar ações diretamente políticas.

Essa posição se deu em razão de Alceu acreditar, naquele momento de 1930, que a participação do Centro Dom Vital em lutas políticas poderia trazer para o seu interior problemas e conflitos de toda ordem. Sob sua visão, os intelectuais deveriam excluir-se, enquanto grupo, de atuações partidárias e atuar somente no "plano sobrenatural", junto da hierarquia da Igreja, trabalhando por uma "revolução espiritual", como o havia ensinado Jackson de Figueiredo. Por outro lado, Alceu sugeriu que, individualmente e socialmente, cada um dos intelectuais que estivessem ao seu lado poderia manifestar-se livremente.

Noutro sentido, a Revolução de 1930 que, segundo Alceu, havia sido prevista com "toda a lucidez profética" por Jackson de Figueiredo, era também o resultado mais catastrófico da separação entre a República e a Igreja, produto de "quarenta anos de ateísmo social". Era ainda o resultado de uma "Constituição sem Deus, da Escola sem Deus, da Família sem Deus, das consciências sem Deus". Em sua forma de ver, os intelectuais católicos deveriam lutar com as armas da oração, da organização moral e com a doutrina da Igreja contra o que ele definia como a "Autoridade sem Deus", entendida ainda como produto de uma "Revolução sanguinária"; isso deveria ser feito com o fim de "restituir à Autoridade o prestígio que a Revolução" lhe havia usurpado. Portanto, para Alceu, o retorno do prestígio da *autoridade* só seria possível com a consequente restituição da "lei de Deus, de Cristo e da Igreja" à Constituição e aos demais campos da sociedade, sempre com o fim de buscar o caminho da paz. O que se daria, a seu ver, a partir do auxílio e da espiritualização da sociedade juntamente com a ação do Centro Dom Vital (ATHAYDE, 1930a, p. 97-102).

A posição de Alceu Amoroso Lima nessa questão da proximidade da Igreja com o Estado se encaixa bem dentro daquilo que o conservador Louis De Bonald recomendava em *Législation primitive considerér par la raison* (1802):

> A sociedade perfeita é aquela onde a Constituição é mais religiosa, e a administração a mais moral. [...] Assim, o Estado deve obedecer a religião, e os ministros da religião devem obedecer ao Estado em tudo o que ele ordene em conformidade com as leis da religião, e a religião só ordene em conformidade com as melhores leis do Estado. [...] Por esta ordem de relações, a religião defende o poder do Estado e o Estado defende o poder da religião (DE BONALD, 1808a, p. 185-186).

O que se observa aqui é a patente defesa que Alceu Amoroso Lima faz da Autoridade como elemento central para o restabelecimento da ordem no país, o que releva claramente os aspectos conservadores do seu pensamento. Isso pode ser observado também quando ele diz que cada Revolução deveria ser vista de modo particular com caracteres distintos. Nesse mesmo artigo observa-se que Alceu reivindica o retorno da Igreja junto ao Estado, principalmente por meio da Constituição.

No número do mês de dezembro de 1930 da revista *A Ordem*, portanto dois meses depois de irrompido o "movimento revolucionário", podemos observar mais nitidamente a posição de Alceu Amoroso Lima sobre a Revolução de Outubro. Os seus argumentos, naquele momento, direcionavam-se no sentido de defender a posição segundo a qual não se tratava ali de uma revolução em que se envolviam princípios católicos, como havia ocorrido na Revolução Francesa e na Revolução Russa, mas sim de um "caso nitidamente político" e, por isso, não interessava à causa específica dos católicos, embora se encontrasse muitos deles militando de ambos os lados. Alceu recorre a Jackson de Figueiredo, em *Coluna de Fogo*, para defender a ideia de acordo com a qual a revolução orientava-se por princípios que lhe atribuíam uma "fisionomia moral", razão essa que o fazia acreditar que as revoluções deveriam ser consideradas "em cada caso particular", e serem julgadas de acordo com o *sentido* que tomavam. Num segundo momento de sua argumentação, Alceu recorre ao pensamento do francês Joseph De Maistre para argumentar que não existia *a Revolução* mas sim "revoluções", e que embora houvesse um "fundo comum em todas elas" se deveria ter como certo que cada revolução tinha o seu "caráter distintivo" (ATHAYDE, 1930b, p. 189-190).

Assim Alceu Amoroso Lima considerava no momento de 1930 que ainda era cedo demais para se tirar quaisquer conclusões sobre a Revolução de 1930, pois o bom Evangelho aconselhava a se fazer o julgamento da árvore somente após seus primeiros frutos.

Desta forma, a se considerar que no momento em questão a liberdade de opinião ainda era muito "precária para um estudo imparcial e objetivo dos acontecimentos", cabia a ele, Alceu, apenas analisar o que *de fato* estava em cena. Portanto, sua análise era a de que no momento havia no cenário político duas correntes com manifestações bem distintas: uma caracterizada por ele como demagógica, composta pelo desejo de libertação dos instintos, pelo "aflorar de todas as lamas do fundo das águas"; para Alceu essa era a corrente do "misticismo nacional, do confusionismo brasileiro, da imprensa irresponsável, do libertarismo", que tinha como princípio disseminar o "veneno da desordem, da indisciplina, do messianismo", tentando fazer todos acreditarem que um movimento "político liberal" como aquele poderia "curar os males da nacionalidade". Como se observa, essa corrente era vista ainda por Alceu Amoroso Lima como "perigosa", pois carregava em si o risco de trazer, com um grande extremismo revolucionário, o que poderia resultar no indesejável "materialismo comunista", e numa "perseguição sistemática ao espírito de religião, de tradição cristã, de regeneração social pela espiritualidade, de nacionalidade própria, de liberdade individual para o bem". Contra essa "corrente perigosa" e demogógica Alceu Amoroso Lima tomava posição em favor de outra corrente que ele considerava "sadia e boa". Para ele, essa corrente considerada ideal carregava em si de revolucionária somente o nome mas era, pelo contrário, "nacional, tradicional, cristã", já que enxergava no regime passado uma espécie de portador de um "materialismo econômico", defensor de oligarquias políticas e falsificador da democracia. Esse movimento "ideal" era constituído, na visão de Alceu, sobretudo pela presença das populações mineiras e nortistas, segundo ele "essencialmente religiosas" e que primavam por uma verdadeira "regeneração democrática" (ATHAYDE, 1930b, p. 190-191).

Sendo assim, o papel maior que Alceu Amoroso Lima atribuiu, na ocasião, aos intelectuais católicos e à Igreja foi o de trabalharem para a restituição das "verdadeiras raízes da nacionalidade", a partir de um caminho sempre fiel aos ensinamentos de Jackson de Figueiredo. Portanto, Alceu defendeu a posição de que os intelectuais deveriam desenvolver um trabalho "incessante e anônimo" com o fim último de sair da encruzilhada na qual a "subversão política" os havia colocado desde a cisão operada entre o governo e o povo e entre a autoridade e a religião, com a instalação da República. Com isso, o que lhes restava em face do movimento revolucionário de 1930, dizia Alceu, era "seguir o caminho de Cristo" (ATHAYDE, 1930b, p. 193-195).

A LIGA ELEITORAL CATÓLICA E A AÇÃO CATÓLICA: ELEMENTOS DO AGIR INTELECTUAL

Em relação aos acontecimentos imediatamente posteriores a 1930, nota-se que a posição da Igreja Católica junto a Assembleia Constituinte se fez principalmente a partir da ação da Liga Eleitoral Católica (L.E.C.), a qual atuou pressionando políticos que ela tinha apoiado e que haviam se comprometido com a defesa dos interesses da Igreja. Segundo Sérgio Miceli, a ação da L.E.C. foi no sentido de

> Divulgar as diretrizes e as tomadas de posição da Igreja entre os fiéis e canalizar os votos dos eleitores católicos em favor dos candidatos dos diferentes partidos que estivessem prontos a sustentar as posições católicas em questões delicadas e controversas, como indissolubilidade do casamento, o ensino religioso nas escolas públicas, a assistência eclesiástica às forças armadas (MICELI, 2001, p. 130).

Do ponto de vista da direção do laicato, Alceu Amoroso Lima integrava o corpo diretivo da Liga Eleitoral Católica e defendia sua ação de modo prático, sem vinculação direta com partidos políticos. É o que podemos observar a partir de suas posições sobre esse assunto.

Alceu Amoroso Lima, então presidente do Centro Dom Vital e diretor da revista *A Ordem*, discutiria questões relativas à política no artigo "Os católicos e a política" (ATHAYDE, 1934c, p. 159-167), definindo o caráter da Liga Eleitoral Católica e tratando de sua receptividade nos meios social, partidário e católico. Alceu observa no momento, nos meios católicos, que não se fazia distinção entre a L.E.C. e um partido político; já nos meios partidários ela era vista como uma organização não partidária, embora Alceu relate que existia nesse meio o intuito de torná-la um partido. Alceu identificava três posições consideradas por ele como "condenáveis" entre os católicos e já observava, entre muitos, o desejo de criação de um partido político.

> De um lado [...] há os que continuam a condenar toda e qualquer intervenção dos católicos na política [...] são os pessimistas impenitentes. [...] De outro, os indiferentes que continuam placidamente a sua vidinha de católicos dominicais, e são incapazes de dar um passo para participar de um serviço social, ou perder um dia para tirar sequer o seu título de eleitor. [...] Temos, finalmente, os que se entusiasmam demais pela L.E.C., só vêem na Ação Católica a atuação da L.E.C., subordinam tudo mais à nossa intervenção na política, e querem fazer da L.E.C. praticamente um partido (ATHAYDE, 1943c, p. 159-160).

Portanto, para Alceu Amoroso Lima, a Liga Eleitoral Católica tinha como papel central auxiliar na cristianização da sociedade sob orientação da hierarquia da Igreja, atuando como "órgão lateral" subordinado e limitado, ao contrário do que deveria ocorrer com os partidos políticos. Nesse sentido Alceu atua como um mediador entre os intelectuais laicos e o clero, principalmente por meio da L.E.C. e da Ação Católica. Isso se dá, evidentemente, também com o apoio decisivo do Centro Dom Vital e da revista *A Ordem*, por meio do trabalho com os intelectuais. No fragmento abaixo observamos como Alceu foi taxativo a respeito da ação da L.E.C. e dos leigos, colocando-os como eminentemente extrapartidários, em 1934:

> *Subordinada*, porque depende da Ação Católica, e esta da hierarquia eclesiástica. Sua ação é rigorosamente limitada [...] porque se apresenta apenas como *esclarecedora da consciência católica em matéria eleitoral*, atuando mais por exclusão e por *repercussão*, que por intervenção direta. De outro, porque os muitos assuntos políticos de que ela se ocupa são apenas de ordem social em que há doutrina oficial da Igreja ou determinação de sua autoridade, não havendo liberdade, por parte dos católicos, de opinarem em contrário. [...] Tudo isso coloca a Liga Eleitoral Católica em posição extrapartidária (ATHAYDE, 1943c, p. 161-162, grifos nossos).

Em outro texto, Alceu Amoroso Lima reafirmou sua visão a respeito da L.E.C. como órgão necessariamente voltado para "conservar-se extreme de competições partidárias e muito menos facciosas". Nesse ponto ele defendeu, de forma aberta, que os intelectuais e os católicos deveriam trabalhar pela unidade nacional, fazendo isso por meio da unidade espiritual. Esse discurso caminhava bem ao encontro de muitos dos anseios do governo Vargas. Diz ele:

> Não somos, não podemos, nem queremos ser um partido [...]; trabalhamos pela Igreja, que é suprapartidária e supranacional porque é de Deus e portanto se estende sobre todos os homens e todas as nações. [...] Trabalhamos sinceramente pela *unidade espiritual da nacionalidade* e não pela luta religiosa ou facciosa" (ATHAYDE, 1934d, p. 237, grifos nossos).

A questão das reivindicações da Igreja Católica foi abordada por Alceu Amoroso Lima em "O sentido de nossa vitória" (ATHAYDE, 1934a, p. 417-423). Foi nesse texto que ele falou da vitória dos católicos na Constituição de 1934, momento vista por ele como o ápice do catolicismo no período republicano. A seu ver, as Constituições de 1824, 1891, 1926 haviam colocado a Igreja em situação, quando não inferior, de menosprezo, e a de 1934 lhe devolvido o lugar devido.

Em 1934 Alceu dizia que era o momento onde os católicos se reuniam "acima dos partidos", através da Liga Eleitoral Católica, na defesa de um programa que, com algumas mudanças, era o mesmo defendido desde 1930. Conforme Alceu menciona, a ação da L.E.C. se dava na medida em que ela se organizava em nível estadual e regional e levava aos partidos e candidatos o seu programa, que já havia sido reduzido minimamente para itens como a "indissolubilidade conjugal, ensino religioso facultativo nas escolas públicas e assistência religiosa facultativa às classes armadas". Mas para a felicidade dos católicos, argumentava Alceu, todas as suas aspirações haviam sido aprovadas e não apenas os pontos mínimos, incluindo a colaboração entre Igreja e Estado, "o serviço militar do clero, sob a forma de assistência espiritual ou hospitalar às forças armadas, o voto dos religiosos (retirado, a certo momento, dos trabalhos constituintes), a liberdade dos sindicatos operários católicos, o descanso dominical, o reconhecimento do casamento religioso para efeitos civis, a autorização para cemitérios religiosos" e, sem dúvida, a Constituição em nome de Deus (ATHAYDE, 1934a, p. 417-423). Para Alceu Amoroso Lima, o sentido da vitória dos católicos estava no fato de a Constituição de 1934 estabelecer o princípio de "colaboração entre Igreja e Estado", sendo isso, sobretudo, "uma das maiores inovações jurídicas introduzidas na legislação constitucional" (ATHAYDE, 1934a, p. 417-423). O artigo de Alceu expressa a nova rearticulação formal da Igreja com o Estado no pós-1934 com ganhos efetivos para ela, mas também para o Governo Vargas (ARRUDA, 2005) no campo do apoio recebido de forma institucionalizada. Desse modo, depreende-se que para o próprio Alceu Amoroso Lima a vitória católica estava completa pois contemplava o campo doutrinário e prático, como o demonstrava a Carta Constitucional, que rompia com o laicismo do Estado proveniente de 1889.

No processo que leva à Constituição de 1934 houve interesses em jogo, tanto por parte da bancada industrial como do lado dos trabalhadores, religiosos, educadores. Para determinados setores da elite brasileira vinculados ao processo Constituinte a questão que avultava com maior urgência era a de se pensar políticas que tivessem como ideal maior colocar o Brasil no âmbito da "modernidade". Sempre pautando o seu discurso pelo desejo de "reformas subordinadas aos princípios da racionalidade técnica", a burguesia industrial apresentou propostas para o país que entravam em conflito com as posições dos trabalhadores (SILVA, 1999).

A historiadora Zélia Lopes da Silva aponta, com propriedade, para o fato de que a historiografia que estudou as décadas de 1920 a 1940 ainda não deu conta de abordar com precisão o papel desempenhado, por exemplo, pelo sindicalismo católico ou pela "proposta católica de organização da classe trabalhadora". Essa mesma autora, tomando Marilena Chauí como referência, aponta ainda para o fato de que os católicos estiveram presentes e atuantes no processo constituinte e, embora muitos deles estivessem próximos do Integralismo, os pressupostos teóricos que norteavam suas condutas eram diversos:

> Marilena Chauí, desmontando o discurso integralista, demonstra que este se dirige à classe média enquanto a adesão dos católicos à "proposta sindical corporativa", preconizada pelo fascismo, orienta-se na *Encíclica Rerum Novarum*, que insiste na mensagem em direção aos trabalhadores. Aí poder-se-ia encontrar a explicação para as disputas – que precisam ser melhor esclarecidas – entre o grupo do Nordeste, organizado sob a liderança dos católicos "vinculados" aos sindicatos dos trabalhadores da região, e o grupo paulista, liderado por Plínio Salgado – um dos principais ideólogos e articulador nacional do integralismo – que busca na classe média a sua base de sustentação (SILVA, 1999, p. 29).

Mas a Igreja Católica se fez presente no processo Constituinte desde 1932 com Alceu Amoroso Lima como parte da comissão encarregada de elaborar o Anteprojeto de Constituição (SILVA, 1999, p. 43) bem como por meio da Liga Eleitoral Católica.

Alceu Amoroso Lima acreditava que aqueles que haviam votado com os ideais da Igreja, o haviam feito, em grande parte, por motivos alheios às questões religiosas e muito mais voltados para os interesses políticos e sociais. De tal modo que Alceu defendeu a necessidade de uma vigilância constante entre os católicos, com o fim de formar grupos em "intensidade e em qualidade", algo como *pequenas elites*, que deveriam arrastar as grandes coletividades para os "movimentos necessários". Portanto, a esse respeito, Alceu argumentou nos termos da necessidade premente de formar elites para irradiar fé e doutrina às "massas amorfas". Nesse ponto observa-se que ele via o intelectual como o responsável pela educação das massas e também detentor do saber. Ao mesmo tempo observamos que Alceu não teve ilusões quanto aos próprios católicos, pois apontou muitos dentre eles como *desordeiros* e crentes de fachada.

Não tenhamos a ilusão das massas. Uma procissão de 10.000 devotos pode ser dispersada por meia dúzia de desordeiros decididos. Precisamos de formar elementos de qualidade, grupos de elite, que sejam núcleos de irradiação de fé e de doutrina no meio das massas amorfas (ATHAYDE, 1943b, p. 3-11).

Tempos mais tarde, no artigo "Programa da Liga Eleitoral Católica" (1945), Alceu Amoroso Lima apresentou o programa da L.E.C. nos termos semelhantes àqueles elaborados em 1933. Na sua linha de análise no momento, o que o preocupava era colocar em prática as ideias católicas nas urnas com o objetivo de que se prevalecesse a paz e não a guerra, a felicidade coletiva com o auxílio da "liberdade concedida pela Igreja" às consciências brasileiras (LIMA, 1945i, p. 424).

Nesse momento de 1945, Alceu Amoroso Lima abandonou gradualmente o referencial conservador, o que pode ser notado na sua exposição sobre os "pontos mínimos" e o "decálogo" da Liga Eleitoral Católica como referências para o bom desenvolvimento da sociedade brasileira dentro de um regime democrático. Esses pontos resumiam-se em:

> I – Defesa da indissolubilidade do laço matrimonial, com assistência efetiva às famílias numerosas; II – Incorporação legal do Ensino Religioso facultativo nos programas e horários das escolas primárias, secundárias e normais da União, dos Estados e dos Municípios; III – Regulamentação da assistência religiosa facultativa às classes armadas, aos hospitais, prisões e instituições públicas; IV – Legislação do trabalho inspirada nos mais amplos preceitos de justiça social, e nos princípios de ordem cristã, para os trabalhadores tanto urbanos como rurais (LIMA, 1945i, p. 424-425).

Enfim, Alceu Amoroso Lima acrescentou a esses pontos outros que, a seu ver, eram de extrema relevância, com atenção especial para o primeiro e o terceiro, que versavam sobre o nome de Deus na Constituição e sobre a democracia e, por fim, a rejeição a "todo monopólio educativo":

> 1º – Promulgação da Constituição em nome de Deus e instituição do novo Estado – democrático, seguindo os princípios evangélicos de liberdade e de justiça; 2º – Reconhecimento dos direitos e deveres fundamentais da pessoa humana; 3º – Rejeição de todo monopólio educativo e liberdade de ensino religioso facultativo nas escolas públicas; 4º – Preservação da propriedade individual limitada pelo bem comum, como base da autonomia pessoal e familiar; 5º – Pluralidade sindical, sem monopólio estatal nem restrições de ordem religiosa; 6º – Pluralidade partidária, com exclusão de organizações antidemocráticas; 7º – Combate a toda e qualquer legislação que contrarie, expressa ou implicitamente, os princípios fundamentais do direito natural e da doutrina cristã (LIMA, 1945i, p. 425).

AÇÃO CATÓLICA BRASILEIRA

Além da atuação no campo político, Alceu Amoroso Lima esteve à frente da Ação Católica no Brasil, a partir de sua fundação em 1935 sob orientação direta do Cardeal Leme e com o aval do papa Pio XI, o assim chamado Papa da Ação Católica.

Para Alceu, a Ação Católica tinha por objetivo "fazer dos leigos" participantes da vida e das atividades sacramentais e sociais da Igreja estabelecendo uma boa relação com o clero. Relação que, no entendimento de Alceu, havia sido prejudicada desde a Reforma Protestante, com Lutero, progredindo num processo de "desespiritualização do Ocidente", que acarretou a supressão da hierarquia e atribuiu a cada leigo a "dignidade clerical". Em outros termos, para Alceu, com a Reforma Protestante se deu uma "dissociação entre clero e laicato", muito própria do Protestantismo, com a supressão de intermediários. Isso, a seu ver, contribuiu para o movimento racionalista, em cujo seio estava o ataque ao "Cristo solitário, deixando a Razão do homem em face do 'Deus' de Voltaire" (ATHAYDE, 1935a, p. 154).

Portanto, Alceu Amoroso Lima viu a supressão da hierarquia dentro da Igreja como algo definitivamente maléfico, daí a necessidade de o problema ser resolvido com urgência para que a Ação Católica colocasse o laicato na sua "verdadeira posição no corpo da Igreja". Essa ação do laicato se daria por meio da participação na hierarquia, a partir da colaboração, embora subordinada:

> Os deveres são recíprocos. De parte dos leigos é mister a convicção, não só teórica, mas prática de que a direção superior da Ação Católica pertence *sempre à hierarquia eclesiástica*. [...] Há pois um dever fundamental de *acatamento* e de *obediência*, que precisa ser compreendido como o verdadeiro espírito da Igreja. Por isso, o mesmo que cabe aos leigos, para com o clero, essa subordinação à sua orientação superior, cabe também a este os mais graves deveres para com aqueles (ATHAYDE, 1935a, p. 154-156, grifos nossos)

Em outro artigo a respeito da Ação Católica podemos observar de forma bem próxima em Alceu Amoroso Lima os seus posicionamentos conservadores e autoritários em 1935.

Dentro da linha de cooperação com a hierarquia, Alceu Amoroso Lima colocava ainda em 1935 a Ação Católica como movimento importante para a constituição de um período no mundo que ele entendia ser a "Idade Nova"; isso pode ser observado no artigo "A Idade Nova e a Ação Católica" (LIMA, 1935, p. 103-113). Nesse texto, Alceu avaliava que o mundo estava numa encruzilhada, onde por toda parte se via um sentimento de instabilidade generalizada; sentimento esse gerado pelo homem moderno e indisciplinado que, para Alceu, havia se afastado da unidade cristã medieval, para se aproximar, sem responsabilidade e segurança, da liberdade e da diversidade.

O conservadorismo de Alceu Amoroso Lima nesse momento se revela também na medida em que se observa que ele atribuía à instabilidade no mundo o caráter de resultado de sociedades "governadas pelos caprichos do voto; da força ou do dinheiro", as quais estavam, a seu ver, "sempre entregues à lei do imprevisto e da transformação". Essa situação, para Alceu, era representativa do fim de uma civilização burguesa que havia começado, politicamente, com a Revolução Francesa e, economicamente, com a Revolução Industrial. Esse período social era visto por Alceu como de degradação e já estava no fim. Havia começado, dizia ele, mesmo com o Renascimento, com o fim da "unidade medieval"; havia ganhado expressão no século XVIII sob o signo da Liberdade.

A liberdade era concebida por Alceu como a "palavra mágica" que havia agitado as "multidões" e eletrizado as "elites", infiltrando-se em "todos os sistemas filosóficos, políticos e econômicos". Ele dizia que mesmo no século XX essa liberdade servia de adorno aos "agitadores de multidões".

Nesse caso específico cabe uma aproximação entre o que Alceu Amoroso Lima dizia sobre a liberdade e a tradição e o que o inglês Edmund Burke defendia, em 1790, ao condenar a liberdade:

> Notar que da Carta Magna à Declaração de Direitos a política de nossa Constituição foi sempre a de reclamar e reivindicar nossas liberdades como uma herança, um legado que nós recebemos de nossos antepassados e que devemos transmitir a nossa posteridade. [...] O espírito de inovação é, em geral, resultado de um caráter egoísta e de perspectivas restritas. Tais indivíduos se preocupam muito pouco com sua posteridade, que não levarão nenhuma das lições de seus antepassados. Aliás, o povo da Inglaterra sabe muito bem que a ideia de herança fornece meios seguros de conservar e transmitir, sem excluir os meios de melhorar. Ela deixa a liberdade de adquirir; mas fixa aquilo que se adquire. [...] Graças a uma política constitucional calcada sobre a natureza, nós recebemos, possuímos e transmitimos nosso governo e nossos privilégios, da mesma forma que nós possuímos e transmitimos nossas propriedades

e vidas. Recebemos e legamos a outros as instituições políticas, da mesma maneira que transmitimos os bens da fortuna e os dons da Tradição (BURKE, 1982, p. 69).

Ainda no texto "A Idade Nova e a Ação Católica", Alceu definiu alguns dos traços do que ele entendeu ser a era burguesa que chegava ao fim, algo como o produto maior das Revoluções Industrial e Francesa. Podemos observar aqui o seu ataque à liberdade e uma crítica à sociedade burguesa a partir do que ele dizia a respeito dessas revoluções:

> Uma e outra baseadas sobre o indivíduo, tendo por *ideal a liberdade absoluta*, caracterizadas pelo predomínio da raça branca, pela industrialização do ocidente, pela colonização do universo ainda desconhecido, pela religião da ciência e pela decadência do prestígio da religião, pela arte puramente estética, pelo *culto da cultura*, pelas viagens de recreio, pela liberdade sexual do homem, o urbanismo generalizado, o triunfo das economias abertas e livres, as universidades em que tudo se ensina sem *ordem* nem *hierarquia* de valores, o feminismo etc (LIMA, 1935, p. 104, grifos nossos)

Portanto, para Alceu Amoroso Lima, todo esse quadro de mudanças na *civilização burguesa* tinha como ponto negativo a liberdade gerada na Revolução Francesa, no Renascimento, na Reforma e na Revolução Industrial. A seu ver, o fim dessa civilização chegava a partir da constatação de fenômenos como a Guerra de 1914 – provocadora da "ruptura da unidade artificial" das nações; com a Revolução de 1917 que havia aplicado a força já desencadeada com a Guerra de 1914 na luta entre as classes, entendida como produto da discordância com o estado de pobreza gerado pelo liberalismo econômico. Revolução Russa que foi, para Alceu, elaborada cientificamente nos gabinetes e nos salões, onde o espírito revolucionário se formou, enfim nas elites, para depois "arrastar as massas".

Por fim, Alceu viu também que a Crise de 1929 veio para dar o golpe de morte na civilização burguesa decadente ou, em outros termos, "completar" a tarefa da Guerra e da Revolução e colocar por terra todo o "castelo de cartas que o sonho de prosperidade tinha feito nascer". Diante desse quadro, dizia Alceu, se chegava a uma situação catastrófica e decadente onde se apresentavam sinais de prosperidade material e mesmo "rumores surdos de guerra renovada", onde o "Estado Leniniano – feito para a luta e a revolução universal" se transformava "pacificamente no Estado Staliniano, aburguesado, reconstrutor, industrial e patriótico" (LIMA, 1935, p. 104-107).

Na lógica da sua interpretação, Alceu Amoroso Lima traçou quais seriam os caminhos a percorrer para se chegar ao ideal de *Idade Nova*, com o objetivo de alcançar uma renovação social. Nesse processo, alguns elementos ocupavam papel sobremodo relevante, os quais, a seu ver, mereciam ser estudados: o *caminho liberal* – com a predominância nos regimes democráticos "com a moral, a economia, a cultura, a arte, a política, baseados na primazia da liberdade individual e o predomínio mantido da burguesia"; o *caminho socialista* – entendido por Alceu como sequência natural do liberalismo, dado que em sua ótica, ele se concretizaria no campo econômico com a abolição da propriedade privada, na área política com a hipertrofia do Estado, e no meio social com o "aniquilamento da grande burguesia, o amesquinhamento dos pequenos burgueses e a ditadura do proletariado"; o *caminho nacional-totalitário* – segundo Alceu, esse caminho atuava como uma "reação nacional e autoritária contra a degradação provocada pelos excessos do liberalismo e do socialismo" (LIMA, 1935, p. 111-112).

Alceu Amoroso Lima acreditava que nenhum desses modelos se imporia ao mundo. Pelo contrário, a *Idade Nova* seria formada por traços dessas três correntes mas, para sua melhor efetivação, esses seriam penetrados do espírito da *Nova Cristandade*, o espírito cristão representado pelo *caminho cristão*, onde os homens aceitariam a lei do amor, tanto no campo individual como social. Esse caminho seria, mais especificamente, o caminho trilhado e constituído pela Ação Católica, entendida, em resumo, como meio de incorporação dos leigos no sacerdócio da Igreja e também de sua atuação social. A Ação Católica que serviria, enfim, como estratégia e técnica para a conquista da *Idade Nova* a partir do "emprego de métodos delicadíssimos de atuação social, por *infiltração direta em toda linha*, em vez do ataque em massa e em ligação com o Estado e a Política" (LIMA, 1935, p. 112-113, grifo nosso)

Observa-se, ainda nesse ano de 1935, que Alceu Amoroso Lima está em acordo tanto com o Cardeal Leme como em relação às diretrizes de Pio XI para a Ação Católica. Dentro dessa linha, Alceu guarda forte orientação conservadora na medida em que ainda defende o poder da hierarquia sobre a liberdade do laicato. Isso pode ser comprovado com as orientações que Pio XI dá ao Brasil em sua carta ao Cardeal Leme, de janeiro de 1936. Vejamos o que o pontífice dizia a esse respeito:

> Dileto Filho Nosso e Veneráveis Irmãos saudação e Benção Apostólica. [...] Hemos por bem [...] dirigir Nossa palavra paterna a ti e aos teus irmãos no Episcopado. Queremos com isto demonstrar uma vez o mais *alto conceito* que fazemos da colaboração que podem os *leigos prestar ao Apostolado da Hierarquia*, não só na defesa da verdade e da vida cristã... como também para que sejam em mãos de seus pastores, instrumentos eficazes de sempre maior progresso religioso e civil. [...] Nós estamos intimamente persuadidos de que a Ação Católica é uma grande graça de Nosso Senhor, quer em relação aos fiéis, que ele chama a colaborar mais de perto com hierarquia, quer em relação aos Bispos e Sacerdotes que, sempre, para mais larga e eficazmente desempenhar o seu sagrado oficio, encontrarão nas fileiras da Ação Católica almas generosas e prontas à *coadjuvação* decidida (PIO XI, 1936, p. 5-6, grifos nossos)

A Ação Católica no Brasil contava então com o apoio decisivo de Pio XI e do próprio Cardeal Leme, bem como de muitos outros integrantes da hierarquia da Igreja. Essas questões pertinentes à Ação Católica ficaram expressas em diversos artigos de Alceu Amoroso Lima publicados na revista *A*

Ordem, mas um deles, em especial, merece atenção por se referir à relação de Pio XI com o movimento.

Trata-se justamente de um artigo de março de 1939, no qual Alceu definiu Pio XI como o Papa da Ação Católica, demonstrando que já em 1922 o pontífice havia publicado a encíclica *Ubi Arcano Dei* que tratava desse assunto.

Foi também nesse artigo que Alceu atribuiu a Pio XI a definição da Ação Católica em seu sentido mais amplo, mostrando, por um lado, que "ação católica e vida católica" eram entendidas como sinônimas, em razão de a primeira não ser mais do que "a própria irradiação da vida divina para a vida humana pessoal e desta para a sociedade". Por outro lado, Alceu argumentava que Pio XI havia definido que a complementação do projeto da Ação Católica se daria a partir da "incorporação do laicato" às funções apostólicas. Assim, ficava evidente aos olhos de Alceu Amoroso Lima que Pio XI havia criado a movimento para "substituir a ação política partidária ou a ação apostólica individual". Daí Alceu defini-la, em concordância com o pontífice, como era a "nova cavalaria cristã" que faria do século XX "não um campo de batalha entre os regimes políticos" que se confrontavam, mas sim um "campo de honra em que o prêmio da vitória do Bem sobre o Mal" seria a Paz e a reconciliação e nunca a "Violência e o Extermínio" (LIMA, 1939a, p. 257-267).

Enfim, considerando o momento contemporâneo seu como um estado de "crise da cristandade" cujo cerne residia na "diminuição das verdades nos corações, nas inteligências e nas instituições", Alceu Amoroso Lima dava aos leigos a atribuição de "converter os católicos ao catolicismo". Isto se daria a partir de um "espírito apostólico" que promoveria o renascimento de uma cristandade tão aspirada pelos católicos e preconizada por Jacques Maritain em seus escritos. Dizia Alceu a esse respeito: "Só ele (espírito apostólico) pode iluminar essa entrada na Nova Cristandade, como diz o maior filosofo católico de nossos dias – Jacques Maritain, alma tão grande de homem, como espírito luminoso de intérprete da verdade" (LIMA, 1943, p. 206).

Resumidamente, abordamos neste capítulo as posições do intelectual Alceu Amoroso Lima a respeito da "revolução" de 1930; sua participação na Liga Eleitoral Católica e no movimento da Ação Católica. Face estas temáticas, observamos alguns elementos do pensamento conservador em sua argumentação e postura e indícios de sua proximidade a Jacques Maritain.

Os capítulos imediatamente subsequentes, a respeito da sua relação com o meio educacional e com o comunismo, contribuirão para elucidar e aprimorar nossa visão sobre sua conduta.

6

Alceu e Capanema: interesses católicos e educação no governo Vargas

OS INTELECTUAIS E O PODER: A MEDIDA DO VÍNCULO

A relação dos intelectuais com o poder no governo Vargas e mesmo o grau do seu vínculo que se estabeleceu "entre sua atuação e a formulação ou o reforço de certas matrizes ideológicas de pensamento" é assunto estudado por Helena Bomeny. A autora procura "compreender o assentimento de uns e a reclusão que se impôs a outros" tantos intelectuais no Ministério Capanema a partir de uma proposta de se repensar questionamentos já feitos pela literatura sobre o tema, como por exemplo: "Qual teria sido a aquiescência na montagem do autoritarismo? Quanto aceitaram da experiência do fechamento político e da restrição da liberdade?" (BOMENY, 2001, p. 11-35).

Na procura das respostas a esses questionamentos observamos que esta autora faz questão de informar, de forma direta, que seu trabalho caminha em sentido diverso daquele que orientou os estudos de Sérgio Miceli em "Intelectuais à brasileira" (2001), o qual se fundamentou na análise da responsabilização das relações dos intelectuais com o poder.

Diversamente de Miceli, a autora procura demonstrar que houve uma tensão entre os intelectuais e as decisões do próprio Ministério da Educação e Saúde, e aquelas do Governo, sobretudo no período do Estado Novo. Para fundamentar sua tese Bomeny diz que a utilização a posteriori da informação sobre os acontecimentos carrega em si simplificações e pode "retirar da análise elementos que a matizariam e comporiam a dinâmica de tensão – e também de conflito – implicada nesse tipo de adesão". Entretanto, a própria autora admite que "essa advertência não deve ser tomada como justificativa ou imputação de completo alheamento ou desconhecimento dos atores no tocante aos processos em que estiveram envolvidos" (BOMENY, 2001, p. 15-16).

Por essa razão, Bomeny situa o que pretende sejam novos elementos para entender essa relação matizada dos intelectuais com o Ministério da Educação e Saúde, a partir da proposição do que classifica de ampliação do "campo de interpretação em outras dimensões". Mas quais dimensões? A resposta dada por Bomeny é a de que "uma delas situa a convocatória da elite governamental e a aceitação de participação pelos intelectuais no marco do que a literatura já consagrou como construção do Estado do bem-estar". Algo, segundo ela, identificado com a Era Vargas e também com expressão em toda a América Latina, onde intelectuais atuavam muitas vezes de forma diferenciada e em "campos distintos de concepção da política e de adesão a valores", a exemplo a educação, saúde, cultura, administração etc. Isso possibilitou, a seu ver, que os mais diversos intelectuais pudessem sugerir propostas de ações para vários campos da sociedade, a exemplo a ação de católicos, modernistas, positivistas, integralistas etc (BOMENY, 2001, p. 16-17).

Para Helena Bomeny, grande parte dos intelectuais brasileiros tanto de fins do século XIX como de inícios do XX vislumbravam no Estado o responsável pela intervenção em favor de uma ação estatal com políticas nacionais em áreas como saúde, educação, cultura, trabalho etc. ou fosse junto à articulação ou moderação das forças sociais. Ainda segundo Bomeny, é igualmente importante considerar o fato de que foi no início dos anos 1930 que muitos intelectuais viram isso acontecer e foram convidados a participar de ações sociais a partir da presença no governo. Foi o que ocorreu, por exemplo, com Anísio Teixeira, solicitado a "colaborar com o governo na reforma do ensino médio". A partir daí se percebia a atuação direta do Estado, ao intervir "com argumentos de racionalidade, planejamento, combate ao regionalismo, às oligarquias e ao mandonismo local", o que foi decisivo para que se tivesse acolhida entre os mais diversos intelectuais. De outro lado, Bomeny questiona o fato de alguns intelectuais receberem maior cobrança do que outros por parte da literatura acadêmica em relação à sua participação no Governo, como foi o caso de Carlos Drummond de Andrade, então chefe de gabinete do Ministério da Educação e Saúde no período de 1934 a 1945 (BOMENY, 2001, p. 20-21).

Podemos concordar com a autora em termos, mas cabe questionar se esse intelectual que permaneceu como chefe de gabinete do Ministro Capanema por mais de 10 anos, incluindo-se aí o Estado Novo, não foi criticado por merecimento, não obstante suas produções no campo da literatura.

Outro ponto abordado por Bomeny tem por objetivo saber o porquê de as obras de arte produzidas pelos mais diversos intelectuais ligados ao regime Vargas absolverem "fidelidades escusas às políticas públicas" e os intelectuais da educação não gozarem da mesma absolvição. Para Bomeny, a resposta disso está no fato de a obra de arte não ser feita para "ser superada". Para a autora, aí reside o "incômodo das acusações contra as adesões de artistas, poetas, escritores e músicos à política", mas "ao mesmo tempo, alvo de reação dos que se apegam mais à arte do que ao criador". Bomeny conclui dizendo que "o mundo da arte é, por definição e natureza, essencialmente plural e livre. E o que mais nos instiga e inquieta: é independente e autônomo em relação a qualquer entrega e à contingente copulação com o poder" (BOMENY, 2001, p. 32-33).

Por outro lado, em face dessa argumentação, seria o caso aqui de rememorarmos, a título de ilustração, palavras da própria autora a respeito do Ministério Capanema, escritas no ano de 1999:

> Afinal, a formulação das políticas cultural e educacional
> para o Brasil contou com a atuação nem sempre simétrica,

> mas inequivocamente ativa, de intelectuais como Mário de Andrade, Carlos Drummond de Andrade, Anísio Teixeira, Lourenço Filho, Rodrigo Mello Franco, Alceu Amoroso Lima... e até Villa-Lobos, Jorge de Lima, Manuel Bandeira... Foi o ministério dos modernistas, dos Pioneiros da Escola Nova, de músicos e poetas. Mas foi também o ministério que perseguiu os comunistas, que fechou a Universidade do Distrito Federal (UDF), de vida ativa e curta, expressão de setores liberais da intelectualidade do Rio de Janeiro (1935-39). Foi, ainda, o ministério que apoiou a política nacionalizante de repressão às escolas dos núcleos estrangeiros existentes no Brasil. O ministério Capanema nos desafia ao refinamento da análise e a escapar das associações mais apressadas entre *políticas e comportamentos e entre os limites das ações dos atores diante da imponderabilidade dos processos* (BOMENY, 1999, p. 137, grifos nossos).

Por isso, é interessante retomar mais um trecho dos escritos da autora onde ela define categoricamente o papel da educação no Estado Novo:

> Nesse sentido especial, a educação talvez seja uma das traduções mais fiéis daquilo que o Estado Novo pretendeu para o Brasil. Formar um "homem novo" para um Estado Novo, conformar mentalidades e criar o sentimento de brasilidade, fortalecer a identidade do trabalhador, ou por outra, forjar uma identidade positiva do trabalhador brasileiro, tudo isso fazia parte de um grande empreendimento cultural e político para o sucesso do qual contava estrategicamente com a educação por sua capacidade universalmente reconhecida de socializar os indivíduos nos valores que as sociedades, através de seus segmentos organizados, querem ver internalizados (BOMENY, 1999, p. 139).

ATOS "DESINTERESSADOS"?

Por outro lado, cabe destacar que a dimensão matizada da relação dos intelectuais seja com o Ministério da Educação e Saúde[1] ou em outras áreas em razão da constituição do Estado do bem-estar social não fragiliza a *constatação* de que muitos estiveram a serviço desse mesmo governo autoritário, particularmente no período de 1930 a 1945. Diga-se de passagem, um governo de pouca legitimidade tanto no Estado Novo quanto no período anterior.

Mesmo se considerarmos necessária a compreensão, conforme Bomeny alerta, de que há sim um viés de conflito muitas vezes entre os intelectuais e os objetivos do Governo e também com os diversos Ministérios, é mais certo tomar como questão primordial o fato de que *para se fazer parte do grupo no poder, para entrar na tomadas de decisões, antes de tudo se aceita as regras do jogo*. Isso significa ter conhecimento das responsabilidades de adesão e dos limites de autonomia dentro do espaço em que se está atuando, de tal forma que isso serve para Carlos Drummond de Andrade, Mário de Andrade, Alceu Amoroso Lima, Lourival Fontes e outros mais. Tal questão deve ser pensada frente a dinâmica dos interesses maiores do Estado brasileiro durante o Governo Vargas, mesmo que se leve em alta consideração a tese de

---

[1] A questão da "sociabilidade de intelectual" é estudada por Ângela de Castro Gomes, procurando "realizar uma análise das relações estabelecidas entre ministros e intelectuais, revelando um processo de construção da identidade que envolve o personagem de Capanema". O número de correspondentes com Capanema no período de 1934 a 1945 foi de 608, os quais lhe enviaram nada menos do que 5.059 cartas. Dentre essa gama de correspondentes, Ângela Gomes aponta sete intelectuais mais "assíduos", entre os quais estão nomeadamente "Alceu Amoroso Lima (149), Abgard de Araújo Renault (107), Mario Casassanta (98), Luis Simões Lopes (71), Dário de Almeida Magalhães (61), Gilberto de Melo Freire (52) e Carlos Drummond de Andrade (51)". Três desses nomes nos vêm aos olhos: o de Alceu Amoroso Lima, amigo de Capanema, integrante do Conselho Nacional de Educação e defensor dos interesses da Igreja Católica; Gilberto Freire, amigo pessoal de Capanema; por fim, Carlos Drummond de Andrade – como não poderia deixar de ser pois era o seu chefe de Gabinete do Ministério da Educação, de 1934 a 1945 (GOMES, 2002, p. 133-155).

que havia tensões e conflitos frente a *determinadas* formas e conteúdos de ação das instituições governamentais.

Pode-se questionar aqui o porquê da ligação *direta* de alguns intelectuais ao Governo. Será que mesmo entrando em conflito com as determinações maiores dos Ministérios ou órgãos a que estavam *comprometidos*, esses intelectuais se viam *impossibilitados* de reunir forças para fazer valer suas posições, ou em algumas situações o faziam? Será que em muitos casos, embora discordando, *consentiam* junto ao Governo em razão de acreditarem que a única forma ou meio mais viável de colocar em prática seus projetos próprios, por vezes de longa data, ou do Estado do bem-estar social, era estarem no Governo?

Sem simplificações, o que permanece é que, embora de formas diversas, com ou sem conflitos, os intelectuais vinculados a órgãos institucionais no Governo Vargas foram responsáveis *sim* por suas ações, individuais ou em conjunto. E em maior grau corresponsáveis, pois compactuaram com a implementação dos interesses ideológicos de um governo indiscutivelmente autoritário.

Esta afirmativa se sustenta no aporte teórico disposto por Bourdieu ao demonstrar, por exemplo, que o conceito de arte autônoma e descompromissada é plenamente passível de contestação, já que resulta de uma tendência, entre muitos, de aceitação do predomínio da forma sobre a função da arte (BOURDIEU, 1996).[2]

---

2   Em contrapartida à posição de Bourdieu, Martins (2004) avalia que há necessidade de uma "apreciação suplementar" que atribua valor à singularidade da estética e do texto literário, considerando que esse possui um "excesso de significação: capacidade de ultrapassar o estrito momento histórico em que foi produzido rumo a uma dimensão temporal mais ampla". Noutra parte de sua análise, Martins contrapõe a análise de Walter Benjamim sobre Baudelaire em relação à feita por Bourdieu sobre o mesmo autor, em *As regras da arte*. O autor faz isso com o intuito de demonstrar que há interpretações distintas sobre um mesmo fenômeno. A nosso ver, aqui cabe uma questão para Martins pensar: o melhor caminho nesse debate é considerar como válida mais que uma hipótese sobre o fator estético literário com o fim de apreendê-lo dentro de uma racionalidade que não seja imperativa, predeterminada, mas ao mesmo tempo

Mas Pierre Bourdieu explica que as diversas respostas que tanto filósofos, como linguistas, semiólogos ou historiadores da arte elaboraram para a "questão da especificidade" tanto da literatura "(a 'literalidade'), da poesia (a 'poeticidade')" ou mesmo da obra de arte de um modo mais geral e de sua "percepção estética", são respostas que "concordam em insistir em propriedades tais como a gratuidade, a ausência de função ou o primado da forma sobre a função, o desinteresse" (BOURDIEU, 1996, p. 319).

Seguindo essa linha, Bourdieu vai demonstrar que esses tipos de análises concordam no essencial em tomar como objeto de estudo a "experiência subjetiva da obra de arte" que, diga-se de passagem, "é a de seu autor". Mas o equívoco de concepção e procedimento, neste caso, é que essas mesmas análises não tomam nota da "historicidade dessa experiência e do objeto ao qual se aplica". Isso, para Bourdieu, é mais grave ainda, pois é expressão de que os analistas "operam, sem o saber, uma universalização do caso particular", o que revela que "constituem por isso mesmo uma experiência particular, situada e datada, da obra de arte em norma trans-histórica de toda percepção artística". Bourdieu adverte, para maior gravidade ainda, que essa visão de essência não resiste a um questionamento mais profundo que tenha por objetivo desvendar as "condições históricas e sociais de possibilidade dessa experiência". Isso o leva a acrescentar que essas

> não ingênua? Talvez o fenômeno estético possua mesmo uma singularidade ou um "excesso de significação", o que faz com que ultrapasse um determinado momento histórico, permaneça fascinante em outras épocas ganhando "dimensão temporal mais ampla". Entretanto, é igualmente verdade que ao fazer isso, esse mesmo fenômeno estético não deixa de ter-se constituído, em sua essência – reunindo elementos, mesmo que inconscientes por parte de seu autor-, de um determinado ambiente histórico. O que quer dizer que a "experiência subjetiva" do fenômeno estético é, conforme diz Bourdieu, em última análise, constituída pela experiência de seu autor (1996, p. 319-322) Por fim, isso não implica em dizer que os elementos constitutivos dessa experiência estética deixem de existir mesmo em se considerando que ela transcenda determinado momento histórico. O que se dá é que ao ganhar "dimensão temporal mais ampla", o fenômeno artístico ou literário passa a ser lido por meio de outros referenciais históricos, dos quais o olho do analista é produto. Sendo assim há que se pensar na questão da historicidade.

abordagens "proíbem a si mesmas a análise das condições nas quais foram produzidas e constituídas como tais as obras consideradas como dignas do olhar estético". Isso lhes imputa um caráter ainda maior de ingenuidade por não considerarem, sobretudo, o que Bourdieu chama de "condições nas quais se produziu (filogênese) e se reproduz continuamente no decorrer do tempo (ontogênese) a disposição estética que exigem". Portanto, os "analistas" devem ficar atentos quando Bourdieu diz que há um equívoco de base à medida em que não percebem (ou não o desejam) como fator determinante as condições sociais de produção – ou, como ele diz, da invenção – e da reprodução – ou assimiliação – também das "disposições e dos esquemas classificatórios que são empregados na percepção artística" (BOURDIEU, 1996, p. 319-322).

Vale lembrar com Bourdieu que

> A compreensão dessa forma particular de relação com a obra de arte que é a compreensão imediata da familiaridade supõe uma compreensão do analista por si mesmo que não é acessível à simples análise fenomenológica da experiência vivida da obra, na medida em que essa experiência baseia-se no esquecimento da história da qual é o produto. É apenas com a condição de mobilizar todos os recursos das ciências sociais que se pode levar até o fim essa forma historicista do projeto transcendental que consiste em se reapropriar, pela anamnese histórica, das formas e das categorias históricas da experiência artística. [...] Ainda que apareça para si próprio sob as aparências de um dom da natureza, o olho do amador da arte do século XX é produto da história (1996, p. 322).

Nesse sentido, da mesma forma que devemos imputar a Alceu Amoroso Lima a sua responsabilidade enquanto intelectual católico defensor dos interesses da Igreja Católica e próximo do Governo Vargas, também devemos utilizar o mesmo critério para os demais intelectuais que produziram no período e que estiveram bem mais próximos do poder governamental. Tal foi o caso, por exemplo, de Carlos Drummond de Andrade e Gustavo Capanema.

A relação de Alceu com Capanema e a educação no governo Vargas revela muito de suas leituras, responsabilidades, comprometimentos de grupo e mudanças.

ALCEU, CAPANEMA E O GOVERNO VARGAS: INTERESSES CATÓLICOS

A compreensão da questão educacional no Brasil dos anos 1930 e 1940, passa pelo estudo das relações e enfrentamentos entre a pedagogia católica e a chamada pedagogia escolanovista. Esse embate passa ainda pelo contato entre intelectuais de renome, entre os quais Alceu Amoroso Lima, Anísio Teixeira e Gustavo Capanema, os dois primeiros adversários declarados e o último, ao assumir o Ministério da Educação e Saúde em 1935, mais próximo do primeiro. Discutiremos aqui, mais do que choque de programas, as ações estratégicas desses intelectuais, com atenção especial para Alceu e Capanema.

O estudo de Régis de Morais (1984) demonstra que foi no início dos anos 1930 que houve um debate grande entre Alceu Amoroso Lima e os principais mentores da chamada Escola Nova, a qual teria seus principais pontos reivindicados por meio do *Manifesto dos Pioneiros da Educação Nova*, de 1931. O embate do intelectual católico Alceu Amoroso Lima com o movimento escolanovista se deu em relação a um grupo de educadores profissionais que, de acordo com Morais, tentava consolidar em âmbito nacional "atividades supostamente inovadoras". Esse grupo, principalmente Anísio Teixeira, dividia sua "filiação espiritual entre John Dewey e William Kilpatrick de um lado e, de outro, Durkheim e Kerschensteiner". O problema central do embate dos intelectuais da Escola Nova com os católicos e principalmente com Alceu Amoroso Lima residia na defesa que os escolanovistas faziam do "cientificismo imanentista", o que se chocava com a "concepção sobrenaturalista dos católicos". Aqui, o principal representante do lado católico era Alceu Amoroso Lima, o "recém-convertido Tristão de

Athayde". Na visão de Morais, com a qual estamos de acordo, "os católicos vêm ao combate de forma mais agressiva, sentindo-se claramente ameaçados pelo materialismo que embasava o movimento da Escola Nova". Nesse sentido, compreende-se com Morais que o problema maior entre os católicos e os escolanovistas era menos os seus métodos "supostamente revolucionários", do que o seu "arcabouço filosófico" ou o seu "pragmatismo filosófico aplicado à educação" (MORAIS, 1984, p. 69-84).

A pedagogia católica se apresentou como defensora dos "valores eternos" e "verdades absolutas" como questões norteadoras da educação. Na linha inversa, a Escola Nova, concebia a prática educativa como "relativizada pelas transformações histórico-sociais". Dentro da ótica do conservadorismo pedagógico católico a educação e o ensino deveriam oferecer os caminhos para que o homem chegasse a Deus, fugindo de certas mitificações ou absolutizações, por exemplo, algo que entendia ser relativo "como a ciência, a técnica, a cultura, a sociedade". O núcleo da questão estava posto aí, em razão de que os teóricos da Escola Nova não somente não falavam em Deus como também, do ponto de vista prático, faziam mesmo "restrições aos idelismos religiosos", tomando a ciência e a "finalidade social" como dois mitos no sentido de absolutizá-los (MORAIS, 1984, p. 88).

Conforme explicou Boris Fausto, a Constituição de 1934, "no título referente à família, à educação e à cultura, [...] estabelecia o princípio do ensino primário gratuito e de frequência obrigatória. O ensino religioso seria de frequência facultativa nas escolas públicas, sendo aberto a todas as confissões e não apenas à católica" (FAUSTO, 2002, p. 193).

Enquanto Anísio Teixeira intervinha nas escolas do Distrito Federal, os educadores reformistas iam ocupando o lugar dos educadores católicos na Associação Brasileira de Educadores, os quais acabavam por se restringir à Confederação Católica e a congressos religiosos. Nos embates da Constituinte de 1933 a Igreja fez valer os seus interesses políticos e educacionais através da ação da Liga Eleitoral Católica (L.E.C.) junto aos políticos que ela havia apoiado e que haviam firmado compromisso com seus ideais (tal como estudado no capítulo anterior). Com a vitória de muitos destes políticos os interesses da Igreja foram em grande medida atendidos, desde o restabelecimento formal da sua relação de cooperação com o Estado até o recebimento de verbas do governo "para escolas, hospitais e instituições beneficentes mantidas pela Igreja". Isso resultaria em seu grande prestígio junto ao poder e às burguesias comercial, financeira e industrial e mesmo com setores rurais de longa data relacionados ao poder (NUNES, 2001, p. 109).

Desde o início de 1933 nos debates na Constituinte, Anísio Teixeira sofria com a rivalidade dos educadores católicos por defender que o ensino religioso nas escolas públicas não seria prudente, ou mesmo viável e facultativo, como propunha o Decreto Federal nº 19.941 de 30 de abril de 1931. Mas mesmo assim as forças católicas venceram na Constituinte e a pressão dos professores e dos burocratas da capital federal contribuiu para "desvirtuar" o que se considerava como propostas renovadoras. O resultado foi que:

> A Constituição acabou ratificando a normatização da escola secundária pela reforma de 1931, ou seja, a permanência do padrão limitado do número de estabelecimentos públicos secundários; a interferência da União, que, através da equiparação, promovia a equalização formal do ensino público e privado; a homogeneização curricular; e a ruptura do monopólio estatal do acesso ao terceiro grau (NUNES, 2001, p. 110-111).

Após o embate Constituinte de 1933 foi criada, em 1935, a Universidade do Distrito Federal, cujo discurso de inauguração foi feito por Anísio Teixeira com anseios democráticos. Mas em pouco tempo a instituição assumiu a bandeira do primado ideológico dos valores nacionais sob comando de Gustavo Capanema, onde até os docentes deveriam estar alinhados aos ideais do Governo em vigor. Assim, foi em inícios de dezembro de 1935, momento de aumento da repressão ao comunismo, que Anísio Teixeira pediu exoneração do cargo. Mais tarde, sucedeu-o na Secretaria de Educação e Cultura (do Distrito Federal) Francisco Campos e com ele grande número de católicos, entre os quais:

> O cônego Olímpio de Mello assumiu a interventoria, Alceu Amoroso Lima foi nomeado reitor da Universidade, o coronel Pio Borges tornou-se Secretário da Educação e Cultura da capital do país, o padre Helder Câmara passou a conduzir o Instituto de Pesquisas Educacionais e Theobaldo de Miranda Santos foi nomeado superintendente de Educação Geral e Técnica e de Ensino de Extensão (NUNES, 2001, p. 112-113).[3]

Como decorrência, a obra educativa de Anísio Teixeira seria interpretada como oposição e então não mais interessante aos propósitos do Governo, de onde Francisco Campos ficaria na pasta da Justiça e Capanema na da Educação. As consequências imediatas foram a impossibilidade da neutralidade da educação no Estado Novo, a fixação de princípios e a execução do projeto autoritário – com a ideia do homem novo, da nação etc (NUNES, 2001, p. 113).

Pouco tempo mais tarde, com a instalação do Estado Novo em 1937, o Governo Vargas colocou em prática seu programa de controle político-social, através da implementação de ações nos mais diversos setores da sociedade: educação, saúde, trabalho, cultura, economia etc. Cada uma dessas áreas era parte do projeto maior guiado pelo objetivo de defesa da *nacionalidade* ou ideia de nação, de identidade nacional. Para efetivação das ações nesses respectivos setores da vida brasileira, o Estado contaria com o auxílio e empenho dos mais diversos segmentos da sociedade, com especial atenção àqueles que mais se identificavam com os seus ideais de governo ou viam neles uma possibilidade de colocar seus próprios projetos em ação. O caso dos intelectuais "modernistas" foi significativo disso, por exemplo, junto ao Ministério da Educação e Saúde, o Ministério do Trabalho, Indústria e Comércio, e mesmo a vinculação ao Departamento de Imprensa e Propaganda (DIP).

---

[3] Cabe aqui a ressalva de que Alceu Amoroso Lima assumiu a reitoria da UDF no final de 1937 e não em 1935.

A relação de Alceu Amoroso Lima com o Governo Vargas, de forma institucional, passa também pelo contato com Gustavo Capanema, o que se dá tanto por meio de cartas como de forma pessoal. Foram amigos muito próximos, desde os anos 1920 até o final de suas vidas, nos anos 1980. A partir do momento em que Capanema se torna Ministro da Educação e Saúde, essa relação passa a se traduzir mais fortemente em inúmeros contatos onde ambos tratam de questões como, por exemplo, nomeações de pessoas próximas de Alceu para cargos no meio educacional; a entrada de Alceu na Universidade do Distrito Federal e na Faculdade Nacional de Filosofia; além de solicitações, por parte de Capanema, do auxílio de Alceu na elaboração de projetos, inclusive para o Ensino Superior.[4]

As nomeações solicitadas por Alceu Amoroso Lima a Gustavo Capanema são inúmeras e algumas delas servem como exemplo do teor dessa relação.

Logo quando Capanema assume o Ministério da Educação e Saúde ele atende a um pedido de Alceu Amoroso Lima e contrata Luiz Ferreira da França para Bedel da Faculdade de Direito de Recife (CAPANEMA, 1935).

Outro pedido de Alceu a Capanema ganha destaque pela expressão literária do personagem envolvido. Trata-se da nomeação de ninguém menos do que Vinícius de Morais para o cargo, *não menos importante*, de Representante do Ministério da Educação e Saúde junto à Comissão de Censura Cinematográfica, em substituição de Prudente de Morais Neto. Alceu Amoroso Lima agradece a Capanema por nomeação tão importante para ele, em telegrama de 21 de novembro de 1936: "Muito agradeço nomeação Vinícius Abraços Alceu" (LIMA, 1936).

E as nomeações se seguiam, sendo uma delas comunicada a Alceu pelo Chefe do Gabinete do Ministro Capanema, o ilustre literato Carlos Drummond de Andrade. Trata-se de uma nomeação para o cargo de

---

4   CAPANEMA, Gustavo. Carta para Alceu Amoroso Lima, Rio de Janeiro, 24/05/1944. Fundação Getúlio Vargas – CPDOC. Nessa mesma carta Capanema cobrava Alceu por sua ausência nos contatos, sinal de sua mudança e do seu descontentamento com o Estado Novo.

auxiliar de ensino atendida em 14 de julho de 1938, em pleno período de Estado Novo. Dizia o ilustre pensador, no original do telegrama a Alceu Amoroso Lima:

> Dr. Alceu Amoroso Lima. Rua D. Mariana, 149, Rio DF. Tendo se ausentado da Capital vg Ministro Capanema incumbiu-me comunicar-lhe nomeação sua recomendada viúva Professor Porto Ferreira para o cargo de auxiliar de ensino do Instituto Benjamim Constant pt Cordiais Cumprimentos Carlos Drummond Andrade Chefe do Gabinete Ministro Educação Saúde (ANDRADE, 1938).

A proximidade entre Alceu e Capanema é revelada mesmo a partir da instalação do Conselho Nacional da Educação, a partir de reunião ocorrida no Rio de Janeiro, na Biblioteca Nacional, em 16 de fevereiro de 1937, conforme se observa na foto abaixo:

CAPANEMA, Gustavo. Gustavo Capanema, Alceu Amoroso Lima e outros na Biblioteca Nacional, por ocasião da instalação do Conselho Nacional de Educação. 16 fev. 1937. Rio de Janeiro, p&b; 18 x 24cm. Fundação Getúlio Vargas – CPDOC. Alceu Amoroso Lima é o primeiro, na frente, da esquerda para a direita. Gustavo Capanema é o quinto, ao centro, da esquerda para a direita.

Quanto aos segmentos que estiveram, de uma forma ou de outra, ligados ao Estado Novo, cabe destacar a atuação de alguns intelectuais no que se refere à política cultural. Muitos deixarão a posição ocupada na "torre de marfim" de inícios da República para agirem diretamente nos órgãos governamentais, o que se dá, por exemplo, com atuações diretas no Departamento de Imprensa e Propaganda (DIP) e Ministério da Educação e Saúde. Mas a atuação de muitos intelectuais ocorreu por meio da participação em um projeto maior de construção da ideia de nacionalidade[5] desejada pelo Governo Vargas.

Revela-se aí a "profunda inserção deste grupo social na organização político-ideológica do regime" através dos mais diversos órgãos, identificando no Estado a verdadeira expressão do nacionalismo. A ação dos intelectuais se daria dentro de um projeto educativo do Governo Vargas, dividido entre o Ministério da Educação e Saúde – sob direção de Gustavo Capanema, visando a formação de uma cultura erudita através da educação formal – e o DIP – dirigido por Lourival Fontes com o objetivo de controlar os meios de comunicação (rádio, jornais, revistas, cinema, teatro etc.) e por meio disso atingir a cultura popular.[6]

No grupo do DIP estavam figuras como Cassiano Ricardo, Menotti del Picchia E Cândido Motta Filho. Em torno de Capanema encontram-se dois intelectuais mais representativos do movimento modernista: Mário de Andrade e Carlos Drummond de Andrade. Nesse ambiente, o regime

---

5   Kátia Maria Abud demonstra, sucintamente, como a ação do Ministério da Educação e Saúde direcionou-se no sentido de auxiliar a colocar em prática os ideais do Governo Vargas, especialmente no que diz respeito à formação de uma "identidade nacional", de uma nacionalidade. Para isso, esse mesmo Ministério se serviu, por entre outros meios, do ensino de História do Brasil, por meio da veiculação de conceitos e ideias que fossem inspirados nos temas estudados pelo Instituto Histórico e Geográfico do Brasil, produzindo assim uma versão da história com heróis nacionais, com a imagem do homem trabalhador e de nação. Isso esteve presente sobretudo nos programas de ensino, nos manuais escolares e em livros didáticos (ABUD, 1998, p. 103-119).

6   Anita Simis estuda o cinema educativo e demonstra que foi com o DIP que a "política cinematográfica separou-se da esfera educativa e canalizou reivindicações corporativas para o Conselho Nacional de Cinematografia", de onde se observa, por um lado, "produtores que procuravam ganhar o apoio individual, de outro, setores empenhados em afirmar um Estado autoritário que passaram a mediar os conflitos e interesses dos agentes envolvidos, consolidando o Estado como árbitro" (SIMIS, 1997, p. 79). Ver ainda PEREIRA, 2001, p. 59-84 ou SOUZA, 2001, p. 143-182.

Vargas vai procurar trazer para perto de si o maior número de intelectuais, inclusive desenvolvendo uma crítica ao aspecto estético da literatura e mesmo ao modelo de intelectual erudito e acadêmico. Sob seu ideário era forçoso que o intelectual fosse corresponsável pelos rumos do país e para isso deveria desempenhar sua *função social* ao lado ou junto do governo e ser o "representante da consciência nacional". Por exemplo, através da Rádio Nacional, subordinada ao DIP, o Governo tinha por objetivo "monopolizar a audiência popular" e para isso utilizava-se da estratégia de manter junto de si uma equipe exclusiva de autores, dentre os quais Vicente Celestino, Emilinha Borba, Ari Barroso, Lamartine Babo, Silvio Caldas. Ainda dentro dessa estratégia, a direção da Rádio realizava concursos musicais e exibia os resultados em outro programa estratégico, igualmente subordinado ao DIP: a "Hora do Brasil" (CAPELATO, 1998, p. 73-78).

Mas a relação dos intelectuais católicos com o Governo Vargas e, especialmente, de Alceu Amoroso Lima, ocorreu de forma diversa daquela que se deu com os intelectuais modernistas. Os católicos e Alceu Amoroso Lima atuaram como um grupo que *pressionou* o Governo em razão de *reivindicações próprias* aos interesses da Igreja Católica. Sua adesão ao governo se deu, *na maior parte das vezes,* mais por meio de apoio ideológico às suas políticas do que por uma ação como parte do governo. Alceu atuou assim por algum tempo, e foi nomeado em 1935 para o Conselho Federal de Educação, quando aderiu à política educacional do Governo, embora tenha permanecido sempre na defesa dos seus interesses próprios e dos da Igreja Católica. Segundo Otto Maria Carpeaux (1978, p. 74-76), Alceu Amoroso Lima aceitou a nomeação "porque podia nessa função ser útil às reivindicações da Igreja".

Essa ressalva é relevante, mas em última instância representa uma adesão. É também verdade que Vargas, através de Gustavo Capanema, tentou conseguir a adesão de Alceu em outras ocasiões, por exemplo quando convidou-o, em 1936, para suceder Ronald de Carvalho (falecido em 1935) na chefia do gabinete civil da presidência. Mas Vargas sabia que Alceu tinha inclinações para o campo educacional e, certamente pensando no seu apoio e no da Igreja, o nomeou, em fins de 1937, reitor da Universidade do Distrito Federal.[7] Alceu aceita o cargo mas, por discordância e alegando *independência*, demitiu-se no mesmo ano de 1938 e logo fundou o núcleo do que "seria a Universidade Católica do Rio de Janeiro". Da mesma forma Alceu recusou, ainda em 1938, a proposta feita por Francisco Campos (a mando de Vargas) para assumir a pasta do Ministério do Trabalho, Indústria e Comércio (CARPEAUX, 1978, p. 77-80).

Como se observa, Vargas tentou a adesão de Alceu ao seu governo de forma concreta em diversas ocasiões, mas o pensador católico mesmo aderindo *momentaneamente* em 1938 à reitoria da Universidade do Distrito Federal, optou por um caminho considerado por ele *independente*. Entretanto isso não o exime das responsabilidades inerentes ao fato de ter ocupado o cargo de reitor da UDF. O que o diferencia dos demais intelectuais e sobretudo de um modernista como Carlos Drummond de Andrade é a adesão expressa, por longo período, ao Governo, sobretudo no campo da Educação. Em segundo lugar, os objetivos de Alceu Amoroso Lima eram bem diferentes dos demais intelectuais, dado que ele defendia as causas católicas e preferia fazer isso pressionando o governo e montando, junto com a Igreja, instituições católicas de ensino superior. Além disso, embora nesse momento de 1938 Alceu tivesse posições conservadoras, ele começa a caminhar lentamente para o campo progressista, mas muito timidamente.

Para Velloso, ocorre por parte do regime Vargas uma apropriação fantasiosa do evento modernista em bloco, não considerando as suas diferenças internas. Isso fica evidente na medida em que se observa que "a

---

7 "Os maiores intelectuais brasileiros e estrangeiros faziam parte do quadro de professores da UDF. Podemos citar, entre os muitos: Alair Accioly Antunes, Alfredo Schaeffer, Anísio Teixeira, Álvaro Vieira Pinto, Carlos Accioly de Sá, Carlos de Azevedo Leão, Cândido Portinari, Castro Rebello, Celso Kelly, Cecília Meirelles, Delgado Carvalho, Durval Potyguara E. Curty, Francisco M. de Oliveira Castro, Gilberto Freyre, Hermes Lima, Heloysa Marinho, José Paranhos Fontenelle, José Faria Góes Sobrinho, Joaquim Costa Ribeiro, José Leite e Oiticica, Lélio Gama, Lourenço Filho, Lúcio Costa, Nestor de Figueiredo, Mário Casasanta, Mário de Andrade, Othon Leonardos e Sérgio Buarque de Holanda" (PORTO JR., 2001, p. 8).

herança modernista no interior da ideologia estadonovista é bastante delimitada, à medida que recupera apenas a doutrina de um grupo: a dos verde-amarelos, composta por Cassiano Ricardo, Menotti Del Picchia e Plínio Salgado". No entanto, embora o governo demonstrasse, através disso, querer estar em sintonia com ideias dinâmicas no campo da cultura, igualmente demonstrava sua ambiguidade nesse campo uma vez que "não excluía a colaboração de outros intelectuais que defendiam projetos culturais mais inovadores, como é o caso de Carlos Drummond de Andrade e Mário de Andrade" e outros de áreas bem diferentes como "modernistas, positivistas, católicos e até socialistas" (VELLOSO, 1997, p. 57-70).

Cabe aqui a ressalva de que a apropriação do governo estadonovista em relação a elementos do movimento modernista foi uma estratégia e mesmo a absorção, por parte do governo, se deu de forma "diferenciada" em relação aos modernistas "não conservadores", entre os quais Carlos Drummond de Andrade e Mário de Andrade, que desempenhavam funções específicas e decisivas. Entretanto, é necessário considerar que isso não os exime do fato de terem colaborado com o regime repressivo e colocado suas ideias e ações a favor ou em consonância com os interesses da ideologia do governo em maior escala, mesmo que em alguns momentos ocorressem eventuais discordâncias, como também aconteceu com Alceu Amoroso Lima. Nunca é bom esquecer que foi no Ministério da Educação e Saúde, sob direção de Gustavo Capanema no período de 1934-1945, que muitos intelectuais colocaram em prática os projetos do governo e igualmente aqueles que correspondiam mais de perto a seus anseios, anteriores mesmo à sua entrada nesse Ministério.

EDUCAÇÃO CATÓLICA E TRANSIÇÃO EM ALCEU AMOROSO LIMA: POSIÇÕES

Diante dessas considerações podemos agora analisar algumas das posições de Alceu Amoroso Lima em relação à Educação no período em estudo.

Na obra *Preparação a Sociologia* (1931) Alceu Amoroso Lima dá um exemplo claro de sua posição contrária às mudanças no meio educacional, qualificadas por ele de "naturalismo pedagógico":

> O naturalismo pedagógico deforma a consciência infantil, estreita-lhe os horizontes, não prepara o adolescente para nenhum dos embates das idades de transição. E o resultado é que, quanto mais se fala em escola nova, em escola ativa, em funcional, como vindo revolucionar toda a pedagogia moderna – vemos crescerem desorientação educativa na mocidade, a multiplicidade de ideias contraditórias, a proliferação da mais estranha flora de paixões requintadas, que em geral distingue as eras de decadência das civilizações. [...] Mas o naturalismo pedagógico vem subrepticiamente inserir-se na metodologia educativa e arruinar na sombra o que se pretende construir na luz (ATHAYDE, 1931, p. 24-25).

Alceu Amoroso Lima aponta negativamente também a escola socialista como a responsável pela definição "equivocada" da sociedade como *núcleo do fato social*, destacando Saint-Simon como o pai dessa corrente e Karl Marx como seu discípulo mais aplicado:

> Karl Marx, discípulo indireto de Saint-Simon, através de Bazard, é o patriarca do ramo socialista, que acentua na sociedade o elemento revolucionador, hipertrofiando o fator econômico em prejuízo de todos os demais e pregando a subordinação do indivíduo, não mais a sociedade em geral, mas a uma classe determinada, ao proletariado, que deve representar o Estado. Marx, que combateu o monismo do Estado monárquico ou democrático, fez do Estado proletário um

absoluto, subordinando-lhe totalmente a autonomia individual (ATHAYDE, 1931, p. 52).

Alceu opunha-se ao que classificava de visão individualista da sociedade oriunda de Spencer, que, a seu ver, tinha origem doutrinária:

> No século XVIII, entre os Enciclopedistas, e praticamente na Revolução Norte-Americana de 1776, na Revolução Francesa de 1789 e nas Constituições da libertação ibero-americana do começo do século XIX, – esse individualismo ia encontrar o seu sistematizador em Spencer, fazendo do *indivíduo* o fim da sociedade e do Estado (ATHAYDE, 1931, p. 53).

Sem sombra de dúvida, da mesma forma que sua crítica ao individualismo – entendido como proveniente da Revolução Francesa – é fruto de um ideário conservador de inícios do século XIX, sua definição de família como "realidade social básica" apoia-se também no contrarrevolucionário espanhol Juan Donoso Cortés, citado nominalmente:

> Donoso Cortés, em um trecho de suas obras, dá bem a ideia do que seja a importância da concepção que a sociologia cristã tem da família, como grupo fundamental da sociedade. "A Família divina, exemplar e modelo da família humana, é eterna em todos os seus indivíduos. A família humana espiritual (isto é, a dos claustros) que depois da divina é a mais perfeita de todas, dura em todos os seus indivíduos o que dura o tempo; a família humana natural, entre o pai e a mãe, dura o que dura a vida e entre os pais e os filhos largos anos. A família humana anticatólica dura entre o pai e a mãe alguns anos e entre os pais e filhos alguns meses. A família artificial dos clubes dura um dia, a do cassino um instante. A duração é aqui, como em muitas outras coisas, a medida das perfeições" (ATHAYDE, 1931, p. 59).

A relação entre Igreja e Estado para Alceu Amoroso Lima, no início da década de 1930, deveria estar fundada na consciência de que ambos eram os dois grandes organizadores da vida social, sendo a primeira representante das forças morais e religiosas e o segundo das forças econômicas e políticas da sociedade. A primeira visaria o fim sobrenatural da "graça e da glória dos homens" no âmbito individual e o segundo se encarregaria da paz e da prosperidade dos homens socialmente. Haveria, entretanto, algumas áreas de responsabilidade mútua, as chamadas áreas mistas, relativas à organização civil da família, do ensino, da propriedade eclesiástica, por exemplo (ATHAYDE, 1931, p. 73).

Portanto, dentro dessa "ordem social" visualizada por Alceu Amoroso Lima, era necessário e urgente que o homem buscasse a "restauração da finalidade transcendental da vida humana", pois o "problema do primado do espírito" era "o *problema dos problemas*". Isso, a seu ver, porque o homem do momento estava frente ao dilema da opção pela "Soberania de Deus ou soberania da Força". Dilema esse que é posto por Alceu nos seguintes termos:

> Ou queremos ser governados pela lei do amor, da variedade e da justiça social verdadeira entre os homens, e nos entregamos à soberania absoluta de Deus. [...] Ou desdenhamos do invisível, negamos o primado do espírito, reduzimos a vida a uma luta implacável, e aceitamos inexoravelmente a passagem lógica do capitalismo ao comunismo, isto é, ao materialismo integral, entregando-nos em definitivo à soberania absoluta da Força. Soberania de Deus ou soberania da Força. Eis o dilema trágico que se apresenta aos homens desorientados de nossos dias (ATHAYDE, 1931, p. 155).

No debate sobre as questões educacionais, Alceu se posicionou desde cedo em favor dos interesses da Igreja e mesmo falando em seu nome nos momentos de maior conflito pela definição de regras para esse campo por parte do Estado durante o período Vargas. É isso o que se observa no artigo da edição do mês de junho de 1932, da revista *A Ordem*, sob o título de

"Instituto Católico de Estudos Superiores" (ATHAYDE, 1932a). Esse texto foi o produto de um pronunciamento que Alceu fez na sessão solene de inauguração do referido Instituto, definindo-o como a semente da futura "Universidade Católica Brasileira".

Nesse artigo Alceu também teve como objetivo demonstrar que a criação do Instituto atendia às necessidades da sociedade brasileira em maior escala, considerada dentro de um quadro de decadência da civilização ocidental; civilização esta, por sua vez, resultado de rupturas em momentos como a Reforma, no século XVI, com Descartes, no século XVII, com o surgimento da Enciclopédia, no século XVIII e com as ciências experimentais, no século XIX. Assim, Alceu entendia que o Brasil e particularmente o Rio de Janeiro, sua capital "arrogante" e "tumultuada", precisavam dar aos seus filhos uma orientação filosófica e teológica com o fim de retirá-los do ceticismo e da anarquia, enfim, da "desordem moderna". Argumentava ainda que os brasileiros do momento eram filhos de leituras apressadas e de modas intelectuais do momento, portanto nada mais do que resultados de uma "anarquia pedagógica, do empirismo científico, da incultura generalizada". Portanto, dentro do projeto de Alceu Amoroso Lima de restauração intelectual católica havia como premissa inquestionável a necessidade de se compreender que uma nação só se governaria bem a partir do momento em que se reorganizasse o ensino, suas leis deixassem de ficar nos fundos das gavetas e passassem a ser cumpridas; enfim, quando o "utilitarismo pedagógico" deixasse de "corroer" os jovens estudantes (ATHAYDE, 1932a, p. 415-421).

Para Alceu, cabia ainda questionar qual seria a possibilidade de se acreditar que as revoluções políticas poderiam resolver os problemas decisivos do Estado, quando a "pedagogia nova" se postava como separada da "realidade espiritual da nação". Alceu era contra as revoluções políticas e muito mais contra as pedagógicas (conforme estudado nos capítulos 2 e 3), de modo que para ele se fazia necessária a criação do Instituto Católico de Estudos Superiores a partir da premissa de uma reação contra o que ele chamava de "mutilação do pensamento" operada pelo positivismo. De modo que cabia ao Instituto a tarefa primordial de "restaurar as pontes partidas entre a filosofia e as ciências particulares e, em seguida, repor a metafísica no posto de 'sciencia rectrix' de ordem natural" (ATHAYDE, 1932a, p. 420-421).

Dessa forma, para Alceu Amoroso Lima, por meio de ações desse tipo, a *ordem* e a plenitude voltariam ao plano natural dos conhecimentos, mas sem dúvida, desde que a metafísica viesse a exercer a função de "orientadora geral das ciências". Segundo ele, à filosofia não caberia absorver as outras ciências, como Descartes havia desejado, nem mesmo deveria ser absorvida por elas, como pretendera, em certo momento, Comte; seria mais correto afirmar com Jacques Maritain, em *Elements de Philosophie* (1925), que a filosofia e o conjunto das demais ciências tinham "o mesmo objeto material", ou seja, tudo o que era cognoscível. Alceu acreditava que o restabelecimento das relações entre ciências naturais e filosofia guiava a iniciativa de criação do Instituto, mas sempre considerando o "primado geral" da filosofia e a autonomia das outras ciências. Instituto Católico de Estudos Superiores tinha como um dos seus fins maiores demonstrar que os estudos filosóficos guardavam em si elementos centrais que se constituíam em "necessidade fundamental" para orientar de modo seguro e disciplinar de forma construtora o "pensamento formador da nacionalidade". Na mesma medida que Alceu pensava a restauração filosófica, também reivindicava o que chamava de restabelecimento da teologia dentro da linha organizacional de subordinação das ciências naturais às "sobrenaturais". Partindo dessa premissa, Alceu pensava que poderia fazer o que ele considerava ser um reparo à ciência moderna, dado que um dos seus maiores erros, na sua compreensão, era o de ter deslocado a "base dos acontecimentos humanos, da metafísica para a matemática" e, como consequência, "ter perdido a noção de realidade substancial das coisas, substituindo-a por abstrações numéricas ou logísticas". Com isso Alceu Amoroso Lima queria defender a ideia de que o homem não podia ser reduzido nem a "esquemas de pensamento" como propunham o chamado "matematismo ou o idealismo moderno", e nem mesmo a um "produto da sociedade", com o sugeria a sociologia em voga no momento (ATHAYDE, 1932a).

Observa-se, desde este momento de 1932, a filiação de Alceu a algumas das noções da filosofia de Jacques Maritain e também da metafísica de Henri Bergson, embora não num sentido democrático e nem mesmo com o intuito de tomar as conquistas do mundo moderno a seu favor, como Maritain fazia no momento – o que revela o caráter absolutamente conservador de Alceu.

Anos mais tarde, Alceu explicaria a medida da importância que Bergson tivera em sua formação inicial. Foi ao assistir as aulas de Bergson[8] no Collège de France em 1913 que ele começou a tomar de empréstimo sua crítica metafísica ao racionalismo moderno, retirando dele os elementos para pensar criticamente o *mundo materialista moderno*. Elementos que o acompanhariam por boa parte dos anos 1930 e 1940, ficando num segundo plano na mesma medida em que Alceu se aprofundava no conhecimento e identificação com o pensamento democrático de Jacques Maritain.

Estava aí o fundamento da crítica de Alceu ao mundo moderno, defendendo o primado do espírito sobre a matéria. Daí a crise pela qual passava o mundo ser entendida por Alceu como uma crise eminentemente espiritual.

Compreende-se que para Alceu Amoroso Lima, o restabelecimento da filosofia e da metafísica representava uma tentativa de nova sistematização da defesa de uma *nova sociedade*. Sociedade que fosse orientada pelos

---

8   Na visão de Alceu, Bergson era o novo Descartes, não no sentido cartesiano, mas sim no pascaliano, na medida em que, tal qual Descartes, ele havia partido de uma negação do passado filosófico. Bergson era considerado assim a maior figura antirracionalista, uma espécie de laço entre a filosofia moderna com algo que Alceu chamou de filosofia futura. Para ele, Bergson foi o grande defensor da Liberdade, mas também um homem trágico, ávido, místico, angustiado. Segundo Alceu, foi daí que brotou a sua intuição, a qual o levou a dar crédito a duas atividades do espírito até então pouco valorizadas pela filosofia: a Arte e a Religião. Enfim, foi no momento da morte de Bergson, em 1941, que Alceu deixou suas últimas impressões sobre o filósofo da "aurora de uma nova ordem metafísica". Assim, foi em face desse momento que Alceu daria a medida de sua dívida com esse filósofo. Dizia ele: "Contra o agnosticismo positivista, o evolucionismo naturalista, a energética materialista e sobretudo contra a indiferença e o scepticismo que tudo isso nos comunicava, Bergson levantou a bandeira do Espírito" (ATHAYDE, 1941, p. 103-110).

parâmetros do cristianismo e do catolicismo: o que acontecia num momento de efervescência do protestantismo, de ideias anarquistas, do movimento comunista em escala mundial e mesmo da crítica à sociedade e educação liberais. Nesse âmbito de discussão, o Instituto Católico de Estudos Superiores tinha papel relevante na formação dos quadros católicos que iriam atuar na sociedade. Nas palavras do próprio Alceu, sua organização pedagógica se dava de forma "prática" a partir de um currículo com três matérias obrigatórias (Sociologia, Filosofia e Teologia) e três facultativas (Introdução ao Direito, à Matemática e à Biologia), essas últimas oferecidas para os alunos das faculdades de Direito, engenharia e medicina. Portanto, o peso maior das três disciplinas obrigatórias resumia-se na necessidade do homem estar ciente de que ele partia da realidade social concreta para, em última instância, chegar a Deus, "realidade substancial". Alceu pensava na organização das disciplinas nos termos seguintes:

> A *sociologia* para mostrar que queremos partir da realidade sensível, da realidade social, da posição do homem na sociedade de nosso tempo e de todos os tempos, onde se processa a sua vida de relação. [...] A *filosofia* para mostrar [...] que os estudos metafísicos são fundamentais para o equilíbrio e a solidez do pensamento, em qualquer ordem de conhecimento. [...] A *teologia,* enfim, para compreendermos que o pensamento não desemboca no vácuo e que ao contrário, parte sempre de uma realidade sensível para chegar a uma realidade substancial (ATHAYDE, 1932a, p. 424, grifos nossos).

Ao passo que se promovia a criação do Instituto Católico de Estudos Superiores, se passava pelos embates da Revolução Constitucionalista de 1932 e pelas discussões sobre o Manifesto dos Pioneiros da Educação. Nesse cenário, Alceu defendeu os interesses da Igreja na Constituinte de 1933, tanto no campo político-econômico, como espiritual e educacional.

A seu ver, o catolicismo – considerado como o verdadeiro caminho por ser o mais *tradicional* – seria necessariamente nacional, embora ainda houvesse espaço para a convivência de outros cultos. Sobre outro aspecto, nesse momento de fins do ano de 1933, Alceu acreditava também que era necessária a distinção entre Igreja e Estado, obviamente a partir da colaboração. Mesmo em 1932 Alceu havia defendido os anseios da Igreja, os quais ele classificava como pertencentes à "ordem espiritual": a religião católica como oficial; a já mencionada distinção entre Igreja e Estado, na base da cooperação; a questão moral e educativa como algo inseparável do problema religioso e da unidade espiritual da sociedade brasileira; o reconhecimento, por parte do Estado, do casamento religioso para efeitos civis a partir de um registro obrigatório; defesa da família; o ensino particular, primário ou secundário, técnico ou superior, devendo ser apenas alvo de fiscalização por parte do Estado e não fonte de monopólio (ATHAYDE, 1932a, p. 344).

As pressões feitas por Alceu Amoroso Lima à frente da Liga Eleitoral Católica e por outros segmentos da Igreja Católica tiveram efeito prático na Carta Constitucional de 16 de julho de 1934, aberta a partir da "confiança em Deus".

O texto constitucional trouxe algumas das principais reivindicações de Alceu Amoroso Lima e pelo grupo defensor dos interesses católicos. Isso se observa, por exemplo, no *Título V da Constituição* onde se trata da Família, da Educação e da Cultura.

> Art. 144 – A família, constituída pelo casamento indissolúvel, está sob a proteção especial do Estado. [...] Art. 146 – O casamento será civil e gratuita a sua celebração. O casamento perante ministro de qualquer confissão religiosa, cujo rito não contrarie a ordem pública ou os bons costumes, produzirá, todavia, os mesmos efeitos que o casamento civil, desde que, perante a autoridade civil [...] sejam observadas as disposições da lei civil e seja ele inscrito no Registro Civil. [...] Art. 149 – A educação é direito de todos e deve ser ministrada, pela família e pelos Poderes Públicos, cumprindo a estes proporcioná-la a brasileiros e a estrangeiros domiciliados no País, de modo que

possibilite eficientes fatores da vida moral e econômica da nação [...] Art. 153 – O ensino religioso será de frequência facultativa e ministrado de acordo com os princípios da confissão religiosa do aluno manifestada pelos pais ou responsáveis e constituirá matéria dos horários nas escolas públicas primárias, secundárias, profissionais e normais (BRASIL, 2005).[9]

Outro ganho dos católicos ficou definido no Título VI – "Da segurança nacional", mais especificamente em seu artigo 163, parágrafo 3º, onde se diz: "o serviço militar dos eclesiásticos será prestado sob forma de assistência espiritual e hospitalar às forças armadas" (BRASIL, 2005).[10]

Cabe observar a posição defendida por Alceu Amoroso Lima no seu discurso de ingresso na Academia Brasileira de Letras, em 1935. No discurso podemos observar claramente como seu pensamento se constitui, ainda nesse momento, de elementos do referencial conservador; o que se identifica quando ele fala da relação entre homem e literatura.

Para Alceu, a Academia Brasileira de Letras e a *sociedade passavam por novos tempos, se afastando de um mundo atomista onde o indivíduo era tido como o centro, e passando para novas formas sociais onde a coletividade, o grupo social, as corporações retomavam importância significativa.* Tratava-se aí, para Alceu, do encaminhamento para uma sociedade corporativa onde os grupos de cultura teriam a "função social" de "equilibrar a importância crescente dos grupos de trabalho", o que deveria ser feito harmoniosamente em "benefício da vida nacional e do bem comum". A função social e intelectual da Academia Brasileira de Letras resumia-se, a seu ver, em auxiliar também na defesa da independência do espírito e no equilíbrio das forças sociais; ideia essa que, segundo Alceu, havia sido criada por Graça Aranha.

---

9 Trata-se da "Constituição da República dos Estados Unidos do Brasil" (de 16 de julho de 1934).

10 Trata-se da "Constituição da República dos Estados Unidos do Brasil" (de 16 de julho de 1934).

Na conjuntura histórica brasileira do momento de 1935, Alceu defendia ainda que a Academia Brasileira de Letras não devia ser vista como um lugar de "jubilação literária ou simples consagração de vaidades",[11] mas, ao contrário, como *lócus* do "intelectual, justo e moderno". Assim a Academia era a "expressão viva e presente da tradição intelectual de um povo". Portanto, à "Casa das Letras Nacionais" cumpria o papel de vitalizar duas forças que presidiam a evolução intelectual de um povo: o espírito de tradição e o de criação. A primeira força se expressava por meio do "espírito comum da nacionalidade", das gerações sucessivas, e a segunda, a força da criação, seria o apanágio do "espírito próprio", considerando-se de forma distinta do espírito comum, mas não em oposição a ele. Em conclusão, no entendimento de Alceu Amoroso Lima, a conjugação constante dessas duas formas de espírito seria pré-condição para que o Brasil tivesse, em algum momento de sua história, "uma literatura não apenas assessória às letras universais, não apenas de escassos êxitos excepcionais", dizia ele, mas "realmente fecunda, original" (ATHAYDE, 1935c, p. 473).

A questão da educação em Alceu é também significativa em 1936, o que pode ser observado no artigo "Princípios Pedagógicos", onde ele defendeu que ela deveria ser guiada por um "sentido da formação nacional". Dentro dessa linha, o Estado atuaria como "guarda do bem comum", sempre atento ao "exercício dos direitos e deveres pedagógicos, por parte das autoridades sociais". Mas os direitos e deveres do Estado não deveriam ser, em hipótese alguma, "superiores aos das Famílias e da Igreja" (LIMA, 1936d, p. 110).

Portanto, daí resultava em Alceu Amoroso Lima a ideia de que uma *educação nacional* deveria ser fruto de um espírito cristão, sobretudo simpático às "tradições históricas" brasileiras, a comprovar-se pelo catolicismo de longa data, substrato moral da nacionalidade. De modo que abandonar

---

11   Ao que tudo indica Alceu já observava, em 1935, um cenário que não difere em muito deste do início do século XXI.

essa tradição "seria negar ao Brasil a sua alma, a sua brasilidade. Um suicídio, portanto" (LIMA, 1936d, p. 116).

A proximidade de Alceu Amoroso Lima com as questões relativas à Universidade do Brasil e com Capanema pode ser observada na foto abaixo, de 17 de julho de 1937, a qual refere-se a um almoço no Automóvel Clube, oferecido pela comissão do plano de criação da Universidade do Brasil. Isso demonstra a proximidade de Alceu com o meio intelectual educacional, sua relação com Capanema e o peso de sua ação enquanto intelectual que representava os interesses da Igreja Católica.

CAPANEMA, Gustavo. Gustavo Capanema, Alceu Amoroso Lima e outros durante almoço no Automóvel Clube oferecido pela comissão do plano da Universidade do Brasil. 17 jul. 1937. Rio de Janeiro, p&b; 18 x 24cm. Fundação Getúlio Vargas – CPDOC. Alceu Amoroso Lima é o terceiro em pé da esquerda para a direita. Gustavo Capanema é o quarto sentado da esquerda para a direita.

O Decreto nº 1.063, de 20 de janeiro de 1939, obriga a transferência de vários estabelecimentos de ensino da Universidade do Distrito Federal para a Universidade do Brasil. Tratava-se, na realidade, de um procedimento de anexação em razão, em primeiro lugar, de a UDF incomodar os católicos pelo seu caráter laico e, em segundo lugar, porque era fruto de iniciativas do governo municipal ao qual não competia legislar sobre questões de ensino. O episódio tem seu termo com a organização em abril de 1939 da Faculdade de Filosofia, Ciências e Letras, com o decreto lei nº 1.190, que definia sua denominação daí em diante como Faculdade Nacional de Filosofia e cujo reitor e catedrático de literatura seria Alceu Amoroso Lima, mas não sem antes solicitar a Capanema que adiasse os processos de incorporação para o ano seguinte por motivos organizacionais (NUNES, 2001, p. 115-117).

O episódio relatado acima ocorre tempo depois de Alceu Amoroso Lima pedir demissão do cargo de reitor da Universidade do Distrito Federal. Em 1939 Gustavo Capanema convida-o para o cargo de professor de literatura brasileira e diretor da Faculdade Nacional de Filosofia, a qual – nos planos de Capanema – deveria absorver a UDF. Em carta a Capanema, datada de 07 de abril de 1939, Alceu aceita o cargo de docente mas impõe condições restritivas para ocupar a direção da Faculdade Nacional de Filosofia. Esse episódio ficou expresso nos termos a seguir:

> Capanema. O convite que V. me fez ante-hontem[12] para professor de literatura brasileira e ainda para diretor da Faculdade Nacional de Filosofia é para mim, antes de tudo, uma grande alegria. A de sentir de perto a sua lealdade de amigo. Creia que seu gesto será guardado, em meu coração, como das melhores coisas que a vida me tem dado. É, além disso, uma honra que não preciso encarecer. [...] Quanto à cátedra, aceito-a sem restrições, na certeza de que procurarei dar-lhe todo o meu esforço. [...] No que diz respeito, porém, à direção da Faculdade, é preciso que lhe diga – com a franqueza que graças a Deus sempre tem caracterizado nossa recíproca amizade – que, *em consciência*, só poderei aceitá-la se concordarmos, previamente, em dois pontos, que considero absolutamente indispensáveis ao êxito do empreendimento. 1º – A nossa Faculdade não absolverá, ao menos por ora, a Universidade do Distrito Federal; 2º – Os cursos só serão iniciados o ano que vem (LIMA, 1939).

Essa carta de Alceu Amoroso Lima revela a intenção de Capanema e de Vargas de o manterem – enquanto líder da Igreja Católica – junto dos órgãos institucionais do Estado Novo e o seu prestígio enquanto intelectual próximo de Capanema. Evidentemente que a aceitação dos cargos por

---

12   Grafia original.

Alceu atendia às suas expectativas próprias mas também aos interesses da Igreja Católica, principalmente de Dom Sebastião Leme.

Após Alceu Amoroso Lima ingressar na Faculdade Nacional de Filosofia, não tardaria para que ele, no momento de 1939, tentasse organizar uma espécie de núcleo de intelectuais católicos naquela Faculdade, consolidando assim a presença católica e reavivando o seu meio de sociabilidade. O que pode ser notado quando Alceu pede a Capanema que analise a possibilidade do intelectual Afrânio Coutinho ingressar na Faculdade como seu assistente para a área de História. Isso se passou no próprio mês de abril de 1939 (LIMA, 1939). Alceu faria coisa semelhante em nome do seu amigo e secretário Wagner Antunes Dutra, para esse solicitando cargo de outra natureza na mesma Faculdade Nacional de Filosofia (CAPANEMA, 1939).

O episódio que se refere a Afrânio Coutinho é revelador da importância desse intelectual católico para Alceu Amoroso Lima e para a Igreja Católica. As solicitações de Alceu a Capanema não eram aleatórias: Afrânio Coutinho, Wagner Antunes Dutra e Vinícius de Morais eram partes integrantes do seu campo de relações sociais. Na carta de 24 de abril de 1939, portanto pouco menos de vinte dias depois de aceitar o convite de Capanema, Alceu argumentava em favor de Afrânio Coutinho imputando-lhe as qualidades de "bahiano de raro talento e sólida cultura", o que lhe valia ainda o qualificativo de "ótima aquisição como assistente". Segundo Alceu, o deslocamento de Afrânio Coutinho deveria ser feito da Faculdade de Medicina da Bahia, onde ele era funcionário do Ministério da Educação e Saúde, para a Faculdade Nacional de Filosofia, no Rio de Janeiro (LIMA, 1939).

Alceu Amoroso Lima anexava, ao seu pedido pessoal, uma carta que recebera de Afrânio Coutinho no dia 15 do mesmo mês de abril de 1939. Nesta, Afrânio havia lhe solicitado apoio para uma transferência para o Rio de Janeiro.

> Será possível que não haja uma vaga para um pobre provinciano que deseja um campo mais largo para trabalhar? O lugar de assistente seria magnífico para mim, pois me facilitaria

o tempo para, acompanhando os cursos dos professores estrangeiros, preparar-me para concurso. [...] É grande o meu desejo de sair fora para um ambiente mais largo de trabalho (COUTINHO, 1939).

No discurso intitulado "Universidade e Civilização" (LIMA, 1938b), ele reafirmou a temática da Universidade (UDF ainda) como defensora da tradição e ao mesmo tempo como centro inovador, o que revela elementos do seu conservadorismo. Sob sua ótica, a partir da *tradição*, a UDF estabeleceria o "laço de continuidade com o passado" a fim de demonstrar, em primeiro lugar, que "nada de sólido" se fazia "na ordem intelectual como na ordem política ou na ordem moral" quando se tinha a ilusão de que o mundo começava conosco. Em segundo lugar, era de se considerar ainda mais que nada se construía "a não ser sobre os alicerces que as gerações e as civilizações passadas – memória da humanidade" nos haviam legado.

Pensemos aqui no que Edmund Burke dizia em 1790, ao referir-se ao legado dos ancestrais, numa veemente crítica à Revolução Francesa:

> Gostaria que [...] fossem feitas [mudanças] sempre com o intuito de *conservar* [...] caso eu tivesse que fazer alguma mudança em nossa constituição, seguiria o *exemplo* de nossos *ancestrais*. [...] Acrescentemos se o desejarmos, mas devemos conservar o que deixaram, e mantendo-nos no sólido terreno da Constituição Britânica, podemos admirar, sem contudo, procurar seguir o vôo desesperado dos [...] franceses (BURKE, 1982, p. 221-222, grifos nossos).

De outro lado, temos um aspecto que revela um princípio de mudança nas posições de Alceu Amoroso Lima, a propósito da tradição ou do pensamento conservador. Trata-se da questão relativa ao papel da Universidade não apenas como "transmissora das grandes tradições culturais da humanidade", mas sobretudo como "criadora de novos valores", de onde resulta a sua definição de que ao "espírito de tradição" era preciso "somar o espírito de invenção" (LIMA, 1938b, p. 154-155). Mas isso é apenas um indício de mudança, a qual se processará de forma prática somente nos anos posteriores a 1942.

Assim, na perspectiva de ação de Alceu Amoroso Lima, a Universidade estava no "ponto de interseção entre a cultura e a vida, entre a aquisição da ciência e sua aplicação, entre o saber e a ação", de onde uma de suas principais incumbências seria impedir a dissociação entre o espírito de trabalho e o de estudo, ambos identificados por Alceu como uma espécie de farisaísmo, onde o trabalho tinha como expressão a ditadura do proletariado a partir da subordinação, quando não o aniquilamento dos valores intelectuais, morais e espirituais aos "valores técnicos e morais". Já o farisaísmo do estudo foi caracterizado por Alceu como o indiferentismo social, orgulho do saber, o "cientismo", onde a ciência pretensamente resolveria todos os problemas da humanidade. Ambos os caminhos levavam, na visão de Alceu, ao que ele definiu como o "desastre" da dissociação entre os "homens de saber e os homens de ação" (LIMA, 1938b, p. 148).

Grande parte do seu discurso foi direcionada aos anseios do governo Vargas do momento, segundo o qual o intelectual deveria sair da torre de marfim e adentrar a arena política – como demonstrado pela historiografia sobre o período. Noutro sentido, suas posições aliaram-se ao ideal de educação para o trabalho, para a prática, para a criação de homem novo trabalhador e responsável direto para o progresso da nação.[13] Fica evidente, para Alceu, a necessidade de que esse homem – e as elites – deveria ter uma formação sociológica, filosófica e teológica ampla. Cabe aqui a ressalva de que o discurso de Alceu Amoroso Lima teve como alvo maior atingir os ex-dirigentes da UDF – há pouco tempo depostos – formados por partidários do comunismo e adversários de Vargas e da Igreja, de onde Capanema ter solicitado a Alceu que aceitasse a reitoria da Universidade.

---

13 Essa questão do trabalho para constituição da nação foi estudada por Maria Helena Capelato e Ângela de Castro Gomes (CAPELATO, 1998). Ver ainda GOMES, 1999, p. 53-72.

NOVOS RUMOS...

Alguns anos mais tarde, em 1941, por ocasião da inauguração da Universidade Católica no Rio de Janeiro, Alceu teria a oportunidade de se posicionar a respeito do ambiente educacional do ensino superior brasileiro, mas no momento sob o impacto da Segunda Guerra Mundial, das leituras e da correspondência mais próxima com Jacques Maritain. O cenário de repressão do Estado Novo, sem dúvida, influenciava sua posição. Observa-se, de sua parte, a crítica ao positivismo, identificado por ele como cientificismo, e o seu avanço rumo à liberdade e ao pensamento progressista.

Dessa crítica decorre sua defesa das Faculdades Católicas, argumentando que elas tinham por missão "levar a ciência a Deus e Deus à ciência", o que, sob seu entendimento, carregava um objetivo maior de "corrigir" tanto o que ele definia como a "ciência arrogante das elites" como a "fé desorientada das multidões". A seu ver, em maior amplitude, o objetivo da Universidade Católica seria o de humanizar a vida profissional a partir de uma educação cristã, sobretudo na formação de um professor que tivesse, por sua vez, como alvo maior contribuir para *formar o homem*. Ainda dentro desse campo, a linha de ação de Alceu pautou-se, acima de tudo, *no primado da formação das elites*, defendendo que essas deveriam estar "unidas de espírito ao sentimento das massas"; mas essas elites não deveriam, em hipótese alguma, formar as massas a partir de um "moralismo estreito, uma apologética pragmática, um verniz de evangelismo sentimental". Pelo contrário, fazia-se necessário, sobretudo, que se predominasse o "espírito de oração e vigilância em Deus", proveniente do Espírito Santo, contra o pragmatismo, o culturalismo puro, ou o que Alceu definiu como "moralismo barato". Caso se trilhasse esse caminho do moralismo barato, alertava Alceu, as forças católicas teriam "aberto mais uma empresa para dar diplomas a tanto por cabeça" ao invés de ser "uma fonte de renovação cultural, de elevação espiritual e de cristianização" da pátria (LIMA, 1941, p. 327-331).

> As Faculdades de Filosofia e de Direito, núcleos iniciais da futura Universidade Católica do Brasil, ou serão mais católicas

que Faculdades, ou melhor fora que não tivessem jamais nascido. E católicas não quer dizer confessionais, mas universais e verdadeiras, formando espíritos e não apenas ornando espíritos; fazendo homens de caráter e não pedantes; unindo os corações às inteligências e não hipertrofiando a memória e mutilando os temperamentos (LIMA, 1941, p. 332).

Enfim, no texto "Indicações Pedagógicas", de janeiro de 1944, Alceu Amoroso Lima escreveu a respeito de três modificações pelas quais, a seu ver, o mundo estaria passando, as quais assinalavam a entrada da nova "elite profissional" no mercado de trabalho. Essas etapas eram: "a passagem da Guerra à Paz; a passagem do Nacionalismo à Universalidade e a passagem do Totalitarismo à Liberdade". Dentro desse quadro, dizia Alceu, aos homens restava a opção trágica, já levantada por Maritain, "entre o espírito totalitário e o espírito cristão", onde, sem dúvida, este último lhes forneceria os elementos ideais para a formação de uma sociedade "política vitalmente e realmente cristã". Esse, sob sua ótica, era o caminho ideal, pois ordem e liberdade eram entendidos por ele como valores que a história podia "acaso colocar à direita, ao centro ou à esquerda", mas Deus colocava "acima de todas as posições meramente parlamentares". Daí Alceu definir que o Cristianismo ou era "o triunfo da Ordem e da Liberdade, indissoluvelmente interpenetradas" ou era uma "palavra vã" (LIMA, 1944, p. 42-57), e a educação ocupava papel central na formação de novas elites neste novo cenário, agora não mais vinculado ao governo do Estado Novo.

Passemos agora a estudar as posições de Alceu a respeito do comunismo.

7
Posições sobre o comunismo

Tanto a política educacional como a trabalhista e de saúde completavam-se, a partir de outros elementos pragmaticamente empregados dentro do projeto político-ideológico do Governo Vargas: nesse projeto tanto os meios de comunicação quanto o aparato policial repressivo ocuparam papel decisivo na perseguição ao comunismo, a seus simpatizantes, a judeus,[1] anarquistas etc. O Governo Vargas contava ainda com o apoio crucial de grande parcela da Igreja Católica, inclusive de muitos de seus intelectuais. No caso específico do intelectual católico Alceu Amoroso Lima, a sua crítica ao comunismo se deu até fins da década de 1930, se modificando no início dos anos 1940. Já em relação ao nazismo, sua posição transita, inicialmente, de um ligeiro silêncio proposital a uma crítica contundente face ao *modus operandi* e as ideias defendidas pelo nacional-socialismo,

---

1   Há um estudo recente demonstrando que mesmo com a perseguição aos judeus por parte do nazifascismo na Europa, com ressonância no Brasil do Estado Novo, as entidades judaicas acabaram por se adaptar "às restrições nacionalistas" do governo e formularam estratégias com vistas a enfrentar o aparato legislativo do Estado. No Brasil, o período de 1937 a 1945 foi importante "para a implantação de uma comunidade etnicamente ativa e para a sedimentação de uma identidade judaico-brasileira" (CYTRYNOWICZ, 2002, p. 393-423).

sobretudo em relação à pretensa superioridade de raça. Ambas mudanças estão condicionadas por elementos conjunturais e pela concretização da aproximação deste intelectual com o pensamento e obras do ativista e filósofo francês Jacques Maritain.

Segundo Ângela de Castro Gomes os períodos de 1930 e 1940 são também momentos onde se ganha força, inclusive internacionalmente, a investida, por parte de diversos governos, rumo à ampliação dos investimentos na política de comunicação, com o fim de divulgar amplamente as ações dos governos e, por conseguinte, reunir elementos que pudessem contribuir para a tentativa de dar legitimidade às suas ações com vistas à "adesão e não a submissão de seus seguidores". Gomes coloca nesse rol, a título de exemplo, os governos tanto "democráticos" como autoritários, em especial de países como o Brasil, Argentina, Itália e Alemanha. Especialmente em relação ao Brasil é notória a criação de um aparato de comunicação que passou, ordenadamente, por uma sucessão de órgãos que vão sendo substituídos uns aos outros; foi o caso, por exemplo, da criação, em 1931, do Departamento Oficial de Propaganda (DOP), que foi reformado em 1934, e tornou-se o Departamento de Propaganda e Difusão Cultural (DPDC), o qual, por sua vez, foi transformado em Departamento Nacional de Propaganda, no início de 1938. Por fim, esse último transformou-se em Departamento de Imprensa e Propaganda (DIP) em dezembro de 1939, ficando subordinado diretamente à Presidência da República, permanecendo sob a direção de Lourival Fontes e contando com a colaboração de diversos intelectuais de renome (GOMES, 2003, p. 112-118).

A relação entre ideologia e trabalho nas décadas de 1930 e 1940 foi amplamente estudada pela mesma autora no artigo "Ideologia e Trabalho no Estado Novo", de 1999, onde analisa como foi estruturada e constituída uma ideologia política de valorização do trabalho e de "reabilitação do papel e do lugar do trabalhador nacional". Os eixos: trabalho, riqueza, cidadania e nação são expressões dos meios discursivos pelos quais a ideologia do Estado se fez perceber. Isso se passou, sobretudo, por meio de uma proposta de organização científica do trabalho, pela tentativa de construção do homem novo em sintonia com o Estado Novo e, por fim, a partir da associação e valorização do trabalho com o que se desejava fossem os bons rumos da nação. Assim, os anos 1930 vão constituir-se em marco do surgimento de uma política de "ordenação do mercado de trabalho, materializada na legislação trabalhista, previdenciária, sindical e também na instituição da Justiça do Trabalho". Sem dúvida, foi igualmente nesse momento, e sobretudo no Estado Novo, que se tornou visível e cotidiano uma determinada "estratégia político-ideológica de combate à 'pobreza', que estaria centrada justamente na promoção do valor do trabalho". Em sentido estrito, as políticas governamentais tinham como objetivo principal "transformar o homem em cidadão/ trabalhador, responsável por sua riqueza individual e também pela riqueza do conjunto da nação" (GOMES, 1999, p. 55).

Quanto à posição específica de Alceu Amoroso Lima e dos intelectuais católicos reunidos em torno da revista *A Ordem* e do Centro Dom Vital, é correto dizer que se atribuíam a missão de sanar a crise pela qual o país passava, partindo de uma concepção fundada na moral e política cristãs, essencialmente católicas, agindo sobre a nação e o Estado, como bem demonstraram os historiadores José Luis Bendicho Beired (1999) e Boris Fausto (2001).

Portanto, os intelectuais católicos pretenderam se aproximar do Estado com o propósito de conseguir a realização de seus projetos e porque viam que era o momento em que tinham maiores chances. Nesse ponto, Mônica Pimenta Velloso argumenta que a relação de muitos dos intelectuais, fossem católicos ou não, com o governo Vargas não foi de submissão passiva, mas sim, de uma *troca de favores*, fato esse que pode ser evidenciado na conhecida frase do Cardeal Dom Sebastião Leme: "ou o Estado reconhece o Deus do povo, ou o povo não reconhecerá o Estado". Por outro lado, completa a autora, "embora apelando para constantes demonstrações de força" a Igreja não desejava estabelecer um confronto direto com o Estado, pretendendo, apenas, que este lhe conferisse o "devido prestígio perante as demais instituições" à medida que representava os "pretensos interesses da maioria" (VELLOSO, 1997, p. 57-70).

Também para Daniel Pécaut, a politização dos intelectuais nos anos 1930-1940 não foi um mero pretexto para "promover interesses próprios", mas representou, em maior escala, a sua relação com a ação política, mostrando-se dispostos a auxiliar o Estado na construção da sociedade, principalmente participando de funções públicas e mantendo-se próximos ao poder. No caso de Alceu Amoroso Lima e do grupo de católicos ligados a ele e à revista *A Ordem*, eles próprios apontavam sua "vocação para elite dirigente" e tinham interesses claros de grupo, com objetivos específicos relativos à presença católica no Brasil (PÉCAUT, 1990, p. 21-22).

Para compreendermos a relação de Alceu Amoroso Lima e dos intelectuais católicos face ao comunismo é importante entender, antes de tudo, a forma como o movimento comunista foi tratado no Brasil do período em estudo.

Na mesma medida que se desenvolveu uma política e legislação trabalhistas, também se formulou, ou melhor, se aprimorou o aparato repressivo presente desde 1930, com o objetivo de dar sustentação ao emprego das leis e coibir movimentações de caráter oposicionista, principalmente comunistas. A polícia no governo Vargas relacionava-se, por exemplo, internacionalmente com as polícias de diversos países, principalmente numa frente de batalha que tinha como grande inimigo o comunismo. Houve troca de informações e treinamentos, por exemplo, quando a Itália e o Brasil participaram de uma conferência policial em Berlim, organizada pela Gestapo, em 1937; embora clandestinamente, essa reunião "agregou ainda as polícias da Bélgica, Holanda, Polônia, Hungria, Iugoslávia, Grécia, Japão, Portugal, Guidanski, Bulgária, Finlândia, Uruguai e Suíça". O que é revelador de uma ação repressiva como algo integrado internacionalmente, tendo como inimigo maior o comunismo (CANCELLI, 1999, p. 322).

Pode-se afirmar, ainda de acordo com Elizabeth Cancelli, que o Brasil gozava de respeito internacional em relação à integração de sua polícia no sistema de repressão aos cidadãos considerados opositores do regime implantado. Sua posição foi fortalecida com as efetivas alianças com países como Alemanha e Itália, em favor da perseguição de um inimigo comum: o comunismo. Ressalte-se aqui o fato de que tanto o Brasil como os países europeus com ligações e divulgações de políticas repressivas por parte de suas polícias foram fortemente auxiliados pela Igreja Católica, especialmente a partir da identificação de suas ideologia de caça aos comunistas. *A Igreja não propunha a tortura ou eliminação física dos comunistas no Brasil, mas condenava seus projetos de poder e acusava-os de ateus e de promoverem a desagregação do que ela considerava serem os bons costumes e os valores morais, ideais da civilização do momento.* O fato é que em certo momento dos anos 1930 e 1940 tanto os regimes nazifascistas quanto o Governo Vargas não se viram criticados pela Igreja por perseguirem comunistas.

É importante levar em consideração o fato de que a ação policial do governo Vargas estava submetida a uma *ideologia de segurança nacional*. Nesse sentido, tanto o Departamento de Ordem Política e Social (Dops) como o DIP representavam – na ideologia do Estado Novo – peças-chave para a repressão e controle da população, tendo como foco central os comunistas. Dentro desse projeto ideológico, há um aparato institucional que sustentava a política antidemocrática de controle das vidas, atitudes, costumes, enfim, das condutas da sociedade brasileira, com destaque para o Dops, juntamente com o DIP, o Ministério da Educação e Saúde, a Polícia de Filinto Müller, o Ministério do Trabalho, Indústria e Comércio e os demais órgãos estaduais (CARNEIRO, 1999, p. 327-340).

Decorridos os embates e impasses do processo que culminaria com a Revolução Constitucionalista de 1932, com a Assembleia Constituinte de 1933 e com a Constituição de 1934, o cenário brasileiro viu irromper o episódio do que se convencionou chamar de Intentona Comunista em 1935 (FAUSTO, 2002, p. 198).

Em 1935 se frustrou o plano do Partido Comunista de tomada do poder, por meio de uma violenta repressão por parte do governo Vargas. É interessante notar que a Igreja Católica e o laicato sempre tiveram o comunismo como inimigo mortal; essa mesma postura se deu de forma semelhante com Alceu Amoroso Lima, sobretudo no período de fins da década de 1920 até fins dos anos 1930 e os dois primeiros anos da década de 1940. A partir do terceiro ano dessa década sua posição em relação ao comunismo se processou de forma diversa, o que se deveu, em grande medida, à sua identificação com as posições e com as obras de Jacques Maritain. Observemos então, a seguir, como se deu a posição *controversa* de Alceu em relação ao comunismo, tomando como fonte para análise uma seleção de seus artigos do período em questão.

No artigo "A Igreja e o momento político", Alceu Amoroso Lima expõe seu posicionamento a respeito do que eram, a seu ver, as "forças políticas" frente às quais a Igreja se encontrava, em meados de 1935, classificando-as como: o governo constituído; a oposição política a esse governo; o integralismo; a Ação Imperial Patrianovista e a Aliança Nacional Libertadora (ATHAYDE, 1935b, p. 5-14).

Nesse momento, Alceu Amoroso Lima compreende a constituição do governo Vargas como fruto do retorno do país à "ordem jurídica", como um regime democrático que tinha por objetivo, acima de tudo, "consolidar a ordem constitucional e reagir contra as tendências revolucionárias". Para Alceu, o governo em questão dispunha de uma "tendência" para "defender a ordem [...] pública e a acertar a ordem administrativa". Por outro lado, em relação às demais forças políticas que se apresentavam na vida pública brasileira, Alceu concordava com a posição do governo de condená-las, tanto as de esquerda quanto as de direita. Alceu classificava a relação do governo Vargas com a Igreja e o catolicismo como sendo a do "mais rigoroso respeito às aspirações do povo e aos direitos da consciência religiosa e da tradição nacional", o que podia, segundo ele, ser observado através da aprovação do programa da Liga Eleitoral Católica nas eleições de 1934. Por essa razão, em sua ótica, se processou o restabelecimento das relações *jurídicas* entre Estado e Igreja, em suas palavras, "passando do regime de separação ao da cooperação..." (ATHAYDE, 1935b, p. 5-6).

Na avaliação de Alceu Amoroso Lima, a oposição a Vargas no momento de 1935 era também representada, por um lado, por elementos políticos oriundos da Revolução de 1930 que haviam se separado do governo e, por outro, por "elementos da primeira República [...] novamente ressurgidos". elementos que não se opunham à Igreja por reconhecerem-na como "força moral e social". Em relação ao Integralismo por exemplo, no momento de 1935, Alceu tinha uma posição de simpatia, coisa que posteriormente se modificaria: definia a Ação Integralista como um grupo de "extrema direita" proveniente da Revolução de 1930 e se referia ao seu programa como fruto do espírito que havia levado, por exemplo, o fascismo a consolidar-se na Itália e o hitlerismo na Alemanha, e também o Estado Novo em Portugal. Alceu atribuía ao movimento integralista um caráter de "renovação na política brasileira", com bases fundadas no espírito do século XIX com um sentido nacional antirregionalista e oposto ao marxismo. Enfim, para Alceu, o Integralismo era constituído por grupos revolucionários provenientes também da Revolução de 1930, composto por muitos católicos que, a seu ver, aceitavam-no como estando próximo da doutrina social católica e da defesa de muitos dos seus princípios (ATHAYDE, 1935b, p. 7-8).

No ambiente político de 1935, Alceu Amoroso Lima definiu sua posição frente a outro movimento que desejava o restabelecimento do regime monárquico no Brasil, sobretudo amparado na ideia de tradição e num corporativismo de cunho católico. Sob a análise de Alceu, a Ação Imperial Patrianovista era um movimento formado por pequenos grupos de intelectuais em São Paulo, Rio de Janeiro e Recife, mas sem inserção junto às massas e mesmo às classes médias, de maneira que não poderia, a seu ver, ter forças para compor quadros políticos expressivos. Já em relação à Aliança Nacional Libertadora, Alceu teve uma posição de maior cautela, pois enxergou nela grande ameaça aos interesses católicos; para ele, o perigo maior desse movimento residia no fato de constituir-se em uma frente única de partidos e grupos de esquerda, de orientação marxista (ATHAYDE, 1935b, p. 9).

Mas Alceu enxergava o que considerava ser uma incoerência do Partido Comunista. Em sua avaliação, enquanto havia perdurado a "ilusão de Lênin e sobretudo de Trotsky, de que a Revolução" se alastraria pelo mundo, o

Partido Comunista havia desenvolvido a política de repelir "toda e qualquer aliança com elementos da esquerda moderada". Mas contraditoriamente, a tática havia mudado no Brasil, sob nova orientação dos "agentes soviéticos" na mesma medida em que se faziam agora alianças. Isso, para Alceu, caracterizava-se como a rendição dos dirigentes da IIIª Internacional às "razões do Sr. Luis Carlos Prestes". Essas razões, por sua vez, eram norteadas, segundo Alceu, pela ideia de manter no interior do partido as chamadas "células de 'puros'" e caminhar no sentido da realização de alianças com outros grupos de esquerda, identificados por Alceu entre os "mais românticos e demagogos, como o Sr. Nicanor do Nascimento ou Maurício de Lacerda" e mesmo "marxistas mais evidentes como o Sr. Agildo Barata Ribeiro ou o Sr. Francisco Mangabeira" (ATHAYDE, 1935b, p. 10).

Assim, no que diz respeito à participação política da Igreja Católica no cenário brasileiro do momento, Alceu classificou-a dentro da lógica de ação relativa aos princípios da Ação Católica, no momento específico com exclusão da política partidária. A seu ver, sua intervenção deveria ocorrer pela aplicação dos princípios católicos à vida política "formando a consciência cívica dos católicos, de modo a participarem individualmente dos partidos ou da vida pública do país". Entretanto isso não deveria constituir-se em fato para a formação de um partido ou organização de caráter restrito. Assim, ao considerar o papel da Igreja na sociedade como devendo ser constituído de uma orientação moral e religiosa, Alceu acreditou que tudo o que fosse de seu interesse deveria ser buscado através da Liga Eleitoral Católica e da Ação Católica. Para ele, era aceitável que a Igreja cooperasse com qualquer movimento com o fim de introduzir os princípios católicos na sociedade brasileira, exceto com a Aliança Nacional Libertadora, movimento identificado como o principal opositor da Igreja e dos interesses nacionais. Nesse mesmo momento de 1935, Alceu via o Integralismo como o movimento mais próximo dos católicos, mas já advertia que se fosse necessário optar entre ele e o governo, ficaria ao lado de Vargas em razão de ser o poder constituído (ATHAYDE, 1935b, p. 10-13). Tudo indica que, em 1935, Alceu antevia os acontecimentos de 1938 quando os integralistas tentaram tomar o poder através de golpe.

Em síntese, no quadro conturbado de 1935, Alceu defendeu a posição segundo a qual o melhor remédio contra o comunismo e as agremiações de esquerda era a atuação oficial da Ação Católica no campo social, voltada a auxiliar na construção de um novo período para a civilização, ao qual ele chamou de *Idade Nova*.

Portanto, a aproximação de Alceu Amoroso Lima com o Governo Vargas foi significativa. E que ele fez uma conferência na Escola do Estado Maior do Exército, no dia 12 de outubro de 1935, sob o título de "O Socialismo", a qual foi publicada em *A Ordem* de janeiro de 1936. O socialismo foi definido por Alceu, inicialmente, como um "conjunto de sistemas econômico-filosóficos que atribuem à comunidade, com exclusão dos particulares, a propriedade dos bens materiais e particularmente dos bens de produção" (LIMA, 1936a, p. 63).

Nessa mesma conferência, Alceu Amoroso Lima observa que, para ele, havia várias espécies de socialismo, passando pelo utópico e o anárquico, os quais ele considerava terem insurgido contra a autoridade. Sua expressão maior: Bakunin. Essas "espécies" foram vistas por Alceu como produtos do individualismo e do terrorismo. Havia ainda aquele *socialismo propriamente dito*, classificado por ele como sindicalismo/comunismo. De uma forma mais pormenorizada, Alceu definia um ponto em comum entre o que ele chamava de escolas socialistas: "a acentuação ao elemento massa ou coletividade, contra o indivíduo ou a pessoa". Nesse momento de 1936, Alceu acreditava que o socialismo havia surgido contra o individualismo proveniente da Revolução Francesa,[2] o qual, segundo ele, havia desejado sistematizar-se nos campos político, econômico e social, contra a Tradição,

---

2   Aqui se evidencia mais uma vez a proximidade de Alceu, nesse momento de 1936, com os conceitos e posições dos autores conservadores, de crítica aos valores postulados a partir da Revolução Francesa. A semelhança aqui é com Juan Donoso Cortés, notadamente em sua crítica ao socialismo. Vejamos o que ele dizia: "El fin del socialismo es crear una nueva atmosfera social, en que las pasiones se muevan libremente,

a Igreja e o Estado. Em suma, o que estava em questão para Alceu Amoroso Lima era a coletividade do comunismo contra o individualismo do número, "expressão abstrata da coletividade popular exaltada pela democracia liberal" (LIMA, 1936a, p. 63-66).

Aqui se observa novamente o elemento de caráter conservador em seu discurso. De modo geral, Alceu acreditava, em 1936, que o socialismo resumia-se à hipertrofia da coletividade a partir da elaboração de teses que tinham expressão no antiespiritualismo, no antinacionalismo e no antifamiliarismo. Em sua visão, o socialismo tinha como metas os seguintes pontos:

> O combate a toda filosofia do Espírito, a negação direta ou indireta da alma humana imortal, (incompatível com aquela supremacia da massa sobre o homem) e toda ordem sobrenatural dos valores. [...] O combate à ideia e ao amor da Pátria, substituída pela Humanidade. E, finalmente, a supressão da Família, meio de afirmação da liberdade do ser humano contra a tirania da massa ou do Estado, e sua substituição pela ideologia de Classe (LIMA, 1936a, p. 73).

Assim, por meio dessa interpretação peculiar do socialismo, Alceu Amoroso Lima desenvolveu uma crítica ao que entendeu serem as teses do materialismo histórico e da luta de classes lançadas por "Karl Marx e seu amigo Engels". Alceu avaliou que as teses materialistas eram frutos de paixões inferiores e de uma tática comunista formulada a partir de uma "observação insuficiente de fenômenos parciais da sociedade". Em sua ótica, a partir dessa observação os comunistas acreditavam que com a supressão da pluralidade de classes se estabeleceria uma sociedade mais igualitária. Em outros termos, Alceu enxergou nos anseios socialistas daquele momento, aquilo que ele avaliou serem as mesmas esperanças e "ilusões" dos liberais do século XIX, portanto ameaças merecedoras de condenação absoluta:

---

comenzando por destruir las instituciones políticas, religiosas y sociales que las oprimen" (CORTÉS, 1970, p. 612).

> Não podemos aceitar o socialismo e muito menos o socialismo integral. [...] O erro do materialismo histórico e da luta de classes, os exageros de outras teses secundárias, fazem desse conjunto de doutrinas um corpo perigoso de se lidar e que exige um exame muito cuidadoso das teorias e [...] das doutrinas destruidoras da Pátria (LIMA, 1936a, p. 77-78).

Mas a postura de Alceu em relação ao socialismo/comunismo não se esgota aí. Para que compreendamos a mudança em suas posições a esse respeito, é relevante acompanhar, por mais algumas páginas, seus escritos. Um momento importante para isso foi justamente aquele imediatamente posterior ao sufocamento da tentativa de tomada do poder pelos comunistas em 1935.

Foi no artigo "Educação e Comunismo", do mês de maio de 1936, que Alceu falou, por exemplo, a respeito da "revolução de Novembro" e também sobre a questão educacional. Ali a referência ao pensamento conservador foi explícita. Para Alceu, se como "dizia Bonald [...] durante as revoluções, o difícil não era tanto cumprir o dever como saber onde ele estava", também nos momentos históricos de transição como o que a sociedade brasileira atravessava "não era tão difícil [...] combater os inimigos como desvendá-los". Alceu Amoroso Lima avaliava que o grande mérito da Revolução de Novembro de 1935 era ter revelado ao país um dos grandes inimigos a ser combatido: o comunismo. Inimigo perigoso, no momento, em razão de defender uma "pedagogia soviética" em cujo interior havia a ideia de construção de "paladinos do socialismo" a serviço do comunismo. Para Alceu, nesses termos, a Pedagogia não tinha autonomia como ciência e trabalhava a serviço de um "Estado Totalitário Comunista", com base na "proclamação do ódio e da perseguição" e na "destruição do cristianismo e de toda atitude religiosa como condição do progresso social". Em razão disso, Alceu defendeu a posição de que o problema da Educação no Brasil devia estar "intimamente ligado [...] ao seu passado [...] às suas crenças"; de modo que o Plano Nacional de Educação do governo Vargas devia levar em consideração o homem como um todo, privilegiando sobremodo a sua inteligência, da forma como Jacques Maritain havia dito (LIMA, 1936d, p. 318-334).

Embora Alceu Amoroso Lima tivesse feito referências ao filósofo Jacques Maritain, em 1936, isso não expressava sua mudança de posição para o campo dos valores progressistas/democráticos. Pelo contrário, expressava o seu contato e filiação às ideias de Jacques Maritain, mas também a solidez do pensamento conservador dentro de si, os seus compromissos com a Igreja, os reveses, as relutâncias de sua parte em aceitar as posições mais progressistas de Maritain. O peso das ideias conservadoras e autoritárias em Alceu Amoroso Lima no momento de 1936 ainda era muito forte.

Esse artigo "Educação e Comunismo" foi o resultado de uma Conferência, com o mesmo título, proferida por Alceu Amoroso Lima em 25 de março de 1936, no Instituto Nacional de Música, no Rio de Janeiro. A foto abaixo demonstra a presença de Gustavo Capanema e outros, junto do conferencista Alceu Amoroso Lima.

CAPANEMA, Gustavo. Gustavo Capanema e outros durante a conferência de Alceu Amoroso Lima sobre a educação e o comunismo, realizada no Instituto Nacional de Música. 25 mar. 1936. Rio de Janeiro, p&b; 18 x 24cm. Fundação Getúlio Vargas – CPDOC. Alceu Amoroso Lima esta em pé proferindo a Conferência. Gustavo Capanema é o segundo, sentado, depois de Alceu.

Como se observou aqui, Alceu Amoroso Lima fez referência a De Bonald – o que evidencia o elemento conservador – e também a Jacques Maritain, embora neste caso ainda não se possa dizer que ele estivesse afeito a uma mudança democrática/progressista em suas posições.

Como se observou até esse momento, a posição de Alceu Amoroso Lima foi pautada pela ideia segundo a qual a atitude dos católicos em relação ao comunismo devia constituir-se por uma repulsa por convicção. Ele alertava para o fato de que havia alguns católicos mal informados que acreditavam ingenuamente poder estabelecer uma boa relação entre o socialismo integral e o cristianismo integral, a partir do conceito de justiça social presente no comunismo. Alceu acreditava, pelo contrário, que o repúdio ao comunismo devia ser a atitude dos católicos por excelência. Por isso todos precisavam ter conhecimento profundo do sistema para não incorrerem numa crítica que fosse muito mais caracterizada por um ataque ao liberalismo ou mesmo uma tentativa de reduzir o comunismo a uma "expressão do Anti-Cristo" ou a uma "campanha judaico-maçônica contra a Igreja". Ao compreendê-lo como uma forma de negação de Deus e do Espírito, Alceu também acreditava que o comunismo era igualmente o resultado da "contaminação materialista do mundo". Por isso o seu perigo era mais profundo, já que ele se revestia da "aparência de justiça, do êxito e do progresso" para colocar em prática sua ideologia revolucionária (LIMA, 1936c, p. 346-356).

Em relação ao *nazismo*, Marcelo Pedro de Arruda demonstrou como a Igreja Católica fez uma condenação mitigada do nazismo, sobretudo no período posterior a 1939. Esse autor demonstrou, a partir do estudo da fonte *Almanak N. S. Aparecida*, como a Igreja se posicionou em relação ao nazismo por meio dessa publicação. Arruda explica que a Igreja no Brasil tomou como referência a encíclica *Divini Redemptoris*, de Pio XI, a qual estabelece uma condenação à "religião do sangue" nazista e à sua consequente negação da moral e das instituições como a família cristã, além da apropriação "dos ritos e signos cristãos, numa liturgia de cunho terreno". Entretanto, Arruda chamou atenção para o fato de que essa condenação ao nazismo

– sobretudo pelas perseguições a religiosos católicos na Alemanha – não se revestiu de um caráter totalizante, pois acreditava que o nazismo "não era 'intrinsecamente mal'". Portanto, de acordo com Arruda, a posição da Igreja Católica "no tocante ao nazismo" era de "condenação mitigada" (ARRUDA, 2005, p. 140-143).

No artigo "O nacionalismo cristão", de outubro de 1938, Alceu Amoroso Lima concentrou sua crítica ao nacionalismo nazista e a partir daí propôs um ideal de mundo pautado nos valores do cristianismo, segundo ele postulados por São Tomás de Aquino e por Jacques Maritain.

Alceu Amoroso Lima avaliava, naquele momento de 1938, o nacionalismo alemão como o ponto mais alto de uma expressão racista de "superioridade germânica" preconizada pelo nacional-socialismo. Além disso, o nacionalismo alemão constituía-se ainda, para Alceu, por um "materialismo racial" que tinha base nas teorias científicas do século XIX, em pensadores como "Gobineau, Chamberlain, Vacher, Lapouge" (LIMA, 1938c, p. 378). Observa-se nessa argumentação de Alceu – mesmo em 1938 – o repúdio da teoria racista alemã e do próprio nazismo como um todo, o que revela o processo de mudança em suas posições, embora permanecesse conservador em muitas questões.

Essa crítica ao nazismo é salientada pelo próprio Alceu Amoroso Lima ao condenar a ideia segundo a qual uma raça pretensamente pura poderia ser "erigida como dogma" acima do Estado e mesmo ser exaltada em linguagem religiosa. Isso seria, a seu ver, uma espécie de "materialismo de sangue". Ainda a esse respeito ele dizia:

> Esse racismo só poderia ser alcançado pela renovação violenta do pangermanismo e pela instauração de um movimento de "nacionalização das massas" [...] por golpes de "fanatismo" e de "histeria", que são erigidos por Hitler em virtudes cívicas (LIMA, 1938c, p. 378).

Para Alceu Amoroso Lima, na linha de frente do extremismo nacionalista estavam ninguém menos do que Hitler e o filósofo do nacional-socialismo, Alfred Rosemberg, ambos preconizando o que acreditavam ser o retorno do germanismo ao seu sentido "original" de civilização "perfeita". Veja-se abaixo o que Alceu pensava sobre essa questão, em outubro de 1938:

> O nacionalismo assume em Rosemberg a sua feição mais brutal. O Estado deixa de ser fruto da família, através da Nação, para ser resultado de uma simples união militar. O cristianismo passa a ser, nessa monstruosa filosofia da história, o desorganizador da unidade germânica, a Nação Alemã assume o caráter de guia da humanidade, no século XX. O Estado é posto a serviço da Nação (LIMA, 1938c, p. 379).

Esses pontos representavam para Alceu Amoroso Lima uma espécie de retomada do paganismo dentro de uma "lógica satânica" de desconhecimento de Deus e de "divinização da nação", além de representarem um consequente *desaparecimento do homem na massa*. O fato de Hitler acreditar que as nações sul-americanas eram produtos de uma mistura de raças inferiores, física e mentalmente, e que isso as fazia menores que os povos de origem germânica, levava Alceu a defender a necessidade de que todo o mundo cristão e o Brasil, em especial, *deveria condenar o nazismo*. Isso é o que se observa em outubro de 1938. Alceu Amoroso Lima propôs então, em contrapartida naquele momento, o que chamou de "verdadeiro nacionalismo", tido por ele como preconizado por São Tomás, onde o patriotismo, o amor e a justiça seriam virtudes decisivas. Mas deveria ser um nacionalismo que aparecesse como fruto da "fusão harmônica entre nação e Estado" e produzisse um sadio "inter-nacionalismo". Em suma, um "nacionalismo cristão" a la Maritain (LIMA, 1938c, p. 377-387).

Entretanto, algumas posições conservadoras de Alceu aparecem ainda em 1939. Isso pode ser observado no texto de junho daquele ano, inicialmente publicado nos *Diários Associados*, e republicado em 1944 na revista

Estudos sobre Jacques Maritain (ATHAYDE, 1944d, p. 60-62), sob o título de "Maritain e a civilização em perigo".

Esse texto constitui-se por uma análise crítica da obra "Le Crepuscule de la Civilization", de Jacques Maritain. No artigo pode-se identificar que o pensamento de Alceu estava em mudança ainda em 1939, já com maior clareza em relação ao comunismo, mas uma visão sobre a liberdade, a autoridade e a ditadura, ainda distante dos princípios democráticos/progressistas. Isso revela também os reveses, as dificuldades de Alceu em adotar prontamente as posições do seu mestre Jacques Maritain. Não se tratava ali de um atraso de suas leituras sobre Jacques Maritian, mas sim dos reveses inerentes a um processo de mudança interior e exterior.

Inicialmente, nota-se que Alceu atribuía a Jacques Maritain o mérito de ter dissociado a causa da cristandade da causa daqueles que eram os seus defensores no momento, entenda-se com isso os "totalitários". O mérito maior de Jacques Maritain, na avaliação de Alceu, era o de ter demonstrado para aqueles que estavam iludidos com as realizações materiais das "ditaduras fascistas e nazistas", que as reações contra o "Socialismo ateu" guardavam consigo aspectos tão condenáveis quanto os princípios do próprio socialismo. Compreende-se que para Alceu era Jacques Maritain quem demonstrava a maior complexidade da questão, pois não se resumia em acreditar que sendo o comunismo ateu, logo os regimes fascista, hitlerista, franquista seriam somente constituídos pelo "elemento anticomunista" e portanto benéficos (ATHAYDE, 1944d, p. 60).

Observa-se o espírito nada democrático de Alceu Amoroso Lima neste momento de 1939 quando ele faz uma objeção a Jacques Maritain imputando-lhe o "erro" de ter julgado as ditaduras em bloco. Alceu advertia logo de início que sua vocação própria não era ser ditador e que o espírito totalitário era "detestável" e "desumanizador". Entretanto, a distinção que ele elaborava entre o que ele chamava de ditaduras revela elementos de caráter autoritário e conservador em sua postura. Essa constatação pode ser feita a partir da análise da distinção que ele faz entre Salazar e Vargas, Franco e Mussolini. Distinção que caracteriza cada um dos regimes dirigidos a partir do tratamento dado à Igreja. Por exemplo, se no "franquismo ou no salazarismo" havia "elementos totalitários", no dizer de Alceu também era verdade que ambos representavam "reações históricas" que iam muito ao encontro do "novo humanismo cristão", segundo ele proposto por Jacques Maritain.[3] Outro exemplo encontra-se no fato de o próprio Alceu mencionar o apoio recebido pela Igreja do governo ditatorial português, onde o Cardeal Cerejeira estava à frente na participação do movimento de "renascimento espiritual" dos católicos. Outro elemento que evidencia essa posição de Alceu é sua atitude ao questionar se, em havendo uma "democracia cristã", não se poderia existir da mesma forma "ditaduras pagãs e 'ditaduras cristãs'"? (ATHAYDE, 1944d, p. 61).

Na resposta que Alceu Amoroso Lima deu a essa questão ele resumiu-se em considerar que sendo a "ditadura em si [...] tão indiferente, filosoficamente, quanto a democracia", cabia entender que o grande segredo da questão estava no "modo de pregar". Embora Alceu tivesse feito a ressalva de que o "perigo da ditadura" era maior do que o da democracia, pois esta por si mesma era "mais fraca e portanto mais efêmera", ele demonstrou simpatia pela ditadura. Assim, por mais absurdo que pareça, Alceu Amoroso Lima defendia a ideia de que se alguma "deturpação" da democracia não desumanizava o que havia de mais sadio em seu conceito real, da mesma forma os erros do totalitarismo e das ditaduras não levariam os homens a se esquecerem que ambos eram igualmente "deturpações" do "mais racional e cristão dos conceitos sociais – o de Autoridade" (ATHAYDE, 1944d, p. 61).

Essa definição provinha de sua crença na ideia de que os conceitos de liberdade e autoridade eram complementares, portanto, irredutíveis, e somente completados pela "Justiça e pela Caridade" pertencentes à Igreja Católica. Para concluir, Alceu Amoroso Lima acreditava, nesse contexto de 1939, que a esperança de Jacques Maritain na democracia norte-americana era prematura, pois, a seu ver os Estados Unidos comportavam negativamente uma "religiosidade eminentemente laica [...] esvaziada de todo

---

3   Diga-se, de passagem, uma interpretação equivocada dos escritos de Maritain.

conteúdo tradicional e positivo". Isso, sob sua ótica, era por demais prejudicial, por isso se fazia necessária uma ação da Igreja Católica no sentido de cristianizar aquela democracia ainda incipiente. Portanto, para Alceu, isso podia ser observado a partir de uma mera comparação, do ponto de vista intelectual, ao se evidenciar que americanos como Dewey eram tão materialistas quanto o marxismo dos "russos, o neo-hegelianismo gentiliano dos fascistas ou a mitologia neo-pagã de Rosemberg". A seu ver, tudo se resumia numa heresia contemporânea operada por uma cisão entre uma ordem natural e uma sobrenatural e na "negação desta por aquela"; isso fazia Alceu se expressar nos seguintes termos: "Nesse erro fatal, direita e esquerda, totalitários e pluralitários, comunismos, fascismos e democracias se encontram e se equivalem analogicamente" (ATHAYDE, 1944d, p. 62).

Somente é possível analisar essa posição antidemocrática de Alceu Amoroso Lima dentro da lógica de compreensão dos elementos conservadores e antidemocráticos em seu pensamento, como produtos do contato com o referencial conservador de fundo tradicionalista e o de base contrarrevolucionária – esse proveniente mesmo das indicações de Jackson de Figueiredo. Isso pode ser igualmente feito dentro da tentativa de compreensão de sua fidelidade às diretrizes maiores de Roma e dos relacionamentos com o governo autoritário no Brasil.

Entretanto, a partir da leitura das obras de Jacques Maritain, a partir do conhecimento das atrocidades da II Guerra Mundial e com a percepção da contraditoriedade da permanência do regime ditatorial no Brasil, Alceu começa a ver o comunismo como aliado contra o nazifascismo. Aliás, o decisivo para esta guinada na postura da Alceu foi o chamado já proposto pelo próprio Jacques Maritain em sua obra "Cristianismo e Democracia", de 1943, em face da aliança política dos Aliados com a URSS.

Quando Jacques Maritain escreveu *Christianisme et démocratie* (1943), sua posição se modificou em relação particularmente ao comunismo, no qual via a partir de então claramente a possibilidade de conversão. Para Maritain, era bem provável que um povo poderia estar sujeito a ser desviado do "ateísmo e dos erros espirituais do comunismo" por mudanças de ordem interna, por mais difícil e dolorosa que fosse tal "evolução". Segundo Jacques Maritain, havia esperança na "transformação espiritual do povo russo" não em razão do comunismo em si, mas por conta dos "profundos recursos religiosos e humanos" que o seu povo dispunha. Assim, Maritain acreditava que existia a probabilidade de que uma restauração geral do pensamento e da ação democráticas reintegrasse à democracia aqueles que estavam inclinados ao comunismo. Poderia reintegrá-los

> ao respeito das coisas da alma, ao amor da liberdade e ao sentimento da dignidade da pessoa, não seguramente a ortodoxia marxista e a disciplina do Partido Comunista, mas numerosos comunistas de sentimento e muitos daqueles que a revolta contra as injustiças sociais [inclinava ao comunismo] (MARITAIN, 1957, p. 94-95).

Alceu Amoroso Lima, entendeu que foi na obra *Christianisme et democratie*, de (1943), que Jacques Maritain condenou os regimes totalitários e tentou a plausibilidade da "sentença bergsoniana de que a democracia" era de "essência evangélica".[4]

Nesse livro, o filósofo francês Jacques Maritain estudou a relação entre o regime democrático e a religião cristã, defendendo que esta última não devia estar *enfeudada* a nenhum tipo de regime temporal, nem mesmo à democracia como forma de governo ou como filosofia da vida humana e política. Na visão de Maritain, era possível ser cristão e salvar a alma militando "em qualquer regime político" mas com a condição premente de que esse regime não ofendesse a "lei natural e a lei de Deus". Portanto, Jacques Maritain exemplificava essa sua definição procurando demonstrar que era possível ser cristão e defender uma filosofia política diferente da democrática, do mesmo modo que muitos haviam sido cristãos "no tempo do Império Romano, aceitando o regime social da escravidão, ou no século

---

4   LIMA, Alceu Amoroso. "Introdução". In: MARITAIN, Jacques. *Cristianismo e Democracia*. Rio de Janeiro: Agir, 1957, p. 11-12.

XVII aderindo ao regime político da monarquia absoluta" (MARITAIN, 1957, p. 44-45).

Entretanto, na visão do próprio Jacques Maritain, o que realmente importava para a vida política e para a *solução da crise* pela qual a civilização passava não era se pretender que o cristianismo estivesse ligado à democracia e que a fé cristã obrigasse cada fiel a ser democrata; pelo contrário, havia a necessidade de se verificar que a *democracia estava "ligada ao cristianismo"* e que o impulso democrático havia surgido como "manifestação temporal de inspiração evangélica". A questão central para Jacques Maritain estava no cristianismo como credo religioso e caminho para a vida eterna, e no fato dele atuar como "fermento da vida social e política dos povos, e como portador da esperança temporal aos homens" (MARITAIN, 1957, p. 45-46).

Na teorização de Jacques Maritain, não era nas "alturas da teologia" mas sim nas profundezas da consciência e da existência profana que o cristianismo atuava como fermento, na maioria das vezes incorporando "formas heréticas", parecendo negar-se a si mesmo, mas tendo grande êxito na mudança da história. Para Maritain, considerando-se que o espírito cristão e a democracia estavam ameaçados em suas existências "por inimigos implacáveis, fanáticos da raça e do sangue, do orgulho, da dominação e do ódio", *era o momento de se promover a fusão entre os pedaços da chave do paraíso e os metais da terra*. Afinal, dizia ele:

> não coube a crentes inteiramente fiéis ao dogma católico, coube a alguns racionalistas proclamarem em França os direitos do homem e do cidadão. Coube a alguns puritanos na América o último golpe à escravidão. Coube a comunistas ateus abolirem na Rússia o absolutismo do lucro privado (MARITAIN, 1957, p. 45-47).

Isso significava, em face das circunstâncias históricas do momento, promover uma aproximação entre democracia e cristianismo, posição diversa da defendida por ele até o momento, como se observa na ressalva que ele faz logo no início de sua explicação acima. Mais ainda, o que deve ser levado em conta aqui é o impacto para os católicos do mundo todo dessa afirmativa categórica de Jacques Maritain em favor da democracia, citando principalmente eventos como a Revolução Francesa e a Revolução Russa, episódios historicamente condenados pela Igreja. Sem dúvida, esse posicionamento claro e distinto de Jacques Maritain teve efeitos decisivos no pensamento e na conduta do seu discípulo e amigo Alceu Amoroso Lima.

Embora Jacques Maritain tivesse esclarecido que não pretendia, em momento algum, afirmar que o cristianismo e o catolicismo acomodavam-se somente com a democracia, essa questão lhe rendeu a acusação, nos meios católicos, de compactuar com as ideias do *Sillon* – movimento condenado pela Igreja para o qual só a democracia instauraria o reino da verdadeira justiça e cujo catolicismo só se acomodava com a forma democrática de governo.

Atitude importante aconteceu quando Alceu Amoroso Lima condenou o movimento integralista dirigido por Plínio Salgado, em relação ao qual Alceu teve simpatia inicial, mas logo percebeu seu caráter de organização à semelhança fascista, que fazia dos princípios católicos um meio para a instalação de um poder único e ditatorial.

Diante da conjuntura mundial conturbada, Alceu Amoroso Lima defendeu a ideia de acordo com a qual o mundo podia somente ser restabelecido dentro de seus "padrões corretos" a partir de uma retomada dos valores morais e espirituais do cristianismo, defendidos, sobretudo, pela Igreja Católica. A seu ver, o mundo não podia assentar-se jamais em uma base "libertária, nem totalitária, e nem mesmo autoritária".

Alceu Amoroso Lima acreditava, entre fins de 1939 e meados de 1940, que a crise ou barbarização do mundo contemporâneo era o resultado de uma ascensão das massas e da traição das elites. Elites que, a seu ver, haviam abandonado a revelação religiosa em busca da independência e assim promovido a decadência da fé. Por isso, o reordenamento do mundo seria possível igualmente a partir do trabalho de uma "elite cristã" apoiada na doutrina da Igreja.

Para Alceu Amoroso Lima, no Brasil, esse reordenamento passaria pela formação integral do homem e da nacionalidade no sentido *tradicional* da cultura do país. No seu entendimento, a formação cultural brasileira deveria ser humanista, com o objetivo de se criar um povo independente e livre das "crescentes ameaças dos imperialismos" do século XX. Essa formação humanista, dizia Alceu, deveria partir de uma "restauração" do que havia de mais sadio no "passado clássico". Seria sobretudo uma "consideração do mundo em sua totalidade para nele fixar o verdadeiro papel do Brasil e de seus homens e enfim [numa] consciência de que o homem" só seria digno e forte na mesma medida em que se aproximasse de Deus, "fonte e modelo de toda perfeição, de todo ideal" (LIMA, 1940, p. 466).

No capítulo seguinte observaremos como Alceu Amoroso Lima promoveu a defesa do filósofo Jacques Maritain no Brasil e quais são os elementos que condicionaram o seu agir.

8

Em defesa do mestre Jacques Maritain

As posições de Jacques Maritain tanto no campo da filosofia quanto no da teologia e mesmo em relação à Guerra Civil Espanhola lhe custariam críticas tanto dentro como fora da França, e no Brasil não seria diferente, como poderemos observar. Nesse embate, tanto o próprio Jacques Maritain se faria presente em defesa própria quanto seu discípulo Alceu Amoroso Lima e mesmo outros intelectuais relacionados ao grupo católico. Isso ajuda a explicar a relação de Alceu Amoroso Lima com suas ideias e posturas. Por isso abrimos aqui um pequeno parêntese para tratar dessa questão que envolveu Jacques Maritain e foi definidora da relação entre ele e Alceu.

Um exemplo desse debate foi a polêmica gerada no Brasil em torno do livro de Maritain *Os Direitos do Homem e a Lei Natural*.[1] O que se deu por parte de um padre chamado Arlindo Vieira, o qual acusou Jacques Maritain de querer ressuscitar o liberalismo e de estar muito próximo das posições que haviam sido condenadas por Pio X sobre o Sillon. A resposta de Maritain – elaborada em 23 de dezembro de 1943 – foi publicada no jornal *O Diário*, de Belo Horizonte, em janeiro de 1944, e transcrita em *A Ordem* do mês

---

1 Obra publicada originalmente no mês de fevereiro de 1942.

de março do mesmo ano. Antes de fazer sua defesa, Jacques Maritain faz questão de agradecer Edgar da Mata-Machado, redator-chefe de *O Diário*, pela oportunidade de defesa e também a outras pessoas que o haviam defendido das acusações, nomeadamente Frei Tauzin, Alceu Amoroso Lima, Padre Castellani, Fábio Alves Ribeiro e Luis Santa Cruz.

Para Jacques Maritain, as acusações feitas a ele pelo padre Arlindo Vieira no jornal *Legionário* de 31 de outubro de 1943 eram caluniosas, mentirosas, falácias e mal-entendidos. Jacques Maritain se defende dizendo que em seu livro, bem como em seus posicionamentos, o que ele propunha eram ideias construtivas por amor da "verdadeira liberdade" justamente contra uma "falsa noção de liberdade" que a Igreja havia condenado sob o nome de liberalismo. Portanto, para Maritain, havia a necessidade de se questionar sobre os motivos das acusações do Pe. Arlindo Vieira. Então ele perguntava: "É porque sofro hoje no exílio, defendendo a causa da liberdade cristã e humana, contra a praga totalitária e contra os opressores do meu país?" Sem dúvida, para Maritain tratava-se também disso, mas muito mais de discernir sobre os erros do liberalismo teológico com o fim de avaliar melhor "o preço da verdadeira liberdade cristã e humana". Mais ainda, partindo de uma filosofia da história dos tempos modernos, Jacques Maritain dizia pensar seus trabalhos considerando, sobretudo, o conflito do momento entre "totalitarismo pagão e a civilização cristã", de modo que os desdobramentos de suas considerações sempre pretendiam alcançar a realização efetiva daquilo que o Padre Vieira havia o acusado de negar: "melhores condições [...] duma cidade política cristã, dum Estado real e vitalmente cristão" (MARITAIN, 1944, p. 203-204).

O que Jacques Maritain pretendia em seus livros, dizia ele, era estabelecer uma crítica ao que considerava ser a falsa filosofia liberal dos direitos do homem e, ao contrário dessa filosofia, "estabelecer os direitos da pessoa humana, numa filosofia cristã do homem e do Estado". Assim, Maritain esclarecia que ao fazer referência à era absolutista e a dois dos Estados menos cristãos, com José II da Áustria e Frederico Guilherme II da Prússia, tinha como intenção atacar o que considerava ser uma "caricatura farisaica da cidade cristã" e o clericalismo de Estado que engendrava paixões anticlericais. Mas não tinha a pretensão de criticar a concepção de Estado cristão ou de cidade política cristã. Desse modo, para Maritain, como bem o haviam dito Alceu Amoroso Lima e Frei Tauzin, suas pretensões eram no sentido de sugerir a *melhor solução prática em dadas circunstâncias*, não em termos de posições já condenadas teologicamente, mas sim na realização, por outros modos, dos mesmos *princípios* cristãos utilizados na Idade Média, sem com isso ter de aceitar a acusação de "querer voltar aos tempos de Gregório VII" (MARITAIN, 1944, p. 205).

Nesse sentido, sua posição no momento era a de pretender que todos compreendessem que as sociedades modernas deveriam abranger todos os cidadãos, inclusive os das mais diversas famílias religiosas, dentro do "princípio da igualdade dos direitos políticos e sociais". Nessa sociedade e nessas condições sociais, questionava Maritain, como deveriam ser aplicados os princípios cristãos? Fazendo dos não cristãos cidadãos de segunda ordem? A seu ver, o processo deveria ser justamente o contrário disso: trabalhando e "pedindo ao Estado" que se impregnasse "dos princípios e do espírito católico, na sua vida social e política", ao mesmo tempo que reconhecesse "a todos os seus cidadãos católicos e não católicos, direitos políticos e sociais iguais" (MARITAIN, 1944, p. 6).

Assim, para Jacques Maritain, não se tratava ali de afirmar que a verdade e o erro tinham o mesmo direito ou que as diversas confissões religiosas tinham os mesmos direitos, mas sim de dizer que *nas condições históricas do momento*, era vantagem tanto para o "bem comum temporal" quanto para a própria Igreja "consentir ela em não fazer uso do direito supremo" que, segundo Maritain, lhe pertencia. Cumpria a ela, Igreja, em decorrência disso, "aceitar para os seus [...] uma condição jurídica" entre os cidadãos que o Estado reconhecesse na sua própria "esfera temporal". *Isso queria dizer que os direitos da Igreja seriam resguardados, mas não dentro de uma condição jurídica privilegiada*. Por isso tudo, Jacques Maritain repudiava as acusações feitas a ele de exercer o interconfessionalismo, de enfeudar a doutrina cristã à democracia, de procurar no Estado ateu o ideal de uma cidade fraterna, de pregar a separação da Igreja do Estado, de negar os direitos supremos da Igreja. Enfim, de professar os erros do liberalismo e do Sillon. Essas acusações, a seu ver, eram todas infundadas e equivocadas, pois ao contrário, suas intenções sempre haviam sido no sentido de afirmar a "transcendência da fé cristã com respeito a toda filosofia política e de toda forma de governo" (MARITAIN, 1944, p. 207-208).

Muito tem sido dito a respeito da oposição sofrida por Jacques Maritain em razão dele figurar como um dos primeiros na Europa a condenar Franco e a Guerra Civil espanhola, pelo caráter pretensamente de cruzada dessa guerra contra o comunismo. Em face disso, apresentamos em seguida elementos concretos de uma reação contrária à sua posição no Brasil, além de uma repulsa a todo o seu pensamento.

O artigo "Jacob Maritain e o ponto de partida de sua obra política", de Hector Bernardo (BERNARDO, 1944, p. 5-14) é um exemplo disso. Produzido em Roma no mês de junho de 1939, o artigo foi publicado em português na revista *Estudos sobre Jacques Maritain*, de 1944: diga-se de passagem, obra recheada de artigos inteiramente de crítica ao filósofo.

No referido texto, o autor acusa Jacques Maritain de pretender criar uma pseudo-cristandade a partir do humanismo integral, a partir de uma concepção antitradicional e utópica. Acusa-o ainda de covarde perante o surgimento de uma autêntica cristandade entendida como produto do sangue de milhares de cristãos que se levantavam contra a "fera vermelha" e não *transigiam* com o "avanço satânico do comunismo ateu". Hector Bernardo acreditava então que o povo se levantava contra o inimigo comunista, mas movido pela fé em Cristo, no acatamento à Igreja e aos interesses da Espanha. Dizia ainda que Jacques Maritain e outros mais haviam se juntado numa campanha iníqua contra a Espanha, organizada pela Maçonaria, pelos judeus e pela III Internacional; o que se dava em vez de escutarem a "voz do Episcopado espanhol ratificada depois pelas adesões do Episcopado mundial e pelo reconhecimento pleno e sem reservas do governo de Franco ao Santo Padre". Hector Bernardo acreditava, portanto, que as "forças do mal" haviam encontrado em Jacques Maritain um dos seus maiores aliados para "extraviar o julgamento dos cristãos" em relação à guerra da Espanha (BERNARDO, 1944, p. 12-13).

Outro indivíduo que atacou Jacques Maritain foi o padre jesuíta César Dainese. Acusou-o de professar antijesuitismo e, com isso, atacar os pontos centrais da Companhia de Jesus, sua doutrina teológica e a ascese inaciana. O autor entendia que o antijesuitismo de Jacques Maritain estava num plano "superior" e não combinava com um filósofo cristão. Natural seria, dizia Dainese, se o ataque viesse de um insensato Gilberto Freire "um comunista fichado (ficha nº 13175)" e colaborador de *Diretrizes* e de um certo *Mensageiro*. Para Dainese, a posição de Jacques Maritain devia ser atacada de frente pois ele havia agredido, em *Humanismo Integral*,[2] as regras da Companhia de Jesus, sintetizadas no molinismo. O fato era mais grave ainda, segundo Dainese, pois em si as regras eram as mais delicadas da teologia, resumindo-se na

> graça e o livre arbítrio, a conjugação destas duas forças do processo de sobrenaturalização do homem e da sua salvação, a eficácia das atividades de cada uma e o jogo de ambas no ministério da predestinação, a intervenção de Deus [...] na ação da graça e na articulação da vontade livre do homem (DAINESE, 1944, p. 35-36).

Compreende-se aqui, aos olhos de Dainese, que Jacques Maritain e seus discípulos, fossem escritores ou jornalistas, clérigos ou leigos, haviam lançado sobre o molinismo e a Companhia de Jesus a acusação de terem "contribuído [...] em deformar e transviar a cristandade"; e mais, de terem acusado Molina (Luis Molina – 1535-1600) de, sob o ponto de vista cultural, ser um representante da civilização moderna e da dissolução da

---

2   Esse livro foi publicado originalmente em 1936.

cristandade. Daí a acusação feita por Dainese a Jacques Maritain de interpretar o molinismo como individualista, antropocêntrico, racionalista.³

O mesmo tom de acusação a Jacques Maritain foi dado pelo jesuíta e professor de filosofia, Enrique B. Pita, ao dizer que na obra do filósofo não faltavam as "trevas da incompreensão e do erro". No artigo "Um lado negro de Maritain", esse autor classificou o que entendeu serem os ataques de Jacques Maritain aos jesuítas como frutos da alternância de lados de "luz e de sombras" em sua filosofia, provenientes, por sua vez, do protestantismo anterior à sua conversão, herança de sua família. Enrique B. Pita colocava em dúvida mesmo a efetividade da conversão de Jacques Maritain à fé católica, sobretudo a partir do seu batismo. Há uma acusação direta a Maritain de ter aversão à Companhia de Jesus.

Enrique Pita argumenta ironicamente:

> Nos livros do filósofo se respira a brisa do homem sinceramente convertido. Mas o batismo não apaga sempre nossas taras psicológicas, começando pelas que nos deixou em herança nosso pai Adão e terminando pelas que nos vêm de nossos pais e primeira educação. Não convém, pois, esquecer que Maritain foi protestante antes de converter-se ao catolicismo e que seus antecedentes eram também protestantes. Sua aversão pela Companhia de Jesus, que por especial Providência, foi suscitada por Deus na aurora dos tempos modernos contra a heresia protestante, não poderia ter origem em algum resquício de protestantismo que tenha passado, não obstante o batismo, para Maritain Católico? (PITA, 1944, p. 50).

Ainda no plano das acusações a Jacques Maritain, há o texto de Aldo Obino, professor de História da Filosofia na cidade de Porto Alegre. No texto intitulado "Um retrato histórico-filosófico: Jacques Maritain", o autor acusa-o de fazer parte do grupo originário de Ernest Psichari, Charles

---

3   Essa questão da posição de Jacques Maritain em relação à Companhia de Jesus e ao molinismo precisa ser estudada melhor. No Brasil não há trabalhos sobre esse assunto.

Péguy e Leon Bloy. E mais, de ter sido guiado ao catolicismo pelo padre Clérissac, de onde resultava que sua cultura aparecia negativamente como uma "evolução tensa do liberalismo maçônico em política, dos ideais anti--militares, socialista e do dreyfusismo místico, além de sua formação protestante, cuja superação" não deixava de "revelar naturalmente os resquícios na sua fase de maturidade" (OBINO, 1944, p. 77).

Esse ataque a Jacques Maritain foi caracterizado muito pela impressão que a frase do então genro do general Franco, na Espanha, de nome Serrano Suñer,[4] havia dito a respeito do próprio Jacques Maritain. Suñer acusou Maritian de "judeu" e duvidou da "sinceridade de sua conversão". Isso se deu em razão do filósofo católico estar à frente do "Comite pela Paz civil e religiosa na Espanha" – contrariando, assim, os interesses nazi--fascistas presentes junto ao franquismo naquele país (MACHADO, 1946, p. 424-433).

Dentro dessa linha de análise, o mesmo sentido de crítica a Jacques Maritain está presente no artigo "O 'Mito' de Maritain" do beneditino Dom Albert Jamet, originalmente publicado na França no jornal *Le Devoir* em maio de 1943, e republicado em 1944 em *Estudos sobre Jacques Maritain*. Nesse artigo, Dom Jamet dizia que a América havia tomado Maritain como um pensador e chefe, mas que, contrariamente, na França ele não dirigia quase ninguém ou mesmo poucos católicos, ou se quisesse, uma "ínfima elite" nos números da "comunizante" *Nouvelle Revue Française*. Dom Jamet acusava Jacques Maritain de ter lançado o livro *Primauté du Spirituel*[5] como forma de expressar o seu desgosto por ter permanecido por muito tempo na Action Française, mais precisamente até 1926. Por outro lado, dizia Jamet: que, se era verdade que no momento de 1943 havia na França o que Jacques Maritain denunciava como um "mito do Marechal Pétain",

---

4 Suñer viajou à Berlin em setembro de 1940 para discutir a entrada da Espanha na Guerra ao lado da Alemanha – coisa que não se concretizou. Ele foi nomeado Ministro das Relações Exteriores da Espanha em 17 de outubro de 1940 (CATALA,2001, p. 548-549).

5 Na realidade Maritain lança esse livro, em 1927, contra Charles Maurras que acabara de lançar *Politique d'abord*.

também era certo que, no exterior, "especialmente no Canadá" – onde Maritain se encontrava no momento – havia o "mito de Maritain" como um líder e pensador (JAMET, 1944, p. 84-85).

Um outro exemplo das evidências de ataque a Jacques Maritain está no já mencionado texto do padre Arlindo Vieira e reafirmado em outro texto chamado "A defesa de Maritain", a propósito da resposta que o filósofo católico havia lhe enviado. Em novo texto, o padre jesuíta Arlindo Vieira reafirmou suas críticas ao que considerou ser em Maritain um liberalismo evidente ao modo de Lammennais e das condenações presentes no Syllabus de Pio IX. Vieira argumentava que embora Leão XIII tivesse dito, em "Immortale Dei", que para se evitar maiores males em determinadas situações a Igreja podia abrir mão dos seus direitos concedendo ao Estado a prerrogativa de tolerar a igualdade de cultos, isso não queria dizer que Jacques Maritain estivesse correto em querer transformar isso em norma ao idealizar o que chamava de Nova Cristandade. Vejamos então o que o padre Arlindo Vieira dizia, em conclusão, ao referir-se a essa questão:

> Vai ele muito mais longe ainda. Diz que não só pode o Estado tolerar a liberdade de cultos, mas que "se tornou necessário que no plano temporal o princípio da igualdade dos direitos se aplique as diferentes famílias". De maneira que a simples tolerância se converte em dever rigoroso por parte do Estado em pôr no mesmo pé de igualdade a Igreja e as seitas dissidentes, o erro e a verdade. E isto, não neste ou naquele país, em virtude de circunstâncias especiais, mas até nos países onde a quase totalidade é católica (VIEIRA, 1944, p. 122).

Interessante notar, por outro lado, como Fábio Alves Ribeiro, discípulo brasileiro de Jacques Maritain, relata a posição do filósofo em relação à Guerra na Espanha e de muitos católicos em relação à sua ação. O texto adquire maior relevância pelo fato de Fábio ser um dos intelectuais muito próximos a Alceu Amoroso Lima, também dirigente da revista *A Ordem*, além de um dos maiores conhecedores da obra de Jacques Maritain entre o círculo de intelectuais ligados ao Centro Dom Vital. Dizia ele no artigo intitulado "Caso Maritain":

> Ora, por ocasião de guerra de Espanha muitos católicos deixaram-se levar pelo aspecto mais chocante do conflito, a horrorosa perseguição movida contra o cristianismo pelos comunistas [coisa que Maritain e seus amigos nunca negaram; veja-se 'Aux origines d'une tragedie', de Alfred Mendizabal, prefácio de Maritain] – esquecendo-se por completo do outro lado do problema, isto é, dos compromissos mais do que evidentes do falangismo e do governo do general Franco com a Alemanha nazi e a Itália fascista (RIBEIRO, 1944, p. 487-494).

Duas figuras, cada uma a seu modo e em momentos diferentes, fizeram parte do cenário intelectual que Jacques Maritain e Alceu Amoroso Lima tiveram como referência para suas posições: Charles Péguy e André Gide.

Embora Péguy seja comumente associado ao mesmo círculo de nacionalistas como Charles Maurras, o estudo de Michel Winock adverte que ambos eram estranhos um ao outro, embora Maurras tivesse tentado, em algum momento, trazê-lo para o seu lado. Entretanto, Péguy esteve de certo modo distante de Maurras na medida em que recebeu formação tanto laica quanto católica. Ao contrário de Maurras – que era dreyfusard –,[6] Péguy foi defensor de Dreyfus por amor à pátria, ao Estado de direito, a uma França republicana e a um Exército que deveria voltar atrás em seus erros e absolver Dreyfus de um processo, no mínimo, muito duvidoso, principalmente quanto às provas apresentadas. Péguy foi um socialista de inspiração bem pouco marxista, distante do partido, que fundou em 1901 sua revista *Cahiers*, além de ter se tornado editor de *Mouvement Socialiste* e *Cahiers de la Quinzaine*, nos quais ele se apoiou para "reafirmar as motivações éticas do socialismo contra as

---

6 Referência ao Caso Dreyfus (1894), onde um oficial francês de naturalidade judia é acusado de alta traição por espionagem e condenado a prisão. Objeto da famosa carta de Émile Zola (J'Accuse). Neste caso, Maurras foi um dos que considerou Dreyfus culpado e Péguy pensava o contrário. São as expressões iniciais do antissemitismo na França.

posições generalizadas do movimento socialista". O *Cahiers de la Quinzaine*, por exemplo, era situado na rua da Sorbonne, onde às sextas-feiras, em torno das cinco da tarde "iam todos em coro ao curso de Bergson no Collège de France [...] onde iam buscar os princípios da crítica ao cientificismo e ao positivismo, o triunfo da intuição, do instinto, do dinâmico, do indefinível, sobre a ideologia racionalista dominante" (WINOCK, 2000, p. 103-119). Foi nesse mesmo College de France que, em 1913, Alceu Amoroso Lima foi assistir às aulas de Henri Bergson.

Com a morte de Barrès, quem assumiria a cena intelectual seria André Gide, o autor de *Frutos da Terra* e de *Coridon*, livros condenados por muitos por serem considerados uma apologia ao homossexualismo. Inclusive Jacques Maritain, em 1923, fez uma visita a Gide com o fim de demovê-lo da ideia de publicar a obra *Coridon*, ação sem qualquer proveito. Gide tinha desejo e consciência de que iria publicar como escritor o que Freud havia defendido cientificamente. No momento em que seus livros eram comprados, lidos, elogiados, odiados, ele era também acusado de promover uma desonra às letras francesas (WINOCK, 2000, p. 199-209).

No ano de 1931 Gide tornava-se simpatizante comunista, mas estava "inteiramente iludido" – embora quisesse lutar contra os falsos deuses –, e ignorante quanto ao que fosse a "religião" do Estado e a 'família' representada pelo Partido, na URSS". Entretanto, quando Gide viajou para a URSS a ilusão acabou: ele passou nove semanas entre as cidades de Moscou e Leningrado seguindo o programa do turismo revolucionário que, por vez, era "elaborado, regrado, supervisionado, balizado, realizado sob o controle de um acompanhante oficial e de uma intérprete". No entanto, é no seu retorno da URSS em 1936 que ele decide relatar o que havia visto na viagem e em novembro de 1936 o seu livro *Retour de L'URSS* é publicado e tem o efeito de uma bomba; teve nove edições e chegou perto de 150 mil exemplares até o final de 1937. O caráter de sucesso da vendagem foi atribuído ao fato do livro ser um testemunho "ao mesmo tempo crítico e destituído de ódio" e ter a autoria do "maior escritor vivo ou equivalente" no momento (WINOCK, 2000, p. 288-376). De acordo com Michel Winock:

> De capítulo em capítulo, vão-se sobrepondo todas as características, ou quase, da sociedade totalitária: "a inércia da massa", a "despersonalização", o conformismo geral, a ideologia do Estado, repisada pela imprensa a cada manhã, a "moldagem da mente [que] se inicia desde a mais tenra infância", a impermeabilidade ao mundo exterior, o desaparecimento do espírito crítico. (2000, p. 376-377).

O impacto da obra de Gide foi grande, inclusive contra seu autor que, por alguns, foi chamado de traidor e inimigo de classe, enquanto que, para outros, representava a "coragem intelectual, ao se recusar a submeter o imperativo da verdade aos interesses e ao espírito de partido". Esse posicionamento de Gide representou algo de decisivo para os intelectuais daquele momento: poderiam eles se furtar à responsabilidade prática frente à gravidade da situação dado que ficava "mais difícil permanecerem livres, pelo tanto que o espírito partidário exigia deles?" (WINOCK, 2000, p. 373-382).

É interessante notar a posição de Alceu Amoroso Lima a respeito de André Gide, expressa abertamente anos mais tarde, em 1948, e que se refere a determinados aspectos do trajeto intelectual do escritor francês tão caro ao movimento comunista mundial.

Alceu Amoroso Lima começa o artigo definindo Gide como uma figura estranha, mas ao mesmo tempo universal, que representava o "espírito moderno", a "maior expressão da literatura contemporânea". É aí também que Alceu, a princípio, defende Gide dos ataques dos quais ele era alvo no momento, por ser cético, hesitante, irônico. Para Alceu, Gide era simplesmente Gide, não havendo, por exemplo, nada que o assemelhasse a um Anatole France – "mestre do sorriso, da ironia e do paganismo"; a um Roger Martin du Gard – "seu íntimo amigo, mestre do nihilismo filosófico"; a um Ramon Fernandez – "seu discípulo, mestre do materialismo dialético no plano literário"; ou ao que Alceu considerava como o "psicologismo de Proust" ou ao "hermetismo de Valery", essa provavelmente a inteligência mais admirada por Gide, aos olhos de Alceu. Aqui, Alceu Amoroso Lima revela a importância de Gide para sua própria formação e a de sua geração, ao reconhecer que Gide os havia ajudado a repudiar a formação cristã que haviam recebido no início de sua juventude. Essa influência de Gide, relata Alceu, se dera então ao lado de fontes como Nietzsche com *Assim falou Zaratustra* – ensinando a "desdenhar do cristianismo"; com Georges Sorel, com *Reflexões sobre a Violência* – contribuindo para o amor ao "risco e a revolução social". Nesse campo o próprio Gide tivera, para Alceu, a sua importância com o *Immoraliste* na medida em que contribuíra para o "desdenhar do moralismo burguês", para a questão da sedução, do temor e do ressentimento. Provocava uma sedução, dizia Alceu, pelo fato de Gide ser um clássico no "sentido de um equilíbrio profundo"; uma sedução "pela beleza, pela inteligência, pelo fervor de sua obra". Embora Alceu considerasse que Gide fosse "altamente representativo do espírito moderno", apontava que ele não tinha qualquer compromisso com o desejo de ser moderno. Pelo contrário, dizia ele, a posição de Gide era a de um revoltado que sofria por "ter de abandonar, por fidelidade às suas convicções, pessoas e posições" com as quais ele tinha forte ligação. Aqui se trata de uma evidente alusão aos ressentidos com Gide no meio comunista (LIMA, 1948, p. 382-390).

Em certa medida, Alceu Amoroso Lima admitia que tinha algum temor de Gide, mas na realidade isso se apresentava mais como um desacordo em relação a alguns dos caminhos abertamente condenados pelo autor francês, como o catolicismo. Aí residia o cerne do problema para Alceu e por isso ele tinha posição contrária a Gide, mas com enorme respeito. Alceu dizia que essa não era uma posição "contrária à moda de Henri Béraud ou dos comunistas que hoje o injuriam, depois de o terem endeusado. Ou à moda de Henri Massi, baseado num credo político nacionalista e reacionário". Pelo contrário, a posição de Alceu é neste momento a de quem "rejeita o moralismo gideano, de quem nele vê um mestre perigoso e por vezes irritante, mas a quem é preciso fazer justiça com simpatia, admiração". Portanto, Alceu Amoroso Lima argumentava em definitivo que era como católico e não como moralista que se definia em relação a Gide. Isso num momento de maturidade frente ao qual se devia tomar posições que muitas vezes eram produtos de ressentimentos com a condenação que Gide fazia do catolicismo; embora a seu ver também muitas vezes fosse melhor ter um adversário desse nível – "dogmático no seu anti-dogmatismo" – que se amava e respeitava e com quem se sentia "muito mais à vontade do que ao lado de muitos partidários" (LIMA, 1948, p. 391-393).

O CAMINHO DA DEMOCRACIA

Antes de procedermos à análise das posições que conduzem Alceu Amoroso Lima ao caminho do pensamento progressista/democrático e da liberdade, é necessário apontar brevemente, com o auxílio da historiografia, como se deu o percurso que levou à queda do governo do Estado Novo, na segunda metade do ano de 1945, pois foi no processo que levou a esse cenário que as posições de Alceu se tornaram mais expressivas do caráter de mudança democrática.

A ação dos militares foi apenas o ato final do processo de queda de Vargas que se iniciou com a contraditoriedade da entrada do Brasil na guerra[7] contra o totalitarismo, passando por desgastes internos com os próprios militares, tendo ponto importante nas manifestações populares contra o regime, culminando com a deposição do governo do Estado Novo.

O estudo de Maria Helena Capelato, *Multidões em cena. Propaganda política no varguismo e no peronismo* (1998), é também relevante para se compreender esse processo, pois a autora demonstra as resistências feitas ao

---

7   A esse respeito é importante notar que na América do Sul a posição do Brasil foi um pouco diversa, por exemplo, da adotada pela Argentina, cada um com estratégias divergentes: O Brasil entrando na guerra contra o Eixo em 1942 e a Argentina rompendo com este somente em 1944, embora de forma muito "reticente". Fausto e Devoto explicam que as tomadas de posição em momentos diferentes são expressões de interesses diversos. Dizem eles: "É evidente que a opção de Vargas revelava, ao mesmo tempo, sua estratégia não-ideológica e seu faro político, pois o alinhamento aos Aliados se deu quando o Eixo ainda era vitorioso no terreno militar. Além disso, a decisão contrariava a opinião de dois militares muito influentes, Dutra e Góes Monteiro. Na Argentina, ao contrário, a possível vitória nazi-fascista enfraquecia os aliadófilos e fortalecia os nacionalistas, muito mais ideológicos que seus congêneres brasileiros" (FAUSTO, 2005, p. 272-273).

Governo Vargas por parte dos "professores e alunos do ensino superior" tendo como foco significativo a Faculdade de Direito de São Paulo – Largo São Francisco, bem com a publicação do jornal clandestino, intitulado *Brasil*, por Paulo Duarte com colaboração de Júlio de Mesquita Filho. Capelato diz que esses dois jornalistas "bacharéis pela São Francisco, juntaram-se à luta dos universitários: foram presos várias vezes e acabaram se exilando, antes do fechamento e da expropriação do jornal *O Estado de São Paulo*, em 1940, por ordem da ditadura" (CAPELATO, 1998, p. 128-133).

Ao lado das Faculdades de Direito de São Paulo, Distrito Federal e Salvador, a UNE (fundada em agosto de 1937) se manteria neutra até a entrada do Brasil na Guerra. A partir de meados de 1942 suas manifestações se fariam sentir fortemente e um bom exemplo disso foi a *Marcha* de 4 de julho de 1942. Para Capelato:

> Nessa mesma época, começaram os atritos internos (o ministro Oswaldo Aranha contra o chefe de Polícia Filinto Muller). A crise interna obrigou Vargas a substituir seus auxiliares mais direitistas como Filinto Muller, o chefe do DIP Lourival Fontes, o ministro Francisco Campos e Vasco Leitão da Cunha. A partir de então a repressão e a tortura se abrandaram. [...] As manifestações a favor da declaração de guerra ao Eixo se intensificaram. Nas grandes cidades brasileiras, multidões foram às ruas para pressionar o governo (CAPELATO, 1998, p. 135-136).[8]

---

8   A respeito das oposições políticas ao governo Vargas em fins do Estado Novo, passando pelo estudo das oligarquias, dos liberais, dos comunistas, do movimento estudantil, o Manifesto dos Mineiros, a Sociedade dos Amigos da América etc, há um estudo dentro da linha de história política tradicional que traz informações importantes. Trata-se do livro de Edgar Carone, *O Estado Novo*, especialmente entre as páginas 285-365. (Cf. CARONE, Edgar. *O Estado Novo*. 1937-1945. Rio de Janeiro/São Paulo: Difel, 1976). Consultar ainda, numa versão mais analítica o artigo: ALMEIDA JR, Antônio M. de. Do declínio do *Estado Novo* ao suicídio de Getúlio Vargas. In: FAUSTO, Boris (dir.). *História Geral da Civilização Brasileira*. O Brasil Republicano: sociedade e política (1930-1964). Tomo III, vol. 3. São Paulo: Difel, 1981, p. 225-256.

Da mesma forma, como bem demonstrou Maria Celina D'Araújo, foi com a entrada do Brasil na Guerra, em 1942, contra Alemanha, Itália e Japão, que se vislumbrou o início da derrocada do Governo Vargas, a começar pela fragmentação da relação com as potências nazifascistas, passando pelo necessário compromisso com os aliados e igualmente com o direcionamento do foco de repressão para o de espionagem em relação aos comunistas e seus simpatizantes. Isso contribuiu, em grande medida, para a flagrante centralidade do regime autoritário em plena luta contra o nazifascismo. Isso, aliado às pressões sociais e mesmo a descontentamentos internos – sobretudo por parte de segmentos dos militares –, resultaria em perda gradual de legitimidade do governo e na sua consequente queda em 1945 (D`ARAÚJO, 2000).

Em sentido prático, a entrada do Brasil na Guerra junto dos Aliados se deu essencialmente por pressão dos Estados Unidos e foi precipitada a partir do seu apoio financeiro, por exemplo, para a construção da Companhia Siderúrgica Nacional (CSN). Note-se ainda que o Brasil foi ponto estratégico na política militar dos Estados Unidos, em razão de possuir bases militares na região norte do país, as quais seriam fundamentais para o desenvolvimento futuro do conflito caso as incursões pelo Atlântico Norte fossem impossibilitadas. Compreenda-se que a relutância do governo do Estado Novo em romper definitivamente com o Eixo se deu, também, por força de expressivos interesses comerciais com Itália e Alemanha e, essencialmente, por identificação de Vargas e seu grupo com aqueles governos de exceção. Desse modo, pode-se definir dois motivos como os mais significativos entre os fatores que levaram ao processo de deposição, já relatado, de Vargas em 1945: o primeiro foi a incoerência do regime em defender a democracia no exterior na luta contra os regimes totalitários e manter-se autoritário internamente, permanecendo na política de supressão das liberdades individuais, na censura à imprensa, na perseguição, prisão e consequente desaparecimento de militantes. Cabe a ressalva aqui de que esses aspectos de incoerência do regime foram notados por certos setores dos militares que compunham a sua base de sustentação e que já vislumbravam a impossibilidade de permanência no poder naquele formato autoritário. Outro motivo se configura no acirramento de contestações internas impulsionadas, inicialmente, por setores das elites econômicas e intelectuais e, posteriormente, fortalecidas por segmentos populares da sociedade, entre os quais se destaca o movimento estudantil nas fortes manifestações em favor da redemocratização do país. Esses argumentos são os mais aceitos pela historiografia sobre o período como fatores que levaram à queda de Getúlio Vargas do poder. Com mais propriedade, Maria Celina D'Araújo esclarece que a saída de Vargas do poder não representou ruptura considerável na estrutura do poder. Ocorreu, segundo ela, que a sua deposição em 30 de outubro de 1945 foi levada à frente por parcelas de militares e civis que faziam parte da base de apoio do governo (D`ARAÚJO, 2000).

Ressalte-se nesse ponto a herança que o governo Vargas deixou, e nisso contam as mudanças, os embates e o controle estabelecidos: desde 1930, a exemplo, o acirramento da perseguição política aos comunistas logo em 1935 após o fracasso da chamada "Intentona Comunista"; o golpe de 10 de novembro de 1937 que dissolveu o Congresso e instalou o Estado Novo; a tentativa de tomada do poder pelos Integralistas em maio de 1938; a lei de sindicalização e a criação do DIP, em 1939; a lei do salário mínimo para os trabalhadores da cidade em 1940; a entrada do Brasil na guerra ao lado de Estados Unidos e Inglaterra, em 1942. Tudo isso, aliado à intervenção policial e militar, ao controle do Legislativo e do Judiciário, à política de saneamento, enfim, uma gestão autoritária, trouxe conquistas para o trabalhador dentro do campo da legislação mas deixou uma herança negativa para a democracia (D'ARAÚJO, 2000, p. 63).

Ponto sobremodo interessante também discutido por Maria Celina D'Araújo é o que diz respeito ao papel ocupado pelos intelectuais no governo Vargas, onde a autora define a participação deles fazendo a ressalva de que não podemos dizer que "com isso tenham se tornado fascistas". Em outros termos, diz a autora que "a busca de um projeto cultural autônomo, de uma identidade nacional, era tema que animava poetas, pintores, romancistas, arquitetos e educadores desde a Semana de Arte Moderna de 1922". Do mesmo modo

> A autonomia adquirida pelo Estado brasileiro a partir de 1930 permitiu que vários projetos econômicos e culturais fossem testados em nome de sua alta qualidade técnica e da grandiosidade das intenções. A essas ambições juntaram-se interesses militares e civis preocupados em socializar a juventude em termos cívicos e em depurar costumes sociais que pudessem ferir a construção de uma nova identidade nacional. Nesse sentido, jovens, imigrantes e os trabalhadores foram alvos principais das campanhas "educadoras" do Estado Novo (D'ARAÚJO, 2000, p. 34).

Compreende-se que o Brasil do Estado Novo, conforme nos alerta Dulce Pandolfi, "foi-se transformando numa nação urbana e industrial", onde também os investimentos em campos estratégicos se tornaram "uma questão de segurança nacional". Entretanto, como bem demonstra Pandolfi, o retrocesso foi gravíssimo no que diz respeito aos direitos civis e políticos e igualmente na fragilidade das instituições político-partidárias (PANDOLFI,1999, p. 10-11).

Maria Helena Capelato demonstra com clareza como o governo do Estado Novo irá reprimir grupos e indivíduos considerados por ele como seus opositores: os comunistas, socialistas, anarquistas e mesmo muitos opositores liberais. A autora explica ainda qual peso teve para o regime do Estado Novo a entrada do Brasil na Segunda Guerra Mundial, em 1942. Demonstra ainda como esse fato trouxe à tona a evidência de suas contradições e as dificuldades internas ao país e como isso contribuiu decisivamente para a sua queda. Em resumo, Capelato define que o Estado Novo "implicou perdas e ganhos para as classes populares", com a questão social passando a ser um "caso de Estado"; o reforço do autoritarismo; o progresso material, econômico, ocorreu em demonstração de que a "primeira meta" do Estado Novo "foi atingida em parte". Segundo Capelato, foi por tudo isso, pontos negativos e positivos, que representaram mudanças de "enorme importância para o futuro do país" que os historiadores se interessam por este período (CAPELATO, 2003, p. 107-140).

Portanto, foi nesse cenário de mudanças que Alceu Amroso Lima se posicionou como líder dos intelectuais católicos e defensor dos interesses da Igreja, embora em muitas situações ele falasse em nome próprio ou somente no dos intelectuais ligados ao Centro Dom Vital. É, portanto, também nesse momento da década de 1940 que pode ser observada sua mudança em relação ao pensamento progressista, democrático e à liberdade. Vejamos então suas posições.

No editorial da revista *A Ordem* de fevereiro de 1942, portanto seis meses antes da entrada do Brasil no conflito mundial (agosto de 1942), Alceu expressou sua posição em relação à guerra e ao desejo de que ocorresse uma vitória dos países que combatiam o nazifascismo.

A partir desse momento de 1942 Alceu declarava que detestava o "eixo" e o que nele era constituído por uma "rigidez cadavérica". Rigidez que acontecia num momento em que, para Alceu, os outros países envolvidos no conflito – exceto a Rússia – não sabiam o que fazer pois apregoavam uma "democracia sem definição rigorosa". Diante disso, Alceu esperava que no final da guerra "a astúcia sombria dos maníacos" fosse neutralizada pelas "democracias descuidadas" e por aquilo que ele definia, no momento, como fruto de uma "incoerência jovial dos soldados improvisados" (LIMA, 1942a, p. 96-99).

No artigo "Definição", publicado no jornal *A Manhã* e transcrito na revista *A Ordem* do mês de agosto de 1942, Alceu comentou a respeito do manifesto de um grupo de intelectuais em favor da democracia.

Ele observou, inicialmente, que o mundo contemporâneo não passava apenas por uma luta de interesses entre ideologias totalitárias, mas sobretudo por algo mais amplo que representava efetivamente uma "transmutação de valores", num mundo que caminhava para o "fim de uma era histórica e o início de uma nova era". Dentro dessas mudanças o valor que mais corria perigo era a liberdade, naquele momento sob ameaça das "forças do mal", identificadas por Alceu com a Itália, Rússia, Alemanha e Japão. A seu ver, os intelectuais estavam obrigados a "tomar posição" frente à situação e definirem-se por uma condenação tanto ao nazifascismo e ao niponismo, como também ao comunismo ou a "falsa democracia", todos esses regimes identificados por Alceu como representantes do "imperialismo totalitário". Isso se fazia necessário já que Alceu considerava os intelectuais como "responsáveis pela orientação de muitas consciências". A falsa democracia à qual Alceu se referia corporificava-se também no próprio governo brasileiro e isso o levou a convocar os intelectuais católicos para que se empenhassem na luta por um país livre e cristão. Observe-se que o discurso em favor da liberdade começava a fazer parte de sua postura. Dizia ele a esse respeito:

> Se queremos manter a nossa pátria livre, queremo-la dentro das tradições cristãs e históricas que a formaram. [...] Que não se dobra perante as tiranias, mas se curva perante a fonte eterna e suprema de toda liberdade. Aspiramos por um mundo de amanhã em que a primazia dos valores espirituais seja uma realidade menos imprecisa e o homem possa livremente viver...; por um Brasil cristão e independente, fiel ao seu passado e à sua missão futura (ATHAYDE, 1942, p. 169-170).

Da mesma forma Alceu Amoroso Lima dizia que dentro de sua responsabilidade na "orientação das inteligências", ele falava em nome próprio e desejava, em agosto de 1942, retomar uma frase que havia dito em 1928, momento de sua conversão ao catolicismo. Dizia ele, então:

> Há catorze anos, ao dizer "adeus à disponibilidade" citava umas palavras de Robert Honnert, que hoje peço vênia para repetir traduzidas: – "A preço de longas rupturas, tenhamos a coragem de conquistar a liberdade necessária e sagrada; é uma bela medalha de ouro sobre cujo verso se desenha a vida, tendo no reverso a solidão" (ATHAYDE,1942, p. 170).

Esse parágrafo representa certa divergência interna de Alceu com a hierarquia da Igreja, a qual ainda apoiava Vargas. Isso se dá igualmente no ano da morte de Dom Leme e no momento onde ele principiava a defender a liberdade e a democracia.

A partir do chamado à responsabilidade intelectual em busca de uma ação em favor da liberdade, Alceu escreveu uma série de artigos sobre a liberdade, a exemplo o texto intitulado "Novo Mundo e mundo Novo", de outubro de 1942, anunciado como o prefácio do seu livro "A Igreja e o Novo Mundo", que seria lançado em breve.

Nesse texto, Alceu retoma temáticas já estudadas por ele e reafirma o que entendia ser o advento de uma nova civilização com o desenrolar da guerra e com a consequente derrubada do mundo anterior. Em 1942, Alceu acreditava que o mundo assistia ao começo de uma nova ordem mundial, em suas palavras "entre as angústias de uma hora de trevas e os desesperos realmente lancinantes e imprevistos" da guerra. Nesse surgimento de uma *Nova Ordem*, Alceu acreditava que todos os homens teriam que optar entre quatro caminhos: "o liberalismo democrático, o totalitarismo comunista ou fascio-nazista ou a Nova Cristandade"; este último era considerado por ele como o ideal, pois acreditava ser o constituinte de uma ordem cristã (LIMA, 1942b, p. 306-315).

Vemos que Alceu Amoroso Lima opta, define-se, por uma democracia cristã ao estilo de Jacques Maritain e não por uma democracia liberal entendida por ele como o sustentáculo do mundo burguês. Sem dúvida que nesse momento conturbado Alceu Amoroso Lima estava atento às posições de Jacques Maritain. Nesse sentido, é importante considerar que no ano de 1943, este último tinha a visão de que o sentido da guerra ora em andamento não era "apenas terminar de uma vez por todas com o fascismo, o racionalismo, o militarismo". Pelo contrário, ele acreditava que em seu interior se empreenderia uma "lenta e difícil" construção de um mundo onde a miséria não pesaria mais sobre os indivíduos e os povos do mundo; nesse novo mundo os nacionalismos cederiam lugar à construção de uma "comunidade internacional organizada" que primaria por uma luta pela vida temporal realmente humana. Noutro sentido, essa comunidade não se realizaria com a imposição de uma determinada forma de governo, mas sim por meio da "lei do amor fraterno" e da "dignidade espiritual", entendida por Jacques Maritain como a "alma da democracia" (MARITAIN,1957, p. 43-44).

Em janeiro de 1944, com o cenário de guerra bem avançado, Alceu Amoroso Lima publicou o artigo "Adeus à mocidade", que foi resultado de um pronunciamento feito na sessão comemorativa do seu jubileu, em 13 de dezembro de 1943. Nesta sessão, Alceu falou de sua trajetória de vida até os cinquenta anos e também sobre as mudanças pelas quais a sociedade brasileira havia passado. Seu pronunciamento tem caráter relevante pois representa um momento onde Alceu se despede de valores já superados em sua vida e se abre a "um convite à meditação". Aí Alceu fez dois questionamentos que expressam bem o caráter de sua conversão à *democracia e a liberdade* no momento de 1944. Dizia ele:

> Mas quem pode fugir ao remorso, na hora em que honestamente se volta para o passado e vê o pouco que fez e tudo o que poderia ter feito se fosse realmente fiel ao seu destino? Como deixar de sentir a insignificância de tudo isso, em face do vulto imenso dos acontecimentos que nos cercam? (ATHAYDE, 1944a, p. 1-7).

Esse posicionamento de Alceu representa a tomada de decisão e o abandono do conservadorismo, resumindo-se na entrada na vida adulta, da liberdade e da democracia.

Para Alceu Amoroso Lima, esse sentimento de insignificância e inutilidade era o que se observava do alto da montanha quando se via o que havia ficado para trás e os desafios que surgiam no horizonte. Por isso ele observava o nascimento de três formas de concepção do mundo: o *espírito libertário* – entendido por ele como a "caricatura da liberdade humana" e em relação ao qual ele dizia ter se abandonado longamente; o *espírito totalitário* – acusado por ele de "decalque monstruoso da totalidade divina" e o qual ele admite ter namorado de longe; por fim o *espírito trinitário*, ao qual ele dizia ter se entregado desde 1928, pois havia reconhecido nele o "caminho, a verdade e a vida". Nesse percurso ainda não concluído na ocasião, Alceu Amoroso Lima avaliava que a "sociedade burguesa" havia falido "miseravelmente" diante dos seus erros e pecados; uma outra sociedade, a militarista, havia fracassado de forma mais drástica e ainda havia mergulhado o mundo num "oceano de sangue e lágrimas". Frente a isso, Alceu vislumbrava no horizonte algo que ele definia como "sociedades proletárias e sociedades neo-burguesas" que, a seu ver, tinham por objetivo substituir aquelas que haviam falido. Portanto, para Alceu, cabia, naquela ocasião, o questionamento de se saber se essas novas sociedades carregariam em si os segredos das grandes renovações. A resposta seria positiva se elas soubessem "respeitar os direitos intangíveis da verdade e do bem" – definidas por ele como "Liberdade, Justiça, Prosperidade, Ordem e Caridade"; resposta negativa se elas viessem a repetir os erros daquele presente momento ou mesmo de seus antepassados (ATHAYDE, 1944a, p. 1-7).

Portanto, em janeiro de 1944, Alceu Amoroso Lima vislumbrava um novo mundo formado por proletários e neoburgueses.

Em novembro de 1944, Alceu defendia o sentimento de liberdade como estando vivo diante da possibilidade de queda do nazifascismo. Da mesma forma, ele entendia que essa liberdade estava próxima de uma nova democracia que, por sua vez, estava diante do "totalitarismo esquerdista". Frente a uma possível vitória da paz, Alceu defendia que o mundo deveria se orientar politicamente em favor de uma "reconciliação entre os vitoriosos", numa espécie de aproximação. Vejamos o que ele dizia em sua análise da conjuntura política mundial do momento em questão:

> Estamos assistindo ao último ato do Crepúsculo dos Deuses fascistas e nazistas. Aquele totalitarismo que provocou a guerra com a esperança de vencer [...] as democracias desarmadas, divididas e utilitárias, está sendo esmagado [...] pela mística da resistência popular e do sentimento de liberdade. [...] *O grande problema que hoje se delineia no horizonte social e político do Ocidente é o choque entre essa Democracia Renovada e o Totalitarismo*

esquerdista que vem participando de modo tão intenso das vitórias sobre a Alemanha e a Itália. [...] De modo que desde já podemos traçar a nossa política como sendo da aproximação e da reconciliação entre os vitoriosos, sob pena de se formarem amanhã as mesmas catástrofes de que apenas começamos a sair (ATHAYDE, 1944b, p. 505-506, grifos nossos)

Assim, Alceu Amoroso Lima defendia também a ideia de que os intelectuais e os demais indivíduos deveriam compreender o projeto de aproximação entre as nações vencedoras, mas isso dentro do que ensinavam os grandes guias do pensamento francês e universal, identificados por ele nomeadamente em Jacques Maritain e Georges Bernanos,[9] o que revela bem o peso desses pensadores em sua visão.

Nesses termos, o famoso "adeus à disponibilidade" dado por Alceu dezesseis anos antes – considerado por ele como um adeus do "ceticismo, da ironia, do oportunismo ideológico que os mestres da geração anterior"[10]

---

9   A relação de Alceu com Georges Bernanos ainda merece ser estudada. Há uma correspondência trocada entre ambos em parte da década de 1940. As cartas enviadas por Bernanos a Alceu estão no Centro Alceu Amoroso Lima para a Liberdade (CAALL) em Petrópolis-RJ. Mas a dificuldade maior é decifrar a letra de Bernanos, quase tão criptografada quanto à do líder intelectual católico brasileiro. No Brasil, Bernanos vai fazer amizade com vários intelectuais e políticos; entre os mais conhecidos estão Virgílio de Mello Franco, Alceu Amoroso Lima e Oswaldo Aranha. Bernanos vai escrever no Jornal *Correio da Manhã*, continuar sua produção acadêmica e participar do movimento da resistência junto à comunidade francesa do Brasil. Havia um comitê *França Livre* com sede no Rio de Janeiro mas com ramificações por grande parte do país (LEPAQUE, 2003. p. 124-125).

10 Trata-se da carta que Alceu escreveu a Sérgio Buarque de Holanda e que foi publicada em *A Ordem* em janeiro de 1929. A certa altura da carta Alceu discute o que ele considerava ser o erro homocêntrico da filosofia moderna – o que revela o teor do discurso conservador de Alceu nesse momento – e questiona a seu amigo e interlocutor nos termos seguintes: "Seu espírito, tão penetrante nos entretons do ser, não estará, como todo o mundo moderno, impregnado em excesso de cartesianismo e de Kantismo? V. aceita, como dogma da realidade, como forma de verdade, o que foi de início, em Descartes, um processo de pesquisa e só mais tarde se converteu em dissociação

haviam legado – deveria, em 1944, ser inteiramente revogado em favor de uma recolocação no caminho da disponibilidade, mas sob uma nova forma: liberdade e democracia. A seu ver, o momento de 1944 não era o de vaidades ou arrogâncias pessoais, ou mesmo de "oportunismos e decisões insinceras", mas o de uma disponibilidade para "todos os caminhos" que representassem a verdade. Dizia ele:

> É a disponibilidade à experiência, ao ensinamento dos fatos, às lições dos acontecimentos desses últimos vinte anos, desde que as duas revoluções fascista e comunista tentaram dividir o mundo em dois blocos irredutíveis. *Devemos voltar à disponibilidade, para saber aproveitar o trágico depoimento da agonia, não pela morte, mas pela vida, não pelo apego a posições insustentáveis e anacrônicas, mas por uma sadia participação na construção de um mundo novo* (ATHAYDE, 1944b, p. 507, grifos nossos)

Segundo o próprio Alceu Amoroso Lima, era o retorno a uma disponibilidade da qual Bernanos havia ensinado com sua história de vida, tanto como descendente de espanhóis como a partir de sua entrada nas letras francesas em 1926 com o *Sous le Soleil de Satan*.[11] Com essa obra Bernanos havia influenciado Alceu e se inserido no meio intelectual francês e europeu, conquistando as letras francesas modernas e tornando-se, no dizer de Alceu, o "enfant-terrible".[12]

---

fundamental, que Kant levou, depois, a suas consequências lógicas e o mundo moderno a suas consequências absurdas. [...] Descartes, Kant e em geral toda a filosofia moderna fundaram sobre o homem o que o bom senso nos leva a fundar em princípios impessoais e ultra-humanos. Toda a evolução do pensamento moderno, desde fins do século XVII, se tem feito no sentido de antropomorfizar o universo, reduzir a verdade ao nosso espírito (pois o ceticismo moderno, que invadiu todos os terrenos, inclusive o da ciência, não é mais que o individualismo absoluto)" (LIMA, 2001, p. 171).

11 A obra original é de 1926.
12 Era em Bernanos que Alceu encontrava um homem que "conversando ou escrevendo, fazendo romances ou publicando artigos candentes, na tribuna ou nos cafés" era sempre o mesmo. Homem que viera a escolher o Brasil para o exílio durante a ocupação

François Lepaque demonstra bem o processo que leva à saída de Bernanos do Brasil em meados de 1945, por meio de seus contatos com o general De Gaulle:

> "Bernanos, o teu lugar está entre nós": em 26 de fevereiro de 1945, um último telegrama do general de Gaulle terminou por persuadir Bernanos a deixar o Brasil e para isso ele tomou algumas providências formais como vender sua casa em Cruz das Almas à Francisco Solano Carneiro da Cunha, pai de seu amigo Pedro Octávio. [...] Poucas cartas, poucos artigos, no decorrer dos três últimos meses passados no Brasil. Uma grande tristeza (LEPAQUE, 2003, p. 226-227).

Foi também no artigo em homenagem a Bernanos que Alceu admitiu ter acreditado inicialmente que a Guerra Civil Espanhola expressava "uma cruzada contra o burguesismo, contra o espírito de comodismo liberal e contra a tirania do dinheiro"; comportamento semelhante ao inicialmente adotado por Bernanos. Segundo Alceu, em Bernanos a desilusão com a guerra veio logo no início, quando ele percebeu seus verdadeiros intuitos totalitários, momento em que escreveu obras que representavam um "verdadeiro ato de bravura moral, social e intelectual", como *La Grande Peur des Bien-Pensants* (1931) e *Les Grands Cimetières sous la lune* (1938). A partir de então, relata Alceu, muitos daqueles que viam Bernanos como o líder da vanguarda de direita e anticomunista romperiam com ele. Momento a

---

alemã na França. Assim, para Alceu, Bernanos guardava em si uma agitação mental, uma originalidade, uma energia de expressão, que bem contribuíam para Alceu colocá-lo "na linhagem dos Rabelais, dos Pascal, dos Cornelle, dos Hugo, dos Baudelaires, dos Péguy, dos Claudel, dos Gide". Na forma de Alceu compreendê-lo, Bernanos tinha como paralelo no Brasil, como figura literária, somente um Jackson de Figueiredo, o qual, aos olhos de Alceu, se tivesse chegado a conhecê-lo e mesmo visto as mudanças ocorridas no mundo depois de 1938, teria adotado uma posição importante em favor de um mundo guiado pelo "espírito de paz cristã baseado na Liberdade, na Justiça, na Honra, na Fraternidade", então considerados elementos centrais por Alceu para o respeito entre os homens e nações no pós-guerra (ATHAYDE, 1944b, p. 505-509).

partir do qual Bernanos, ao lado de diversos intelectuais, desenvolveria a crítica a Franco e ao que definiam ser uma "falsa equiparação entre catolicismo e direitismo de um lado e, por outro, entre esquerdismo e justiça social". Bernanos vinha então denunciar todos os que tinham como intenção e método relacionar o "totalitarismo e as suas formas de Estado maquiavélico e neo-pagão", ao que Alceu identificou como a "grande tradição política e social da cristandade" baseada na liberdade e na justiça. Foi a partir desse momento que Bernanos passou então do círculo da direita para o da esquerda, embora com a crítica sempre afiada contra o comunismo (ATHAYDE, 1944b, p. 508).

Esse trajeto de Georges Bernanos diferia do caminho seguido por Jacques Maritain, um dos primeiros a criticar Franco e a Guerra Civil Espanhola. Maritain passa a adotar, progressivamente, posição de simpatia pelo comunismo, algo que estava em concordância com sua filosofia política e social de construção de uma nova cristandade a partir de um humanismo integral, que comportaria todos os credos e orientações políticas em igualdade jurídica de direitos.

Com a recuperação da liberdade pela França e os encaminhamentos para o fim da II Guerra Mundial com a provável vitória dos Aliados, Alceu Amoroso Lima defendia, em dezembro de 1944, o que acreditava ser "a grandeza e os direitos da Liberdade" em oposição aos "desastres" autoritário e totalitários. Propunha o retorno à liberdade não no sentido das democracias liberais, mas sim onde, em seu entendimento, a autoridade e a liberdade atuassem como ideais complementares, em razão de acreditar, naquele momento, que "autoridade sem liberdade" resultava em tirania ou "anarquia caótica" (ATHAYDE,1944c, p. 520).

Observa-se nesse momento que Alceu Amoroso Lima caminhava para o campo do pensamento progressista, da liberdade democrática, embora guardasse em seu discurso o conceito de autoridade ainda bem presente, mas não no sentido autoritário. Isso pode ser comprovado com base nos seus demais posicionamentos.

Em fins de 1944, a liberdade democrática para Alceu Amoroso Lima tinha que ser alcançada nos termos propostos por Jacques Maritain, como algo próximo da "Lei Evangélica", numa concepção católica de existência, como forma de instauração de um mundo diverso daquele gerado pelo "capitalismo moribundo". Assim, no dizer de Alceu, não se poderia sair

> Do Fanatismo Totalitário, fascista ou comunista, para cair no Fanatismo Democrático, liberal ou social. E com isso, o que não veríamos jamais seria a verdadeira Liberdade, que Deus colocou como germe da dignidade humana e que Cristo restituiu aos homens, escravizados à lei do pecado depois da Queda (ATHAYDE,1944c, p. 521).

Da mesma forma, para Alceu, a realização da liberdade deveria se dar com o auxílio da Igreja Católica, com a participação da sociedade, em direção a uma independência em relação ao poder político. Dizia ele, em 1944:

> Só vejo duas perspectivas para o futuro: ou a Encarnação do Cristo volta a ser o centro da história do mundo, como sempre sustentou a Igreja Católica [...] e para isso o que temos é de pugnar pela *independência* da Fé Verdadeira, em face de *todo e qualquer Poder Político, e pela sobrenaturalização da sociedade moderna*, pela *Ação Católica* – ou estamos em face do *discessio final* e a secularização crescente do mundo nos levará, mais cedo do que pensam, ao Juízo Final (ATHAYDE,1944c, p. 522-523, grifos nossos)

Portanto, entre 1944 e 1946, sua conversão ao pensamento progressista, à liberdade e à democracia estaria completa a partir da sua revisão de princípios, resultante do seu contato com Jacques Maritain, como demonstramos amplamente neste estudo.

No artigo "A Opção", Alceu reforça sua posição segundo a qual *os católicos teriam que se engajar na luta em favor da liberdade e da democracia, pois era chegado o momento de optar, a favor ou contra Cristo, a favor ou contra a Liberdade.* Dentro dessa ótica, Alceu defendia a tese de que todos, incluindo aí os intelectuais católicos, deviam optar por apoiar, sobretudo naquele momento, os que representavam a liberdade, contra Hitler. A seu ver, a aliança das nações democráticas com a Rússia soviética poderia servir de exemplo para isso, já que também tinha grandes chances de promover a "democratização da Rússia" sem a "sovietização das democracias". Mas, a seu ver, sempre era oportuno fazer a ressalva de que se buscava a verdadeira liberdade que existia nas democracias e não aquela personificada no "mito do número" (LIMA, 1945a, p. 2-4).

Tratava-se então do pleno exercício da liberdade, coisa que até o momento os regimes liberais haviam conseguido somente sob a forma jurídica e não por meio da sua efetivação real na prática social. Era uma liberdade seguida pelos direitos elementares e democráticos de sobrevivência.

Percebemos as leituras que Alceu Amoroso Lima faz de Jacques Maritain sobretudo no artigo "Maritain"(ATHAYDE, 1945a, p. 91-115) publicado em *A Ordem* de fevereiro de 1945, texto originalmente enviado por ele para ser lido em um curso sobre Maritain, a ser realizado na Faculdade de Filosofia da Universidade de Minas Gerais, em Belo Horizonte. Esse mesmo texto também foi publicado em *O Jornal* nos meses de outubro e novembro de 1944. Trabalho definidor da medida do impacto das leituras que Alceu faz de Jacques Maritain, com expressão em 1944, merece atenção mais detida de nossa parte, pois é nele que Alceu avalia o mundo em transformação a partir do contexto de guerra; critica abertamente o nazismo; enaltece Maritain; fala do papel das elites como guardiãs da História; fala sobre a proximidade entre Bergson, Maritain e Bernanos; fala também do tradicionalismo de Louis De Bonald, Joseph De Maistre e conclui com apontamentos sobre Saint-Simon, Maurras e Marx.

Esse artigo teve caráter de profissão de fé. Foi nele que Alceu Amoroso Lima falou, inicialmente, de Jacques Maritain e Georges Bernanos como as "figuras máximas" da resistência francesa através das ideias, tanto dentro da França como no exílio – Jacques Maritain nos Estados Unidos e Georges

Bernanos no Brasil, ambos tidos por ele como responsáveis por uma "renovação da Cristandade em suas lutas tremendas contra os fermentos de divisão, de corrupção e de falsificação". Cada um com suas particularidades, ambos são vistos por Alceu como orientadores em face do que ele acreditava ser uma crise espiritual e social que assolava o mundo. Para Alceu muitos haviam ficado chocados com afirmações de ambos e preferiam ainda acreditar ingenuamente que a guerra, as crises e revoluções eram apenas produtos de um conflito militar e portanto "episódios acidentais da História". Muito pelo contrário, dizia ele, para que se compreendesse Maritain e Bernanos era necessário ter, antes de tudo, uma visão dramática da história contemporânea, da qual falava o jesuíta Ducattillon, e mais, saber que a humanidade havia entrado em um período de transformação até então desconhecido (ATHAYDE, 1945a, p. 91-92).

Alceu lembrava que o curso da guerra com as vitórias dos norte-americanos, ingleses e russos, demonstrava que a filosofia da História de Renan, nesse sentido, estava errada. Tanto isso era verdade que, para Alceu, a reação moral dos povos agredidos havia despertado as forças adormecidas contra a Alemanha de Rosemberg e o seu "neo-paganismo nazista"; isso também a partir da ação de homens levados pelo cristianismo, como um Bernanos e um Maritain, ambos representantes, na América, da "Resistência intelectual e espiritual [...] contra o Direitismo ou contra o Esquerdismo totalitários". Neste particular, Alceu considerava o pensamento de Maritain como sendo de "capital importância, para que a inteligência brasileira e particularmente os católicos" pudessem "trilhar um caminho seguro no meio da confusão reinante e das lutas de ideias, de partidos, de paixões e de classes", que segundo Alceu, nem mesmo a vitória na guerra iria acalmar (ATHAYDE, 1945a, p. 93-95).

Aliás, como demonstrado anteriormente, a relação de proximidade entre ambos vinha de longe, desde o tempo em que Alceu Amoroso Lima era defensor do autoritarismo e Jacques Maritain estava quase que totalmente no campo da democracia e da pluralidade social. Isso por volta de 1936, como pode ser observado na foto feita quando Maritain passou pelo Brasil a caminho da Argentina:

LIMA, Alceu A. Alceu Amoroso Lima e Jacques Maritain no Rio de Janeiro em 1936. 1936. Rio de Janeiro, p&b. CAALL. À esquerda está Alceu Amoroso Lima. À direita está Jacques Maritain. Ao centro há um desconhecido.

Mas em 1945, Alceu Amoroso Lima argumentava àqueles que esperavam que com a vitória dos aliados fosse ocorrer uma pacificação imediata do mundo estavam "totalmente" enganados. Isso porque a agitação do pós-guerra era vista como um dos argumentos dos "totalitários saudosistas" para a "bolchevização da Europa e do mundo, na base da Técnica, do Estado, da Força". Na contrapartida desse aceno do totalitarismo, Alceu reafirmava como sendo providencial a ação das elites intelectuais, principalmente aquelas que fossem inspiradas na presença intelectual francesa que, para ele, significava qualidade de espírito. Qualidade que se poderia encontrar naquele momento em indivíduos como Jacques Maritain, Bernanos, Malraux, Mauriac, Gide, Ducattillon, Focillon etc. (ATHAYDE, 1945a, p. 96-97).

Enfim, para Alceu Amoroso Lima, os pensadores Jacques Maritain e Georges Bernanos[13] eram como que "unidos nas raízes" e "separados nos ramos..., gênios do pensamento moderno", representantes da "melhor das pontes transatlânticas entre o velho e o novo mundo". Aí Alceu declara-se também discípulo confesso de Jacques Maritain há vinte anos, portanto desde 1924, e afirma que se alguns amigos o haviam influenciado, como Afonso Arinos, Jackson, Wagner Dutra, Cipriano Amoroso Costa, ou mesmo os mestres Chesterton e Fulton Sheen, nenhum desses o havia feito a ponto de se aproximar da influência de Maritain, a qual, para ele, não se

---

13 Como mencionado anteriormente, quando a França é invadida pela Alemanha em 1940 e se estabelece um governo francês em Vichy, Bernanos vem se exilar no Brasil, em Cruz das Almas, onde ficará até 1945. Sua estadia no Brasil é vista por Alceu como de inestimável valia para o povo brasileiro e para os católicos, pois acredita que ela trouxe palavras, muitas vezes duras, de independência, nobreza, humanidade, sob uma nova forma de encarar o cristianismo e o catolicismo, atuando como um verdadeiro "Cruzado do século XX". É o que Alceu dizia, entre outras coisas, no artigo "Na despedida", de março de 1945, publicado em *A Ordem* em outubro de 1946. Nesse texto, Alceu definia Bernanos como um verdadeiro francês que não havia se rendido a uma França tomada e traída por Pétain e Vichy. Para ele, Bernanos era homem de dignidade elevada que havia contribuído para libertar muitos da conformidade com o catolicismo burguês que asfixiava os católicos na sua pureza de essência sobrenatural. Por isso e por sua denúncia constante contra a "cristalização e a mediocridade dos corações", Alceu dizia que todos lhe rendiam homenagem no momento de sua partida e não apenas seus companheiros de fé. Isso se devia, para Alceu, entre outras coisas, ao fato de Bernanos não poupar ninguém em suas críticas, o que se observava na sua crítica à imposição da vontade – em 1945 – dos Estados Unidos nos conselhos internacionais. Por isso, no contexto internacional, Alceu avaliava que Bernanos era contra a "ameaça de deturpação da Democracia Humanista, pelo realismo técnico". Assim, para Alceu, a importância de Bernanos residia sobretudo no seu agir em defesa do Homem, dos valores morais de Liberdade, Dignidade, Honra. Assim, Bernanos era de suma importância pois havia lutado, mais do que qualquer um, para que o espírito totalitário não matasse a latinidade presente na Europa e na América. A seu ver, Bernanos tinha contribuído para que o pragmatismo não obscurecesse os valores morais dos ingleses e norte-americanos, revelados na guerra e, por fim, para que o "materialismo dialético" não asfixiasse a "alma russa e a própria paixão de justiça humana do comunismo prático" (LIMA, 1946d, p. 04-07).

poderia exprimir nem por palavras, nem por atitudes. Para Alceu, Maritain não se apregoava o criador ou negador da verdade, como a seu ver o faziam homens "puramente céticos" como um "Freud ou um Bertrand Russel, um Dewey ou um Bernard Shaw". Pelo contrário, sob sua visão, Maritain apontava a *Fonte*, limitava-se a "indicar o caminho, a abrir picadas na floresta", a dizer onde estavam os "desvios perigosos". Portanto, Alceu dizia ali que suas posições sobre Maritain estavam há muito tempo tomadas. É o que pode ser observado com clareza decisiva no trecho abaixo que, embora extenso, nos poupa de outras citações. Dizia ele:

> Há vinte anos que quase outra coisa não faço senão traduzir em português o que posso aprender do pensamento desse homem admirável dos nossos tempos. Há vinte anos que acompanho de perto, pelo coração e pelo entendimento, a marcha acidentada desse espírito pelo arquipélago agitado dos tempos modernos e nunca me arrependi senão do que não tenho sabido aproveitar dos seus ensinamentos. [...] O partido de o amar, de o defender, de o seguir, está tomado há muito tempo espero para sempre; [...] Como todo pensador realmente *cristão*, é no *Cristo*, fonte de toda ciência e de toda sabedoria, e *não em si próprio*, que ele vai buscar o melhor que nos dá. [...] O que sempre mais me prendeu a Maritain foi justamente essa humildade espontânea e profunda, tão diversa do falso publicanismo e tão adequada a esse sentido autêntico do cristianismo, que nos salva dos "Fuhren" segundo o mundo, para nos levar ao único Salvador, que não é "deste mundo". [...] O que sentimos é a mais íntima ligação entre inteligência e experiência, entre a Fé rigorosamente intelectualista, uma visão profundamente mística das relações do homem com a Verdade, e uma observação muito objetiva dos nossos tempos (ATHAYDE, 1945a, p. 98-104, grifos nossos)

Assim, compreende-se que para Alceu Amoroso Lima, o filósofo Jacques Maritain vinha colocar no centro do debate a questão da liberdade como algo primordial.

Questão essa, segundo Alceu, que já viera a ser alvo de estudo no terreno científico com Boutroux e Poincaré, no campo filosófico, desde Kierkeegard e Bergson, passando pela área da sociologia com Comte, Durkheim e pela questão da tendência dos regimes políticos a adotarem estruturas autoritárias e mesmo totalitárias. Alceu argumentava que dentro dessa linha, desde fins do século XIX e inícios do XX, seriam Charles Maurras e Georges Sorel que iriam, na França, renovar tendências doutrinárias opostas – que seriam base do totalitarismo de esquerda e de direita na Itália, Rússia e Alemanha –, como o conservadorismo de Louis De Bonald e Joseph De Maistre, de fundo espiritualista; e o "sociologismo utópico de Saint-Simon ou Fourrier e depois realista, de Marx e Engels, na base materialista". Portanto, no modo de Alceu entender, Jacques Maritain era o portador da defesa da liberdade, "da passagem do determinismo à liberdade, e da unidade social ao pluralismo político", a aurora de um mundo novo onde ainda havia a ameaça de que "um vendaval de Fanatismo Esquerdista" varresse o velho continente "como reação contra o incêndio do Fanatismo Direitista, ali ainda não definitivamente apagado" (ATHAYDE, 1945a, p. 107-115).

Portanto, a importância de Jacques Maritain sobre a intelectualidade católica brasileira do período em estudo é sobremodo significativa a ponto de Alceu Amoroso Lima organizar um número inteiro da revista *A Ordem* em homenagem ao filósofo. Nesse número escreveram alguns dos intelectuais mais expressivos do catolicismo brasileiro do momento e mesmo do exterior, nomeadamente: Alceu Amoroso Lima, Alfredo Lage, Afrânio Coutinho, Edgar de Godoi da Mata-Machado, Fábio Alves Ribeiro,[14] Gustavo Corção, H. J. Hargreaves, João Camilo de Oliveira Torres, Luis

---

14 No grupo de intelectuais ligados a Alceu estava Fábio Alves Ribeiro, um dos maiores conhecedores, no Brasil, da obra de Jacques Maritain. Sua posição a esse respeito ainda merece um estudo detalhado.

Delgado, Pe. Orlando Machado, Silvio Elia, Etienne Gilson, Dom Tomaz Keller, Dom Clemente Isnard, Dom Basílio Penido.

Alguém que se apresentava como um dos grandes nomes do pensamento católico daquele momento se posicionaria em relação ao fato de Jacques Maritain ter aceitado o cargo de embaixador da França junto ao Vaticano. Trata-se nada menos de Etienne Gilson, que avaliava a atitude de Jacques Maritain como algo por si só revolucionário, mas que ao mesmo tempo fazia com que o filósofo católico tivesse que abdicar de sua independência –, dizia ele, "tão ferozmente conservada durante tantos anos". Mas para Gilson, Jacques Maritain não havia tomado aquela decisão por interesses pessoais nem para servir a um governo ou regime, mas muito mais por amor à França. Gilson defendia Maritain daqueles que o acusavam de participar do governo francês. Argumentava que De Gaulle não havia escolhido Maritain a partir de "alguma prebenda administrativa" muito afeita aos covardes do tempo do colaboracionismo. Pelo contrário, argumentava Gilson, De Gaulle havia encontrado Jacques Maritain nos Estados Unidos, lugar onde ele havia desenvolvido a resistência à ocupação alemã na França e onde ganhara enorme autoridade. Em resumo, nos dizeres muito irônicos de Gilson, Maritain havia alcançado um fato inusitado – que deixaria estupefatos os diplomatas de carreira: "conseguir o posto de embaixador da França no Vaticano ensinando metafísica nos Estados Unidos" (GILSON, 1946, p. 589-590).[15]

Na mesma linha de argumentação em favor do filósofo se encontrava o intelectual Afrânio Coutinho. Esse destacou que após assistir alguns cursos de Maritain nas primaveras de 1943-1944 sobre "liberdade e determinismo", na então recém-criada École Libre des Hautes Études nos Estados Unidos, percebeu que as meditações de Jacques Maritain naquela altura de sua vida estavam relacionadas à questão da liberdade, tanto do ponto de vista metafísico como em sua "repercussão prática". É nesse mesmo

---

15 O artigo de Etienne Gilson foi publicado originalmente em *La Vie Intellectuelle*, de março de 1945 e reproduzido em A Ordem de junho de 1946.

momento, relata Coutinho, que Maritain já transitava livremente de seus cursos, livres e em francês, na École Libre, passando pelos "seminários", fechados e em inglês, nas Universidades de Columbia e em Princeton, para Toronto, no Canadá, onde também lecionava. Nesse momento, segundo Afrânio Coutinho, as preocupações do filósofo do Meudon se direcionavam mais para o campo da liberdade e da política. É isso o que informa no trecho abaixo:

> Mesmo quanto tratava de questões metafísicas, era sempre com a intenção de tirar as consequências de ordem prática. A angústia contemporânea entrara pela tenda do filósofo, arrastando-o à meditação dos problemas urgentes do tempo. Com Maritain o tomismo desceu às ruas. A metafísica desdobrou-se logicamente envolvendo a moral e criando toda uma teoria da história e da civilização. O metafísico se fez filósofo político. E hoje a sua obra pode ser considerada uma suma do nosso tempo, a mais completa interpretação das questões contemporâneas (COUTINHO,1946, p. 412).

No mesmo sentido, Afrânio Coutinho se refere ao ambiente intelectual que cercava Jacques Maritain em seus cursos e em sua casa nos Estados Unidos, muito ao estilo do seu humanismo integral, em igualdade jurídica de direitos. Dizia ele novamente:

> Essa sua atitude de espírito se reflete no trato com os homens. Na residência de Maritain encontrei de tudo: católicos, protestantes, judeus, incrédulos, agnósticos. O mesmo fenômeno presenciei na homenagem que lhe foi prestada por ocasião do seu 60º aniversário: falaram oradores de todas as crenças e filosofias rendendo ao sábio discípulo de S. Tomás o testemunho de sua admiração e do seu respeito. São seus amigos homens da mais variada cor sectária ou partidária (COUTINHO, 1946, p. 416).

Nesse mesmo volume de *A Ordem* de junho de 1946, Alceu Amoroso Lima escreveu o artigo "A filosofia sintética de Maritain", onde reafirmou sua relação de filiação intelectual com Jacques Maritain e a importância do filósofo na sua caminhada para os ideais democráticos de uma nova cristandade, ou como ele dizia, de uma Idade Nova. A conversão de Alceu Amoroso Lima à liberdade e à democracia estava praticamente completa nesse momento.

Esse número da revista foi uma homenagem a Maritain, Raïssa e Vera – irmã de Raïssa – pelo quadragésimo ano de suas conversões ao catolicismo, estas ocorridas em 5 de abril de 1906. Maior homenagem ainda a um filósofo católico que, nos dizeres da revista, havia protestado "contra a instrumentalização do temporal nas circunstâncias do mundo contemporâneo". Segundo a revista, uma instrumentalização "em benefício de regimes políticos farisaicamente cristãos" como o do general Franco. Era ainda uma homenagem ao filósofo cristão que havia rompido com o "dilema fascismo-comunismo" e trabalhado pela "humanização da guerra civil espanhola". No editorial da revista, ao quetudo indica feito por Alceu Amoroso Lima, Jacques Maritain era visto como o "mestre estimado", aquele que havia feito "descobrir os aspectos mais profundos da vida intelectual em sua significação mais ampla" (LIMA, 1946c, p. 6).

Sem dúvida, compreende-se que a publicação desse número integral da revista *A Ordem* em dedicação a Jacques Maritain aparece como forma de apoiá-lo e definir sua verdadeira importância para os intelectuais católicos brasileiros, e também reafirmar o apoio que o próprio Maritain havia recebido do papa Pio XII, ao ser aceito, a partir de 1945, como embaixador da França no Vaticano. É essa a posição dos intelectuais ligados a Alceu Amoroso Lima, a qual é endossada por eles próprios ao reproduzirem no início da revista, a benção dada a Maritain pelo pontífice:

> A Notre cher fils Jacques Maritain que la Providence a voulu conduire, à travers les sentiers de la philosophie spéculative, jusqu'au poste diplomatique ou il represente aujourd'hui

avec tant d'autorité son pays auprès de nous, nous accordons de tout coeur, ainsi qu'à sa famille, Notre Bénédiction Apostolique. Du Vatican, le 27 Décembre 1945. Pius P.P. XII (PIO XII, 1946, p. 4).[16]

Sem dúvida, Alceu Amoroso Lima organizou com esse número da revista uma espécie de defesa de Jacques Maritain no Brasil, em resposta à revista *Estudos sobre Jacques Maritain*, mencionada anteriormente e lançada em 1944, em Recife, pela editora de nome sugestivo: Tradição.

Alceu fez a defesa de Jacques Maritain no texto "A filosofia sintética de Maritan", no qual define-o como o portador de uma filosofia de síntese mais completa numa época em que se vivia sob o signo da "dialética da separação e da superação". Maritain elaborava uma síntese decisiva entre o que Alceu considerava serem as duas principais correntes filosóficas do momento, chamadas por ele de materialismo dialético – com origem em Marx e inclinada à "polarização científica", com especial atenção ao social e considerando o econômico, "exaltando a autoridade pela ditadura do proletariado". A outra corrente filosófica era definida por Alceu como o espiritualismo dialético – representada por Heidegger e sistematizada numa "polarização poética", desembocando numa "revolução racista e totalitária", e focando-se no primado do metafísico e do ético. Assim, para Alceu o comunismo e o fascismo – "do tipo de Lênin-Hitler" – eram "antiquados", de modo que se apresentavam sob nova forma por uma espécie de "neo-comunismo e post-fascismo". Compreende-se que Alceu Amoroso Lima estabelece então uma distinção que, segundo ele, é operada pelas duas dialéticas (dialéticas que permeavam os dois movimentos), frente à quais se forma a posição da filosofia de Maritain. Alceu explicava o que compreendia ser a dialética "pessimista" identificada por ele no existencialismo

---

16 A Nosso caro filho Jacques Maritain que a Providência quis conduzir, por meio dos caminhos da filosofia especulativa, até o posto diplomático onde ele representa hoje com autoridade seu país conosco, concedemos de todo o coração, também à sua família, Nossa Benção Apostólica. Do Vaticano, 27 de Dezembro de 1945. Pius P.P. XII (PIO XII, 1946, p. 4).

proveniente de Kierkeggard, de fundo cristão, e caminhando por Heidegger no plano neopagão. Naquele momento de 1946 esse movimento pessimista tinha como expressão mais significativa um Sartre e um Camus. Nesses, segundo Alceu, a separação e a superação dialética eram vistas com "uma negação sombria de toda esperança, como uma marcha ao desespero, como o aniquilamento de toda ilusão de felicidade, e a entronização do absurdo como único sentido da vida no universo" (LIMA, 1946b, p. 350-353).

Entre os dois extremos do "otimismo dialético marxista" e o "pessimismo dialético existencialista", Alceu colocava a "filosofia sintética de Maritain". Esse tipo de filosofia seria apresentado por Alceu como a "única solução possível" dentre as "ditaduras filosóficas"; seria uma espécie de "reação" contra o que ele definia ser um "dialetismo" e teria por característica primordial "superar o tempo" e procurar no eterno, no que era fixo, as soluções para os problemas do mundo. Alceu acreditava que era isso o que Maritain havia feito em seu livro *Antimoderne*, de 1922, ao estabelecer a crítica ao moderno e vê-lo como algo efêmero, estabelecendo, ao contrário, o primado do perene. Mas Alceu advertia para o fato de que também nessa posição de Jacques Maritain em 1922 residia a crença, a seu ver, extremamente equivocada – e a desilusão de muitos reacionários – em acreditar que Maritain iria ser um reacionário em filosofia, tal qual Maurras havia sido em política (LIMA, 1946b, p. 354).

Pelo contrário, para Alceu, Jacques Maritain havia evoluído para o caminho da síntese, com influências de Mercier, na linha aristotélica, e de Newman, na linha platônica. Mas para uma síntese que havia se construído a partir da união e da agregação, ao contrário da separação e superação, da dialética. Assim, para Alceu, o que Jacques Maritain operava com sua filosofia sintética era uma "solução entre o dinamismo dos extremos, uma construção adequada entre o espírito e o universo" e, com isso apresentava uma "verdadeira ressurreição do conceito de verdade". Tratava-se aí de operar uma síntese entre uma linha que ligasse o presente, o passado e ambos ao futuro, partindo, nesse campo, de influências como as de um Aristóteles, São Tomás e Leibniz. Nas palavras de Alceu, "um pagão, um católico, um protestante", os quais haviam contribuído para Jacques Maritain formular sua síntese conclusiva que, acima de tudo, tinha na sua essência a definição da filosofia como conhecimento científico. Mas, dizia Alceu, não no sentido poético e relativista da "dialética subjetivista", ou do técnico e absolutista da "dialética materialista" (LIMA, 1946b, p. 355).

Ainda dentro dessa linha de análise, compreende-se que, no entendimento de Alceu, a filosofia de Jacques Maritain operava a síntese entre o intelectual e o sobrenatural, entre a "razão e a fé, a ciência e a religião", o que, a seu ver, lhe dava um caráter universal – em favor do homem – e mesmo supratemporal, tornando-o "realmente um humanista" no sentido de colocar o seu pensamento "a serviço do homem e como instrumento da totalidade humana". *Em suma, era uma filosofia que desafiava a rotina de um "catolicismo reacionário" ainda preso a uma "cristandade decorativa, apoiada na espada dos ditadores neo-fascistas".* Então, para Alceu Amoroso Lima, foi essa clareza de Jacques Maritain que o fez aceitar o cargo de Embaixador da França no Vaticano e a caminhar junto às questões sociais, econômicas e políticas, o que causaria a muitos estranheza e mesmo desejo de perseguição. Portanto, nas palavras de Alceu, a ação de Maritain no plano político tinha se dado em um momento importante, o do armistício entre as duas guerras, onde mesmo a Guerra Civil Espanhola havia mostrado ser o "prelúdio da grande luta totalitário-democrática", e onde, enfim, Maritain havia abandonado a "tranquilidade de sua meditação puramente metafísica, para descer à arena" (LIMA, 1946b, p. 357-358).

Portanto, é a partir de contato profundo com a filosofia e com o próprio Jacques Maritain que Alceu Amoroso Lima opera uma nova conversão, agora rumo a uma nova disponibilidade progressista, democrática e em defesa da liberdade. Esse novo agir se observará de modo prático no cenário do Estado Novo, como se observa em seguida.

9

Nova disponibilidade e novo agir: o caminho progressista democrático e o rompimento com o Governo Vargas

Portanto, foi frente ao cenário de fins do Estado Novo que Alceu Amoroso Lima concretizou o processo de sua mudança rumo ao pensamento progressista e democrático. Condenou o Estado Novo e chamou os intelectuais católicos à missão de defesa de uma sociedade mais democrática, cristã e livre, nomeadamente uma *idade nova*.

No editorial da revista *A Ordem* de abril de 1945, intitulado "Definição", Alceu Amoroso Lima se colocou abertamente contra o governo Vargas, criticando a censura e convocando os católicos a lutarem pelo retorno do Brasil ao regime democrático. Neste meio, Alceu denuncia o caráter contraditório de um regime autoritário em luta pela democracia no exterior.

> A nova opção em face da qual se coloca a consciência católica é [...] a de ficar ou não neutra entre o Autoritarismo político e a Democracia, ou a de tomar ou não partido entre os processos de se operar a transição do estado de fato, em que nos encontramos desde 1937, para o estado de direito, a que aspiram todas as forças vivas da nacionalidade. Essa aspiração é tão unânime, que a própria ditadura se viu forçada a admitir que não podia manter-se por muito tempo no poder, em face da separação radical que se processou, nos últimos anos, entre

> os Poderes Públicos e a Opinião Pública, bem como *em face da incongruência entre uma política internacional democrática e uma política nacional totalitária* (LIMA, 1954b, p. 269, grifos nossos).

Aqui Alceu Amoroso Lima assumiu, em seu próprio nome e no dos intelectuais da revista *A Ordem*, do Centro Dom Vital e de grande parcela da hierarquia da Igreja, posição de crítica ao governo autoritário do Estado Novo, caracterizado por ele como composto por um "espírito totalitário". Espírito que se evidenciava na medida em que Vargas havia acabado com a liberdade partidária, instaurado a censura etc. Para Alceu, era chegado o momento de romper com as "absurdas restrições à liberdade de imprensa" e com o regime ditatorial instalado desde 1937. Este embora reconhecesse no momento a própria impossibilidade de permanência no poder, pretendia, de modo mais uma vez ilegítimo, ficar no governo do país por meio da tentativa de transição para o estado jurídico-constitucional a ser concretizado por Ato Adicional. Contra isso Alceu defendia que era chegada a hora dos intelectuais se definirem enquanto católicos, pois o momento político era decisivo. Em outros termos, resumia-se em dizer que os intelectuais católicos deveriam se declarar "contrários ao regime ditatorial iniciado em 1937 e partidários da volta imediata do Brasil a um regime democrático, de ampla manifestação das liberdades públicas". A reivindicação feita por Alceu Amoroso Lima sobre o urgente restabelecimento, no Brasil, do regime democrático, de base cristã, aparece literalmente nos termos seguintes:

> Estamos, além disso, convencidos de que a atual Ditadura não tem prestígio moral para realizar a transição delicadíssima entre o regime do Arbítrio e o regime da Lei. Há quinze anos governa o Brasil – ora sob a forma provisória (1930-1934): ora sob forma legal (1934-1937): ora sob forma arbitrária (1937-1945) – sem ter conseguido até hoje resolver nenhum dos problemas políticos fundamentais de nossa terra. Durante quinze anos não conseguiu criar, entre nós, um regime de liberdade, de respeito e de ordem legal, capaz de permitir o verdadeiro

> Apostolado da Palavra de Deus e da ação fecundante do fermento evangélico, por meio da Ação Católica, da Ordenação Intelectual e da vida Litúrgica, condições essenciais para a recristianização do século XX e para a evangelização da Idade Nova em que estamos ingressando com a vitória iminente das Nações Unidas contra o Eixo Totalitário e seus apêndices (LIMA, 1945b, p. 276-277).

Nesse mesmo momento de 1945 o Ministro da Educação e Saúde, Gustavo Capanema, reclamava da ausência dos contatos diretos de Alceu. O distanciamento de Alceu com Capanema expressa, naquele momento, a sua proximidade com Jacques Maritain[1] e com a democracia e a liberdade. Portanto, revela ainda a sua reprovação ao Estado Novo. O comportamento de Alceu fica registrado por Capanema em carta de 2 de abril de 1945.

> Meu caro Alceu: Não vou a sua casa, pois quase certo estou de não encontrá-lo. Mando estas palavras de cordialidade e afeição, para interromper a ausência, ausência de que nunca jamais gostei e que agora nestes dias turvos menos ainda me agrada. Creia na sincera estima de seu velho Capanema (CAPANEMA, 1945).

No discurso de saudação aos membros da Academia de Letras da Faculdade de Direito de São Paulo, por ocasião do ingresso da nova diretoria, em abril de 1945, Alceu definia o que esperava ser "o dever das novas gerações". Para ele, a união nacional exigida pela guerra havia contribuído, anteriormente, para a permanência da ditadura no Brasil, embora isso tivesse se dado "contra a vontade de maioria esmagadora" da população. A seu ver, era já o momento da liquidação do "sistema ditatorial totalitário"

---

1 Sobretudo a partir da consolidação das leituras de obras como: *Humanismo integral: uma visão da nova ordem cristã*. São Paulo: Companhia Editora Nacional, 1942; *Principes d'une politique humaniste*. 2ª ed. Paris: Paul Hartmann Éditeur, 1945; *Cristianismo e Democracia*. Rio de Janeiro: Agir, 1957.

mundial e também da ditadura no Brasil. Alceu entendia que "ao cabo de oito anos de poder discricionário, durante os quais foram abolidas todas as liberdades públicas" havia chegado a "própria ditadura à conclusão de que não poderia mais resistir à pressão invencível das forças vivas da nacionalidade e dos ventos novos do mundo". O momento de abril de 1945 era compreendido por Alceu como aquele que representava o fim de uma fase da civilização – a do "desmoronamento das ilusões totalitárias tanto na Europa" quanto no Brasil – e o do nascimento de um novo panorama de esperanças democráticas onde os jovens intelectuais estariam encarregados de auxiliar na reconstrução democrática "sobre as ruínas do mundo totalitário". Mas isso seria levado à frente no dever da buscar uma *Nova Democracia* a partir de ações de liberdade nos campos político, econômico e também cultural (LIMA, 1945c, p. 278-281).

Declarações de mesmo teor aparecem no texto "Uma entrevista de Tristão de Athayde", elaborado em fevereiro de 1945 e lançado no mês de abril em *A Ordem*. Nessa entrevista, Alceu definia a "autêntica democracia" como aquela que garantia a "um número progressivamente de cidadãos a participação efetiva no governo da nação, nos bens materiais da comunidade e nas conquistas culturais e espirituais da humanidade". Essa mesma democracia, para ele, deveria contemplar os planos político, econômico e cultural, além de "representar, para todo o povo, e não apenas para grupos ou classes privilegiadas, a conquista de benefícios que pertencem por direito natural a todos os cidadãos". Para que ocorresse sua realização, Alceu Amoroso Lima defendia a ideia segundo a qual deveria ser suprimido, com urgência, o "exagerado centralismo político, a hipertrofia do Executivo, a perpetuação do Poder, as oligarquias estaduais, o absenteísmo eleitoral e particularmente o cepticismo jurídico e o capitalismo plutocrático". Enfim, sugeria uma total reforma social. Desta reforma resultaria, a seu ver, necessariamente a "verdadeira democracia" segundo o que ensinava Jacques Maritain, então portador de uma filosofia que representava para Alceu a "mais perfeita definição moderna dos princípios imortais da lei divina, da lei natural e da lei cristã, aplicados às exigências" da sociedade daquele momento (ATHAYDE, 1945b, p. 317-319).

Por volta de agosto de 1945, a hierarquia da Igreja Católica permitiria aos seus fiéis militarem em partidos que não estivessem em divergência com "as exigências superiores do bem comum e da consciência católica". Foi nesse momento que Alceu lançou os artigos "Sugestões para o programa de um partido político" e "Manifesto da Resistência Democrática". No primeiro, ele estabeleceu as bases do Partido Democrata Cristão, sob inspiração direta da obra de Jacques Maritain – partido que deveria ser popular, democrático e cristão:

> *Popular*, porque a ascensão das massas é o maior fenômeno social de nossos tempos. *Democrático*, porque essa ascensão se traduz, politicamente, por uma participação crescente do Povo no governo das nações. *Cristão*, porque essa ascensão das massas e essa instauração de uma democracia de direito e de fato, só se podem operar beneficamente, se repousarem sobre uma base ética, racional e evangélica (LIMA, 1945d, p. 105-106).

Assim, os parâmetros do Partido Democrata Cristão definidos por Alceu Amoroso Lima e inspirados em Jacques Maritain deveriam condicionar o seu trabalho na sociedade. Partido definido por Alceu como aberto a todas as ideias e colaborações que visassem auxiliar na realização de uma "civilização cristã no século XX", como resultado também da vitória sobre o "Eixo Totalitário e do fim do Estado Novo". Nesse projeto, a educação religiosa ocuparia papel crucial no campo da cultura, na "conscientização" do povo, na busca do ideal de difundir, para todos, a instrução e a educação. Fosse ela "física, profissional, intelectual e moral e de *formar elites* de valor próprio" que substituiriam as "falsas elites da fortuna, dos favores ou dos privilégios ilícitos" (LIMA, 1945d, p. 118-119).

Portanto, quando Alceu Amoroso Lima elaborou as sugestões para o programa do Partido Democrata Cristão, ele defendeu que, no campo internacional, o partido deveria lutar por uma integração do Brasil na comunidade daquelas nações que venceriam o nazismo e o fascismo, numa participação crescente, tanto na América quanto fora dela, no sistema de garantia da paz. No âmbito interno, no Brasil, o PDC, deveria reunir "homens de boa vontade [...] sem distinção de credo religioso ou confessional, de raça, de cultura intelectual ou de condição social". Alceu dizia que o Partido deveria ser composto por "intelectuais e operários, civis e militares, homens e mulheres nortistas, centristas e sulistas, litorâneos e sertanejos, de todos os Estados e de todas as classes", que tivessem em mente contribuir para a "realização da civilização cristã no século XX, bem como a grandeza do Brasil e da América" (LIMA, 1945d, p. 118-119).

Como bem demonstrou o historiador Áureo Busetto, Alceu Amoroso Lima participou do projeto de criação do Partido Democrata Cristão a convite de Antônio Cesarino Júnior, "catedrático de Legislação Social da Faculdade de Direito da USP (1939)" e "teórico" do trabalhismo brasileiro". Cesarino Júnior pensava na criação do Partido a partir de uma inspiração da "vertente italiana" com o objetivo de promover uma "modernização reformista visando a um capitalismo social" mas que pudesse reunir elementos do corporativismo. Foi criada uma expectativa em torno da possibilidade do Partido receber apoio da Igreja, mas isso não teve resultados em razão da hierarquia católica no Brasil discordar da ideia de se concorrer na sociedade por meio de um partido formalizado. E, mais ainda, pelo receio de haver divergências entre o Partido e a posição hierárquica da Igreja. Essa possibilidade de apoio institucional da Igreja ao Partido Democrata Cristão, em 1945, não teve frutos e mesmo alguns daqueles que o haviam apoiado inicialmente, como muitos do Centro Dom Vital, acabaram por se afastar. Isso é o que aconteceu com Alceu Amoroso Lima que, ao que tudo indica, preferiu estar, como secretário, à frente da Liga Eleitoral Católica (BUSETTO, 2002, p. 68-70).

Alceu Amoroso Lima e o grupo de intelectuais que compartilhavam ideias lançam o manifesto contra a ditadura Vargas pedindo o seu fim. Esse "Manifesto da Resistência Democrática", de agosto de 1945, foi assinado por inúmeros intelectuais, entre economistas, advogados, médicos, escritores, poetas, professores, engenheiros e industriais. Vejamos:

> O Estado Totalitário que se instalou entre nós pelo regime de 10 de Novembro de 1937 degenerou em seguida numa simples Ditadura personalista [...] que reproduziu aqui [...] os devastadores efeitos de sua ideologia e de seus métodos. [...] A Ditadura se revelou então como um governo ilegítimo [...] e o seu balanço que apenas começou a ser feito, já nos deixa surpresos e angustiados diante da extensão dos males produzidos (LIMA, 1945e, p. 124-129).

O *Manifesto* reivindicava também o restabelecimento da democracia:

> Pleitearemos o restabelecimento da Federação, a descentralização, a independência e harmonia de poderes e uma estrutura constitucional. [...] Exigiremos a prestação de contas do período da Ditadura. Pleitearemos a retração progressiva do Estado de todas as zonas que invadiu indevidamente e a desobstrução das atividades sufocadas e obstadas pela sua ação intervencionista (LIMA, 1945e, p. 140).

Da mesma forma, em "Resposta a um inquérito sobre democracia", questionário de janeiro de 1945 que foi publicado na revista A Ordem de agosto do mesmo ano, Alceu havia definido o que acreditava serem as qualidades que os homens deveriam ter para viverem sob o regime democrático: elas seriam representadas pelo "dever de se interessar pela coisa pública"; pela "escolha de dirigentes dignos da sua função"; pela "consciência efetiva da primazia do bem comum sobre o bem próprio". Aí Alceu definia também as exigências para os homens que possivelmente viessem a manter o poder na democracia, aos quais cumpriria "permitir a mais ampla manifestação efetiva do direito de voto, sem intervir na escolha dos seus sucessores; [...] entregar o poder àqueles [...] eleitos pelo voto livre num livre pleito eleitoral", e, por fim, "exercer o poder não em benefício próprio ou de uma oligarquia, mas sempre para o bem da coletividade" (LIMA, 1945f, p. 141-142).

Dessa forma, em setembro de 1945, a posição de Alceu Amoroso Lima por exemplo, em relação aos comunistas, era a de considerá-los como "companheiros de combate", mas mantendo-se em relação a eles completa autonomia. Alceu seguia ali a ideia de tentar convertê-los ao catolicismo, adotando junto a eles a Caridade, a Justiça, a Verdade e assim considerar – como sugeria Jacques Maritain – todas as atitudes violentas contra eles como "reacionárias" ou neofascistas. Sobretudo aquelas que tivessem "intuitos de se servirem dos católicos, para fins políticos de caráter totalitário de direita". O recado era direcionado ao movimento Integralista, que tentava ressurgir. Alceu considerava a tentativa de retorno do Integralismo como um erro grave, ainda mais pelo fato de tentar se valer de reivindicações da doutrina social da Igreja em favor do que considerava ser a "defesa da civilização cristã contra os erros do liberalismo e do comunismo". Portanto, para Alceu, em fins de 1945, o comunismo (inimigo mortal de outrora) poderia ser *considerado um aliado*, e o Integralismo (amigo de algum tempo) *um perigo*, já que este buscava, mais do que tudo, "como o fascismo italiano e o nazismo, a militarização da juventude em moldes nacionalistas". Isso para Alceu Amoroso Lima era totalmente inconciliável com o espírito de religião e de Ação Católica, como o havia ensinado Jacques Maritain com sua formulação de uma nova cristandade baseada no humanismo integral (LIMA, 1945g, p. 166-174).

É interessante observar o que Alceu Amoroso Lima dizia especialmente sobre o comunismo, o que deixa evidente que sua mudança de posição sobre essa questão ocorreu sobretudo em razão de suas leituras de Jacques Maritain.

> Maritain em "Cristianismo e democracia" diz que as posições possíveis em relação ao comunismo são três: querer exterminar os comunistas pela violência e pelos campos de concentração;

> deixar-se dominar por eles [...]; e finalmente reconhecer que os comunistas não são o comunismo, e que adquiriram inequivocamente [...], o direito de estar presentes ao trabalho de reconstrução como companheiros de combate. ([...] Exige também se aceite francamente a cooperação dos comunistas e sua participação na tarefa comum, guardando, entretanto, a seu respeito uma completa autonomia (LIMA, 1945g, p. 167).

Por fim, Alceu convocava os católicos para uma "Cruzada" nos campos religioso, cultural, econômico e democrático, a caminho de um ideal de nova civilização universal onde todos os trabalhadores, "manuais, intelectuais e espirituais" estivessem unidos. Enfim, um Brasil do pós-guerra, em sua esperança, democrático (LIMA, 1945h, p. 182).

Essas e outras questões podem ser observadas claramente a partir da leitura, por exemplo, de uma conferência que Alceu fez no Instituto Interaliado da Alta Cultura, no Palácio do Itamarati, em 13 de dezembro de 1946, intitulada "A Igreja e a democracia" (LIMA, 1947, p. 11-37).[2] Ali estavam os seus posicionamentos e os da Igreja em face do capitalismo, do comunismo, da democracia, além de uma revisão de suas posições conservadoras de antes, relativas à crítica dos valores democráticos.

No início de sua conferência, Alceu Amoroso Lima diz que o momento de fins de 1946 era o de se *reafirmar a disciplina e reivindicar a liberdade*. Mas ali se tratava de uma disciplina ao estilo da Igreja e não "autoritária", como muitos desejavam. Tratava-se de uma liberdade "integralmente dentro da letra e do espírito da Fé Católica". Assim, a posição da Igreja dentro do novo cenário mundial consistiria, para Alceu, em lutar por uma liberdade que se assemelhasse com aquela dos "filhos de Deus". Já a democracia era definida por ele sob três aspectos: "um baseado na primazia do indivíduo" derivado de Rousseau, onde ela aparecia sob a forma do regime político tendo como valor primordial a vontade individual e onde "a soma das vontades

---

2 A Conferência é de dezembro de 1946 e sai publicada na revista *A Ordem* em junho de 1947.

individuais" formava a "vontade geral", coletiva. Esse modelo de democracia é identificado ali por Alceu como uma "democracia burguesa" sob "colapso doutrinário", mas em estado de forte autodefesa a partir da formação do que ele chamava de "bloco ocidental plutocrático" que se servia das "ditaduras neo-fascistas". Alceu resumia a segunda forma de democracia como sendo aquela que se definia pela *primazia da sociedade*, formulada, segundo ele, por Hobbes, e onde o indivíduo era uma abstração e a sociedade algo primordial e real; neste modelo de sociedade, a democracia daria os direitos e a paz aos homens em seus "instintos de luta generalizada". Para Alceu, tratava-se aí de uma democracia de estilo totalitário, ou mesmo fascista ou comunista, que tinha por pretensão "suceder à democracia individualista". Trata-se no momento, sob seu entendimento, de um enfrentamento entre a "democracia individualista" e a "democracia coletivista" (LIMA, 1947, p. 11-13).

Mas para Alceu Amoroso Lima ainda havia uma terceira forma de democracia, à qual ele atribuía a incumbência de restabelecer a harmonia entre as duas definições anteriores. A esta forma ele dava a definição peculiar de *"da própria natureza das coisas"*. Esse era um regime elaborado por ele próprio, sob forma teórica, com base no humanismo integral proposto por Jacques Maritain. Havia de sua parte a tentativa de aplicá-la na sociedade a partir de uma espécie de *materialismo histórico católico*, pois procurava identificar a atuação da Igreja em favor de uma democracia unitária a partir da História posterior ao nascimento de Cristo. Assim, dentro da visão de Alceu, esse regime democrático oriundo *da natureza das coisas*, deveria basear-se na "supremacia da Lei sobre a vontade do Tirano". Sobretudo fundamentar-se na personalidade livre da cada homem; formular-se na "escolha periódica dos governantes pelos governados, com respeito às leis naturais da justiça", consideradas por ele "superiores a vontade individual", e também formar-se a partir de uma "garantia formal da oposição pela sua participação indireta na responsabilidade do poder" (LIMA, 1947, p. 13-14).

> Um regime em que a autoridade e a liberdade se distribuem por todos os membros da comunidade de modo equivalente, e no qual a

> *autoridade é temporária em seus portadores, e a liberdade permanente.* É um regime em que nem um homem, nem uma família, nem uma classe possuem o privilégio da autoridade e no qual a ordem repousa sobre a forma de justiça e sobre o respeito rigoroso dos direitos, individuais e coletivos, tanto de ordem política como cultural e particularmente econômica. É um regime em que a oposição participa oficialmente das responsabilidades do Governo, e que repousa portanto sobre a convivência [das] diversidades e o respeito recíproco das maiorias e minorias dos partidos mais contraditórios entre si. É um regime nacional ou internacional em que a soberania, que só em Deus é absoluta, assenta na comunidade e tem seus limites fixados no Bem Comum (LIMA, 1947, p. 14-16, grifos nossos)

Pouco tempo antes, em 1946, na obra *Pela Cristianização da Idade Nova*, Alceu Amoroso Lima tratou de questões que eram representativas de sua mudança, por exemplo, na definição da soberania do Estado.

> Sob a autoridade suprema da Lei, divina e natural, a cuja determinação deve obedecer toda sociedade humana, é que o Povo se pode dizer fonte da lei que vai orientar a constituição de toda e qualquer nacionalidade. Nesses termos é o Povo realmente a fonte imediata da Autoridade e da Lei. Dele é que deve emanar o Estado. O Estado vem do povo. A constituição jurídico-política de uma coletividade é fruto de uma comunidade real de pessoas e de famílias, que reunidas formulam livremente, dentro dos princípios morais e jurídicos inerentes à natureza humana ou revelados por Deus, a modalidade de sua convivência política. O Estado, portanto, nasce do Povo (LIMA, 1946a, p. 156-157).

Essa posição de Alceu Amoroso Lima em relação à soberania popular difere, em grande medida, daquela postulada pelos pensadores conservadores, como Burke, De Bonald e mesmo Joseph De Maistre, Donoso Cortés e depois Jackson de Figueiredo.

Edmund Burke em *Reflexões sobre a Revolução em França* definia claramente, por exemplo, que a soberania não pertencia ao povo em momento algum. O Estado, as instituições e também os privilégios eram frutos da herança dos antepassados. A democracia era entendida por Burke como uma falácia, a opressão da maioria dos cidadãos sobre uma minoria de indivíduos.

> Estou certo [...] que em uma democracia, a maioria dos cidadãos é capaz de exercer, sobre a minoria, a mais cruel das opressões [...] Acredito [...] que essa dominação exercida sobre a minoria, se estenderá sobre um número maior de indivíduos e será conduzida com muito mais severidade do que, de modo geral, poderia ser esperado da dominação de uma só coroa (BURKE, 1982, p. 135-136).

Para Louis Ambroise-De Bonald não poderia existir "Ni libertad, ni igualdad sociales allí donde el ciudadano está sujeto a voluntades particulares y donde todos los ciudadanos no están igualmente sujetos a las mismas voluntades. No hubo, pues, ni voluntad ni igualdad en las repúblicas" (DE BONALD, 1888, p. 32-34).

Já para Joseph De Maistre a soberania era um dom dos *soberanos*:

> Nenhuma Constituição resulta de uma deliberação; os direitos dos povos nunca são escritos, ou ao menos atos constitutivos, ou as leis fundamentais escritas só são títulos declaratórios de direitos anteriores. [...] Os direitos dos povos [...] partem sempre da concessão dos soberanos. [...] Mas os direitos do soberano e da aristocracia não têm data nem autores (DE MAISTRE, 1979, p. 67-68).

O processo que levou Alceu Amoroso Lima, entre 1928 e 1946, a uma mudança de intelectual conservador para progressista democrata se expressa igualmente na definição que ele dá em favor da democracia e do seu aprimoramento, em 1946. Senão vejamos:

Dentro dos seus limites, porém, é a Democracia, nas condições atuais do mundo, o regime que melhor pode permitir a aproximação entre a organização política de um povo e a efetivação da sequência básica: Lei, Povo, Estado, Governo (LIMA, 1946a, p. 167-168).

Dentro dessa linha de análise, é importante atentar para o fato de que Alceu Amoroso Lima compreendia, em 1946, que na mesma medida em que o mundo se distanciava da liberdade e perdia a confiança nela, poderia caminhar para um "clima anti-democrático". Foi nesses termos que Alceu viu o grande problema do século XX e por isso acreditou que havia a necessidade premente de entender a liberdade como um fim e, sobretudo, um meio para se conquistar a autoridade. Foi aí também que Alceu reconheceu os seus erros e os de sua geração, ao serem cúmplices da queda da liberdade e da ascensão do autoritarismo e do totalitarismo no século XX. Compreende-se aqui melhor a sua mudança para uma defesa das ideias progressistas democráticas inspiradas nos escritos de Jacques Maritain e então o consequente abandono dos elementos conservadores, principalmente, oriundos de Joseph De Maistre e Jackson de Figueiredo. É o que se lê na passagem abaixo:

> Nossa geração foi cúmplice dessa derrocada. Cúmplice, se a considerarmos sem boa vontade. Vítima, se levarmos em conta que a reação anti-liberal foi muito além das nossas intenções e quando combatíamos a democracia liberal não combatíamos senão a corrupção burguesa da democracia. E quando hoje defendemos a democracia verdadeira, estamos querendo preservá-la contra os abusos anti-liberais, tanto do reacionarismo como do proletarismo (LIMA, 1947, p. 18).

considerações finais

Sua atuação deu-se de modo teórico e prático, no período aqui em estudo (1928 a 1946), tanto por meio de artigos e obras quanto por atuação pessoal. Sua ação deu-se considerando-se as mudanças da conjuntura tanto mundial quanto nacional, notadamente em relação ao evento da Revolução de 1930; à ação da Liga Eleitoral Católica na defesa do interesses da Igreja no processo Constituinte de 1933-1934, sobretudo nas discussões sobre a Educação. Alceu Amoroso Lima esteve também à frente do movimento da Ação Católica no Brasil e, ainda no campo educacional, se colocou muito próximo de seu amigo e Ministro da Educação e Saúde Gustavo Capanema, com base em uma postura conservadora e autoritária e estrategicamente na defesa dos seus interesses pessoais e dos da Igreja. Alceu Amoroso Lima atacou ainda aquele que ele considerava o maior inimigo da sociedade e da Igreja, o comunismo. E fez isso sempre por meio de um julgamento fundamentado na moral católica, na crítica à liberdade e à democracia, na defesa da ordem, da autoridade, da hierarquia.

Por outro lado, a análise das fontes, aliada aos referenciais adotados neste trabalho – René Rémond, Pierre Bourdieu, Jean-François Sirinelli, entre outros, e à historiografia referente à temática e ao período em estudo –, comprova que houve um processo que levou o intelectual Alceu

Amoroso Lima a mudar, deixando uma postura marcadamente autoritária defendida desde fins dos anos 1920 e por toda a década de 1930, e caminhando rumo ao pensamento progressista democrático, focando essencialmente na defesa de liberdade, especialmente a partir dos primeiros anos do decênio de 1940.

O processo que conduziu Alceu Amoroso Lima do conservadorismo – especialmente a la Joseph De Maistre – ao *caminho da democracia* teve ponto determinante na sua relação com o filósofo católico francês Jacques Maritain, com sua filosofia política e sua defesa da liberdade e da democracia. O processo de mudança de Alceu teve seu termo em 1946, ano que demarcou o final de uma fase de sua vida e definiu muito de sua postura futura como intelectual católico progressista.

Mas o passo decisivo ao encontro dos ensinamentos do seu mestre Jacques Maritain, da democracia e da liberdade, foi dado por Alceu Amoroso Lima ao abandonar o referencial conservador e reconhecer os erros da Igreja e de muitos católicos ao terem criticado a ambas (liberdade e democracia) com o irromper da Revolução Francesa. Sobre essa questão cabem algumas considerações.

Para Alceu Amoroso Lima o erro de muitos e da Igreja Católica nesse assunto havia começado com os acontecimentos provenientes da Revolução Francesa e com o novo mundo que a partir dela havia se formado, inclusive com novos conceitos e parâmetros políticos, sociais, econômicos, religiosos. Em sua ótica, fora a partir do surgimento de uma nova situação, radicalmente diferente da anterior, que muitos católicos que dirigiam ou ocupavam papéis decisórios na Igreja não souberam compreender que nascia ali uma civilização burguesa que adotava a democracia como regime político. Com isso preferiram ficar presos ao passado e para isso contribuiu muito o fato de as novas ideias políticas estarem relacionadas com a filosofia do individualismo de Rousseau e o deísmo de Voltaire. Para Alceu, o que nascia com a Revolução Francesa, por exemplo, era a *relação da democracia com o racionalismo e, nos Estados Unidos, da democracia com o protestantismo*. De modo que o grave erro dos católicos fora não saberem "fazer a distinção entre os dados reais da Democracia e sua acidental aproximação de uma falsa filosofia de vida". Por outro lado, para Alceu Amoroso Lima fora também na França que um grupo de pensadores entendera o sentido "intrinsecamente cristão da Democracia", entre os quais Lammenais, Lacordaire, Montalembert, Dom Guéranger, Ozanam, entre outros. Em sua interpretação, fora na contrapartida desses que os tradicionalistas haviam vacilado e enxergado na democracia "apenas uma desordem, a ameaça às instituições, os atentados à propriedade e às pessoas, a irreligiosidade, os ataques à Igreja, à família, ao passado; viram sobretudo sua aliança com a filosofia racionalista, e anti-cristã do enciclopedismo" (LIMA, 1947, p. 28-29).

Portanto, com esse artigo Alceu Amoroso Lima liquidou sua relação com o pensamento conservador, inclusive apontando os erros da própria Igreja Católica.

A mudança de Alceu Amoroso Lima para a democracia se deu, de modo prático, por meio de sua nova postura frente ao totalitarismo e ao comunismo e pode ser observada melhor por meio da crítica ferrenha que ele fez ao governo autoritário do Estado Novo, visível progressivamente desde 1942.

A atuação de Alceu Amoroso Lima no Brasil do governo de Getúlio Vargas carrega consigo o ônus de ser constituída pela defesa do princípio de autoridade e da limitação da liberdade, mas revela também a postura de um intelectual que soube, por meio do contato com a filosofia democrática de Jacques Maritain, abandonar posições insustentáveis e se converter à democracia e à liberdade, ainda em tempo, enquanto outros se mantiveram em silêncio.

Alceu Amoroso Lima teve dificuldades com a recepção das obras, com as teorizações e posturas do filósofo católico francês Jacques Maritain.

No período em estudo aqui neste trabalho, Alceu foi um intelectual com ideias formuladas de maneira original e consolidadas, de forma que as teorizações e posturas de Jacques Maritain, na França, muitas vezes lhe pareciam como rupturas frente a cenários e acontecimentos da conjuntura histórica vista por ele no Brasil. Assim, é correto afirmarmos que Alceu

Amoroso Lima responde às posições do filósofo Jacques Maritain por meio de mudanças que se operam de forma fragmentada, complexa, com conflitos consigo mesmo e com as posições oficiais da Igreja Católica.

Cada posicionamento novo de Jacques Maritain representava uma ruptura para si próprio e igualmente para o seu discípulo Alceu Amoroso Lima.

A filiação de Alceu Amoroso Lima a Jacques Maritain deve ser pensada igualmente dentro de uma linha de estudo que leve em consideração o fato de que Maritain escrevia e se posicionava frente a uma outra conjuntura, com o nazifascismo na Europa muito mais próximo. Para Alceu o que estava em primeiro plano era o contexto do governo autoritário de Vargas. Além disso, havia as suas convicções pessoais oriundas do processo que o levou à conversão ao catolicismo, especialmente no que dizia respeito às suas concepções conservadoras, autoritárias, de defesa da autoridade, da ordem, hierarquia, da restrição da liberdade, enfim, de sua relação com o pensamento conservador por meio de Jackson de Figueiredo, principalmente com o contrarrevolucionário Joseph De Maistre. Tudo isso ajuda a explicar a dificuldade de Alceu em se posicionar prontamente ao lado de Jacques Maritain, frente aos cenários e movimentos como o comunismo, nazifascismo, integralismo, Guerra Civil Espanhola etc.

Mas essa sua dificuldade foi igualmente fruto da complexidade da obra de Jacques Maritain que estava em mudança frente ao cenário europeu. O trajeto que Maritain fez ao sair da Action Française e ao caminhar para a democracia foi importante para o processo de conversão e de mudança de muitos católicos pelo mundo todo, alguns mais rapidamente do que outros.

Noutro sentido, o que se observa em relação à obra do filósofo francês é que ela adquiriu, com o passar dos anos, uma formulação clara de como cristãos e não cristãos poderiam conviver juntos numa sociedade democrática e pluralista. Essa questão apareceu com recorrência em suas obras a partir do seu rompimento com a Action Française e se consolidou nas décadas de 1930 e 1940. O problema da igualdade jurídica de direitos, proposta por Jacques Maritain em relação a outras confissões e mesmo aos comunistas, foi formulado por ele do ponto de vista teórico e obviamente ainda não havia sido vivenciado na prática. Mas esse era um problema que Maritain estava disposto a enfrentar, o que lhe colocou em situação difícil no meio católico.

A novidade da sua formulação levou muitos católicos, intelectuais, políticos, a lhe atribuírem a posição de defensor de um liberalismo religioso e mesmo a afirmar que a sua aproximação com os comunistas era fruto de uma herança religiosa de sua origem protestante. O caráter de novidade de suas proposições frente ao cenário conjuntural tanto da Europa quanto do Brasil – onde o discurso de perseguição ao comunismo era fortíssimo – fez com que muitos lhe criticassem e outros o lessem com cautela. A cautela foi adotada por Alceu Amoroso Lima, que levou certo tempo para "digerir" suas ideias democráticas e pluralitárias, em oposição a toda uma base conservadora que constituía o seu pensamento e conduta.

As posições de Alceu Amoroso Lima, no que se refere aos conceitos de Jacques Maritain aparecem de forma fragmentada em seus textos e livros, principalmente aquelas em favor de uma sociedade mais igualitária que comportasse cristãos e não cristãos em igualdade de direitos. A aceitação e adoção de uma postura democrática por parte de Alceu Amoroso Lima vai ganhar praticidade somente a partir da década de 1940, mas precisamente depois do ano de 1942.

Para Alceu Amoroso Lima chegar à questão democrática junto de Jacques Maritain, ele passou por uma relação pedregosa, difícil, de conflito interior. Na verdade, a Igreja Católica no Brasil tinha necessidade de uma intelectualidade católica militante no dia a dia e Alceu – como líder católico – precisava dar respostas imediatas às necessidades da Igreja e tomar posições que, muitas vezes, não podiam se apresentar numa linha que fosse muito distante daquela desejada pela hierarquia ou que representasse uma ruptura. Isso pelo menos até por volta do ano de 1942. Entretanto, com o passar dos anos, em razão de sua melhor aceitação das formulações de Maritain, de um processo de revisão de suas concepções, valores e posturas, e frente à conjuntura nacional e internacional, Alceu defenderá posições mais autônomas em relação à Igreja, em relação às quais certamente muitos da hierarquia tinham apreço – embora não se manifestassem publicamente –, mas outros tantos eram contrários.

É importante repensarmos também, por exemplo, a união da revista *A Ordem*, pois muitos dos intelectuais ligados a essa revista assumiam a perspectiva de Alceu Amoroso Lima mas, na realidade, nem sempre estavam de acordo com ele. Ocorria que, como Alceu era o líder do laicato e legitimado pela Igreja, suas posições prevaleciam sobre as demais. Na revista havia uma homogeneidade por vezes forçada e isso fazia com que as posições de Alceu prevalecessem ao mesmo tempo em quem alguns intelectuais adotavam posturas inovadoras mais rapidamente do que outros. Em certas ocasiões isso se dava antes mesmo do próprio Alceu, como foi o caso de Afrânio Coutinho em relação à compreensão do humanismo integral de Jacques Maritain.

Outros intelectuais se posicionavam frente a Jacques Maritain, contra ou a favor, e em relação às mais diversas questões, mas faziam isso justamente pelo fato de não terem sobre si as mesmas responsabilidades que Alceu tinha como líder do laicato católico e integrante da Igreja. Os traumas de longo tempo entre muitos dos intelectuais católicos ligados a Alceu, fosse no interior da revista *A Ordem* ou mesmo fora dele, afloram nos anos posteriores a 1960, com maior acirramento a partir do início da ditadura militar pós-1964.

Jacques Maritain, embora fosse respeitado pela Igreja, gozava de maior autonomia para adotar posições que contrariavam, muitas vezes, o núcleo do *agir* da hierarquia e do Vaticano. Maritain era o filósofo católico pensador original de maior expressão no momento. Após a condenação da Action Française pelo Vaticano, em 1926, ele saiu desse movimento e começou a criticá-lo na tentativa de pensar o mundo a partir dessa condenação: principalmente ao seu nacionalismo, ao antissemitismo, ao autoritarismo. Assim, Jacques Maritain elaborou a questão da comunidade pluralitária em face de problemas e questionamentos urgentes do cenário europeu dos anos 1930 e 1940, mais especialmente diante da demanda de respostas ao nazifascismo, à Guerra Civil Espanhola e ao comunismo. Enfim, suas respostas foram elaboradas e precisas e muitas vezes guardaram grande distanciamento das posições oficiais da Igreja. Assim, o ambiente europeu e depois americano – já que Maritain vai se exilar nos Estados Unidos – levam-no a militar de modo muitas vezes autônomo em relação à Igreja e a consolidar suas formulações oriundas do processo que teve origem com a ruptura com a Action Française.

Portanto, Maritain vem de uma matriz conservadora a partir de Charles Maurras e da Action Française e caminha para a democracia durante a década de 1930. Alceu Amoroso Lima faz um trajeto semelhante, mas caminha para o pensamento progressista democrático de forma mais lenta do que o seu mestre. Isso tem relação direta com a formação intelectual de cada um desses pensadores, com o contexto de cada atuação e igualmente com o nível do seu relacionamento com a Igreja Católica.

Jacques Maritain estava vinculado à Igreja mas não era um "intelectual orgânico". Seu contexto é a Europa nazifascista. Alceu Amoroso Lima era o "intelectual orgânico" da Igreja Católica no Brasil dos anos 1930 e 1940. O contexto no qual ele atuava era o do governo Vargas, incluindo aí a ditadura do Estado Novo. Alceu procurou dar respostas imediatas aos anseios da Igreja em relação à sociedade, os quais estavam em acordo com sua própria visão de mundo de intelectual conservador, pelo menos em grande parte do período que vai de fins da década de 1920 a inícios dos anos 1940. Isso é percebido por meio de sua atuação em diversas frentes como a Liga Eleitoral Católica, a Ação Católica, a Educação, a Academia Brasileira de Letras etc. Alceu Amoroso Lima traduz suas leituras de Jacques Maritain – embora com conflitos, reveses – em favor da conjuntura e de demandas político-sociais e religiosas do momento.

Jacques Maritain foi um intelectual ativo em outra chave de leitura, dado que ele forneceu elementos para que muitos indivíduos pelo mundo todo passassem até mesmo para a esquerda pró-comunista.

O pensador francês também propôs uma aliança com os países democráticos e mesmo com os comunistas, sobretudo quando eles estavam em luta contra o nazifascismo. Nesse sentido, ao propor essa união de forças, naquela conjuntura de guerra do momento, sua posição foi inusitada e corajosa para alguém que estava vinculado à Igreja Católica, mesmo que não de forma orgânica. Aliás, sua postura de defesa de uma sociedade pluralitária vinha mesmo de 1936 com o livro *Humanismo Integral* e com sua atuação na Guerra Civil Espanhola. Portanto, o que Maritain propôs foi uma apropriação das conquistas do mundo moderno e isso significou adotar igualmente os ganhos oriundos da Revolução Francesa, o que para muitos era uma heresia.

Alceu Amoroso Lima demorou a aceitar as ideias de Jacques Maritain em relação à questão moderna. Isso ocorreu em razão da posição que Alceu ocupava como líder intelectual da Igreja e também por conta de suas posições pessoais consolidadas ao longo dos anos.

Mas o processo de mudança de Alceu Amoroso Lima deve ser pensado também para além do seu compromisso com a hierarquia da Igreja Católica, partindo de sua posição junto a Jacques Maritain e à democracia como algo processual e conflituoso, tanto do ponto de vista institucional, mas muito mais, e decisivamente, como uma questão interior, de um processo de "reconversão" envolvendo mudanças conceituais e de posturas, de visão do mundo.

Um bom exemplo disso foi a discussão em torno do comunismo: visto por Jacques Maritain com certa simpatia e por Alceu – em grande parte de sua trajetória – como um inimigo mortal. Nesse sentido, é relevante pensarmos o impacto sobre Alceu Amoroso Lima das posições de Jacques Maritain em relação ao comunismo e a uma sociedade pluralista. Certamente a postura de Alceu em relação ao comunismo não era produto de uma visão mecânica e simplesmente produzida em obrigação aos interesses da Igreja.

Embora houvesse obrigação de sua parte para com a Igreja, Alceu desfrutou de certa autonomia, tanto que defendeu Jacques Maritain em várias ocasiões e tomou posição em seu favor, nas questões relativas à liberdade e a uma sociedade em igualdade jurídica de direitos. Neste momento, Alceu Amoroso Lima se posicionava abertamente contra o governo do Estado Novo, enquanto a Igreja se mantinha oficialmente em silêncio.

Entretanto, em razão do seu contato mais próximo com o filósofo Jacques Maritain e do amadurecimento de suas ideias em relação ao que este escrevia e lhe falava, Alceu – com grande dificuldade, com conflitos e por meio de formas fragmentadas – abandona suas posturas autoritárias e conservadoras em favor de um agir progressista e democrático, em defesa irrevogável da liberdade. Como já dito, Alceu Amoroso Lima expressou isso de forma prática, por exemplo, por meio da condenação do Estado Novo e do totalitarismo e da defesa de liberdade e da soberania popular.

Enfim, se no ano 1928 Alceu se converte ao catolicismo por meio do contato com Jackson de Figueiredo e caminha para o pensamento conservador e autoritário, é no ano de 1946 que o intelectual operou nova conversão, agora a partir de sua relação com Jacques Maritain e sua filosofia e caminhou para uma nova disponibilidade, agora em favor da democracia e da liberdade.

referências

FONTES

ANDRADE, Carlos Drummond de. Nomeação da viúva do Professor Porto Ferreira para cargo de auxiliar de ensino do Instituto Benjamim Constant. 14/06/1938. Telegrama para Alceu Amoroso Lima. Rio de Janeiro: Gabinete do Ministro da Educação e Saúde, 1938. Fundação Getúlio Vargas – CPDOC.

ATHAYDE, Tristão de. "Palavras aos Companheiros". *A Ordem*, Rio de Janeiro, nº 9, p. 97-102, out. 1930a.

_____. "Indicações". *A Ordem*, Rio de Janeiro, nº 10, p. 189-197, dez. 1930b.

_____. *Preparação à Sociologia*. Rio de Janeiro: Centro Dom Vital, 1931.

_____. "Instituto Católico de Estudos Superiores". *A Ordem*, Rio de Janeiro, s/n, p. 415-425, jun. 1932a.

_____. "Tríplice decálogo". *A Ordem*, Rio de Janeiro, nº 33, p. 340-344, nov. 1932b.

_____. "O sentido de nossa vitória". *A Ordem*, Rio de Janeiro, n° 52, p. 417-423, jun. 1934a.

_____. "Os perigos da vitória". *A Ordem*, Rio de Janeiro, n° 53, p. 3-11, jul. 1934b.

_____. "Os Católicos e a Política". *A Ordem*, Rio de Janeiro, n° 55, p. 159-167, set. 1934c.

_____. "O Espírito do nosso Voto". *A Ordem*, Rio de Janeiro, n° 56, p. 231-238, out. 1934d.

_____. "Clero e Laicato". *A Ordem*, Rio de Janeiro, n° 61, p. 154-160, mar. 1935a.

_____. "A Igreja e o Momento Político". *A Ordem*, Rio de Janeiro, n° 65, p. 5-14, jul. 1935b.

_____. "Discurso de recepção na Academia". *A Ordem*, Rio de Janeiro, s/n, p. 471-494, dez. 1935c.

_____. "Bergson". *A Ordem*, Rio de Janeiro, s/n, p. 103-110, fev. 1941.

_____. "Definição". *A Ordem*, Rio de Janeiro, s/n, p. 168-170, ago. 1942.

_____. "Adeus à mocidade". *A Ordem*, Rio de Janeiro, n° 1-2, p. 1-8, jan. 1944a.

_____. "Bernanos". *A Ordem*, Rio de Janeiro, s/n, p. 505-516, nov./dez. 1944b.

_____. "P. S." *A Ordem*, Rio de Janeiro, s/n, p. 517-523, nov./dez. 1944c.

_____. "Maritain e a civilização em perigo". *Estudos sobre Jacques Maritain*. Recife: Tradição, 1944d, p. 60-62.

_____. "Maritain". *A Ordem*, Rio de Janeiro, s/n, p. 91-115, fev. 1945a.

_____. "Uma entrevista de Tristão de Athayde". *A Ordem*, Rio de Janeiro, s/n, p. 317-322, abr. 1945b.

BERNARDO, Hector. "Jacob Maritain e o ponto de partida de sua concepção política". *Estudos sobre Jacques Maritain*. Recife: Tradição, 1944, p. 5-14.

BRASIL. *Constituição da República dos Estados Unidos do Brasil (de 16 de julho de 1934)*. Disponível em: <http://www.presidencia.gov.br> Acesso em 22 dez. 2005.

BRASIL. *Constituição da República dos Estados Unidos do Brasil (de 10 de novembro de 1937)*. Disponível em: <http://www.presidencia.gov.br> Acesso em 22 dez. 2005.

BURKE, Edmund. *Reflexões sobre a Revolução em França*. Brasília: UnB, 1982.

CAPANEMA, Gustavo. Contratação de Luiz Ferreira da Franca para Bedel Faculdade de Direito Recife. 05/01/1935. Telegrama para Alceu Amoroso Lima. Rio de Janeiro: Gabinete do Ministro da Educação e Saúde, 1935. Fundação Getúlio Vargas – CPDOC.

_____. Gustavo Capanema e outros durante a conferência de Alceu Amoroso Lima sobre a educação e o comunismo, realizada no Instituto Nacional de Música. 25 mar. 1936. 1 Fotografia. Rio de Janeiro, p&b; 18 x 24cm. Fundação Getúlio Vargas – CPDOC.

_____. Gustavo Capanema e outros, por ocasião do almoço oferecido a Jacques Maritain. 10 ago. 1936. 1 Fotografia. Rio de Janeiro, p&b; 18 x 24cm. Fundação Getúlio Vargas – CPDOC.

_____. Gustavo Capanema, Alceu Amoroso Lima e outros na Biblioteca Nacional, por ocasião da instalação do Conselho Nacional de Educação. 16 fev. 1937. 1 Fotografia. Rio de Janeiro, p&b; 18 x 24cm. Fundação Getúlio Vargas – CPDOC.

_____. Gustavo Capanema, Alceu Amoroso Lima e outros durante almoço no Automóvel Clube oferecido pela comissão do plano da Universidade do Brasil. 17 jul. 1937. 1 Fotografia. Rio de Janeiro, p&b; 18 x 24cm. Fundação Getúlio Vargas – CPDOC.

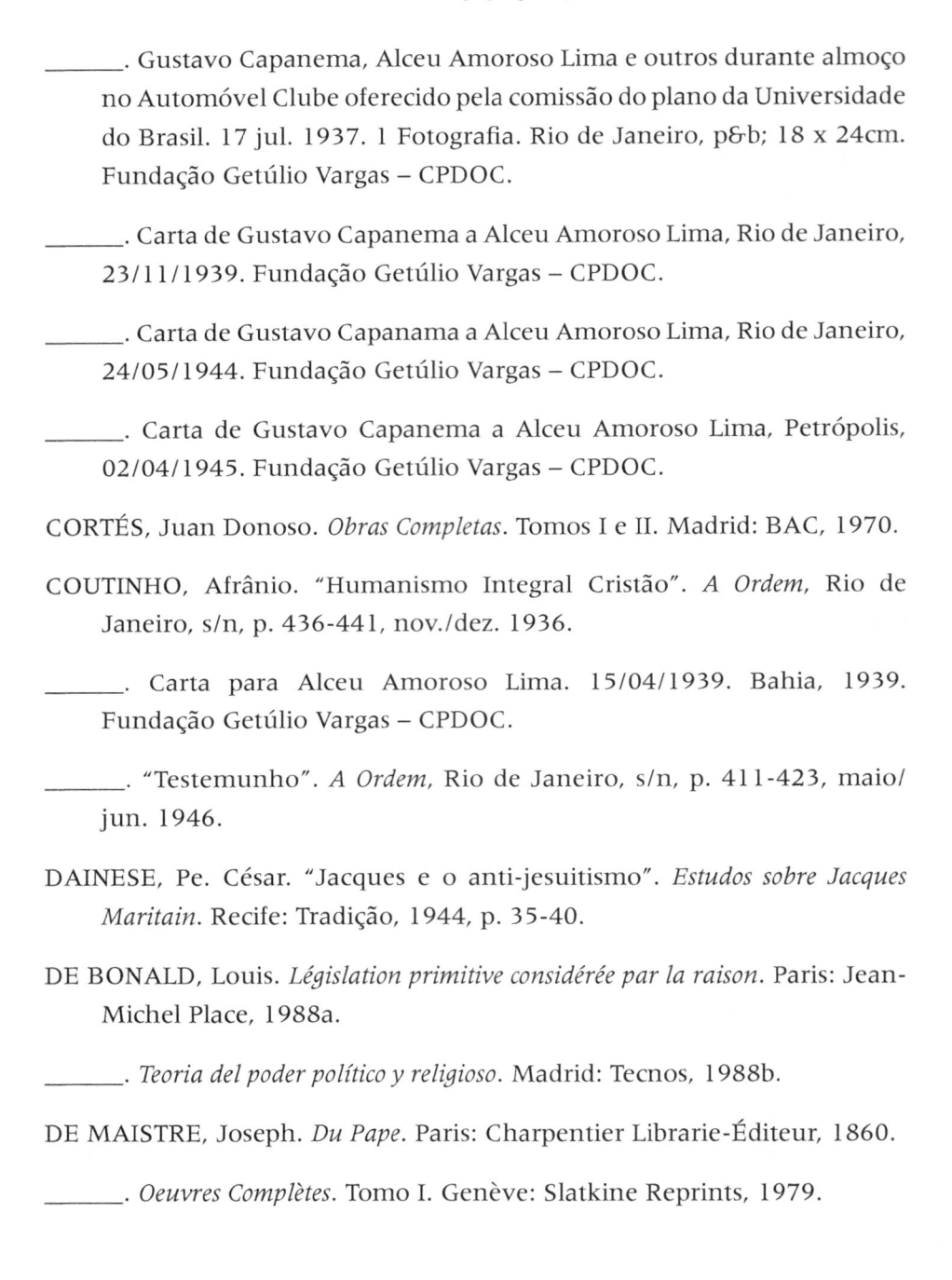

_____. Carta de Gustavo Capanema a Alceu Amoroso Lima, Rio de Janeiro, 23/11/1939. Fundação Getúlio Vargas – CPDOC.

_____. Carta de Gustavo Capanama a Alceu Amoroso Lima, Rio de Janeiro, 24/05/1944. Fundação Getúlio Vargas – CPDOC.

_____. Carta de Gustavo Capanema a Alceu Amoroso Lima, Petrópolis, 02/04/1945. Fundação Getúlio Vargas – CPDOC.

CORTÉS, Juan Donoso. *Obras Completas*. Tomos I e II. Madrid: BAC, 1970.

COUTINHO, Afrânio. "Humanismo Integral Cristão". *A Ordem*, Rio de Janeiro, s/n, p. 436-441, nov./dez. 1936.

_____. Carta para Alceu Amoroso Lima. 15/04/1939. Bahia, 1939. Fundação Getúlio Vargas – CPDOC.

_____. "Testemunho". *A Ordem*, Rio de Janeiro, s/n, p. 411-423, maio/jun. 1946.

DAINESE, Pe. César. "Jacques e o anti-jesuitismo". *Estudos sobre Jacques Maritain*. Recife: Tradição, 1944, p. 35-40.

DE BONALD, Louis. *Législation primitive considérée par la raison*. Paris: Jean-Michel Place, 1988a.

_____. *Teoria del poder político y religioso*. Madrid: Tecnos, 1988b.

DE MAISTRE, Joseph. *Du Pape*. Paris: Charpentier Librarie-Éditeur, 1860.

_____. *Oeuvres Complètes*. Tomo I. Genève: Slatkine Reprints, 1979.

_____. Considérations sur la France. In: _____. *Oeuvres Complètes*. Tomo I. Genève: Slatkine Reprints, 1979.

_____. "Joseph. Réflexions sur le protestantisme". In: _____. *Ecrits sur la Révolution*. Paris: PUF, 1989.

ELIA, Silvio. "Jacques Maritain, mensageiro da Idade Nova". *A Ordem*, Rio de Janeiro, s/n, p. 151-158, fev. 1937.

FIGUEIREDO, Jackson de LIMA, Alceu A. *Correspondência. Harmonia dos contrastes*. Tomo I, Rio de Janeiro: Academia Brasileira de Letras, 1991. Coleção Afrânio Peixoto.

_____. *Correspondência. Harmonia dos contrastes*. Tomo II. Rio de Janeiro: Academia Brasileira de Letras, 1992. Coleção Afrânio Peixoto.

GILSON, Etienne. "Jacques Maritain no Vaticano". *A Ordem*, Rio de Janeiro, nº 5-6, p. 589-591, maio/jun. 1946.

JAMET, Dom. "O 'mito' de Maritain". *Estudos sobre Jacques Maritain*. Recife: Tradição, 1944, p. 84-85.

LIMA, Alceu A. "A Idade Nova e a Ação Católica". *A Ordem*, Rio de Janeiro, nº 66, p. 103-113, ago. 1935.

_____. Agradecimento à nomeação de Vinícius de Morais para Representante do Ministério da Educação e Saúde na Comissão de Censura Cinematográfica. 21/11/1936. Telegrama para Gustavo Capanema. Rio de Janeiro, 1936. Fundação Getúlio Vargas – CPDOC.

_____. Alceu Amoroso Lima e Jacques Maritain no Rio de Janeiro em 1936. 1936. 1 Fotogragia. Rio de Janeiro. CAALL.

_____. "O Socialismo". *A Ordem*, Rio de Janeiro, nº 71, p. 62-79, jan. 1936a.

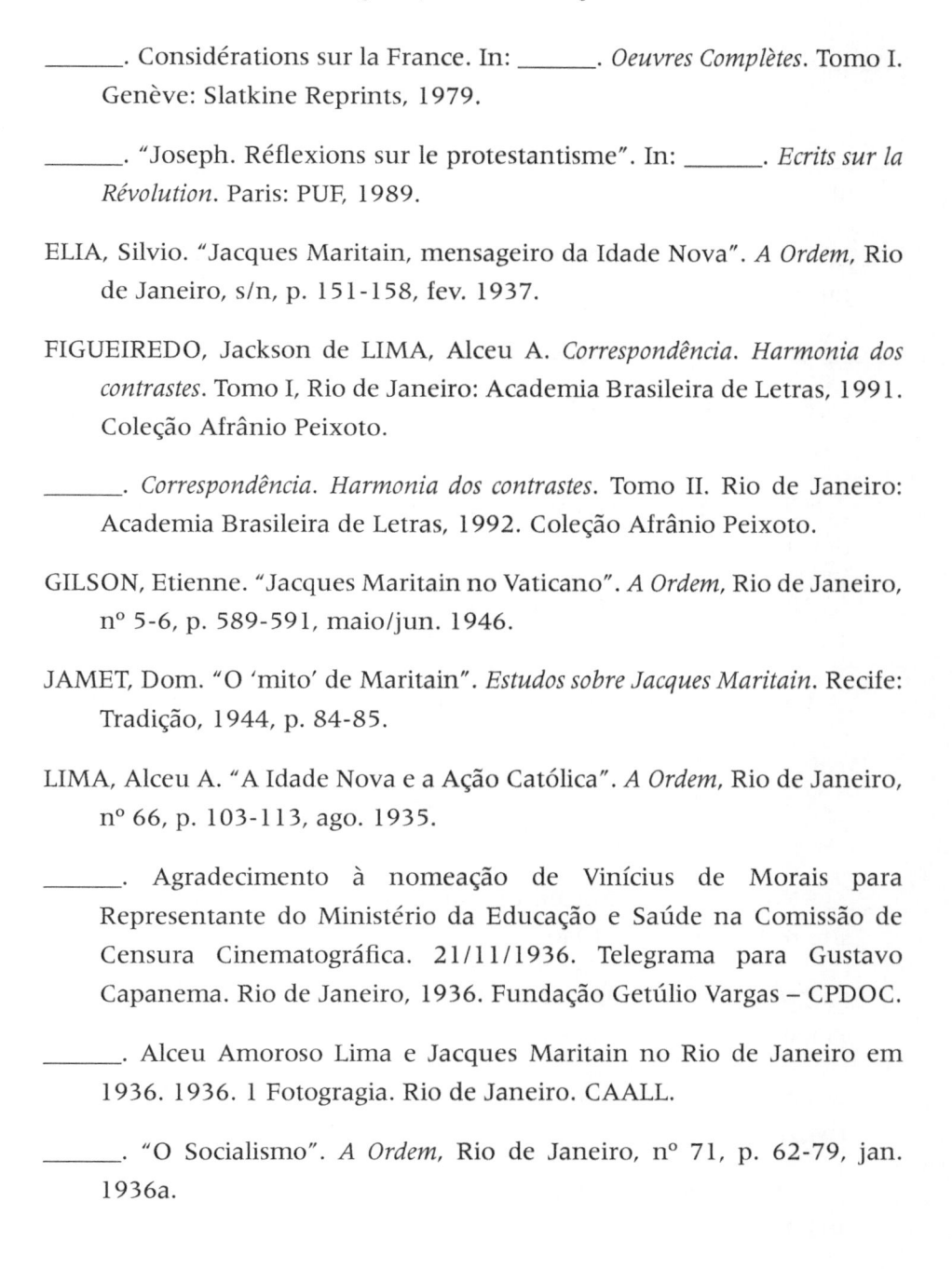

_____. "Educação e Comunismo". *A Ordem*, Rio de Janeiro, s/n, p. 318-334, abr./maio 1936b.

_____. "Em face do Comunismo". *A Ordem*. Rio de Janeiro, p. 346-356, abr./maio 1936c.

_____. "Princípios Pedagógicos". *A Ordem*, Rio de Janeiro, s/n, p. 102-117, jul./ago. 1936d.

_____. "Discurso". *A Ordem*, Rio de Janeiro, s/n, p. 370-374, abr. 1938a.

_____. "Universidade e Civilização". *A Ordem*, Rio de Janeiro, s/n, p. 148-157, ago. 1938b.

_____. "O nacionalismo cristão". *A Ordem*, Rio de Janeiro, s/n, p. 367-391, out. 1938c.

_____. "Pio XI e a Ação Católica". *A Ordem*, Rio de Janeiro, s/n, p. 257-267, mar. 1939a.

_____. Carta para Gustavo Capanema. 07/04/1939. Rio de Janeiro, 1939. Fundação Getúlio Vargas – CPDOC.

_____. Carta para Gustavo Capanema. 24/04/1939. Rio de Janeiro,1939. Fundação Getúlio Vargas – CPDOC.

_____. "Notas sobre o Humanismo no Brasil". *A Ordem*, Rio de Janeiro, s/n, p. 461-466, jun. 1940.

_____. "Discurso do professor Alceu Amoroso Lima". *A Ordem*, Rio de Janeiro, nº 4, p. 327-333, abr. 1941.

_____. "E a guerra continua". *A Ordem*, Rio de Janeiro, s/n, p. 96-99, fev. 1942a.

_____. "Novo mundo e Mundo Novo". *A Ordem*, Rio de Janeiro, s/n, p. 306-315, out. 1942b.

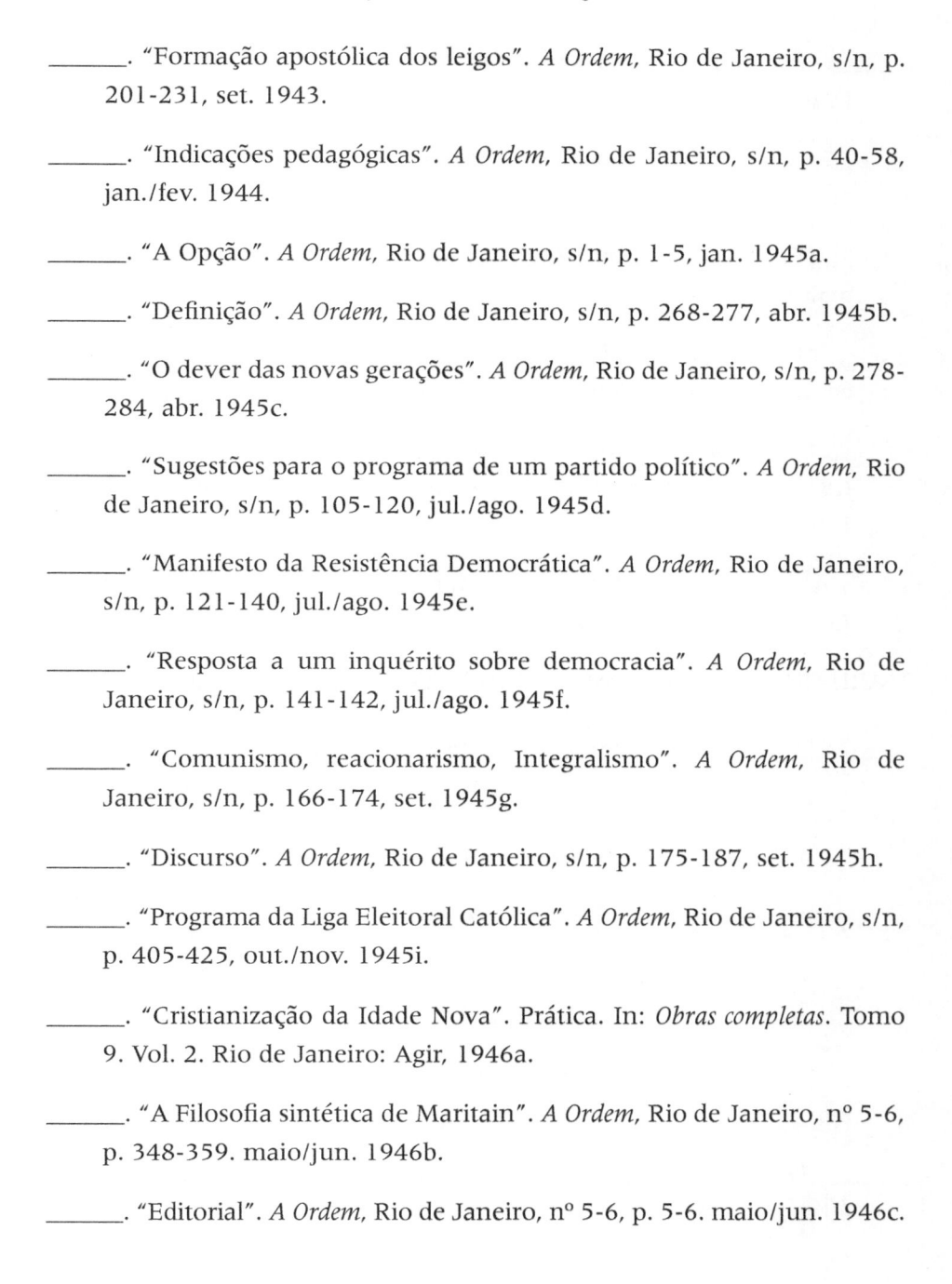

_____. "Formação apostólica dos leigos". *A Ordem*, Rio de Janeiro, s/n, p. 201-231, set. 1943.

_____. "Indicações pedagógicas". *A Ordem*, Rio de Janeiro, s/n, p. 40-58, jan./fev. 1944.

_____. "A Opção". *A Ordem*, Rio de Janeiro, s/n, p. 1-5, jan. 1945a.

_____. "Definição". *A Ordem*, Rio de Janeiro, s/n, p. 268-277, abr. 1945b.

_____. "O dever das novas gerações". *A Ordem*, Rio de Janeiro, s/n, p. 278-284, abr. 1945c.

_____. "Sugestões para o programa de um partido político". *A Ordem*, Rio de Janeiro, s/n, p. 105-120, jul./ago. 1945d.

_____. "Manifesto da Resistência Democrática". *A Ordem*, Rio de Janeiro, s/n, p. 121-140, jul./ago. 1945e.

_____. "Resposta a um inquérito sobre democracia". *A Ordem*, Rio de Janeiro, s/n, p. 141-142, jul./ago. 1945f.

_____. "Comunismo, reacionarismo, Integralismo". *A Ordem*, Rio de Janeiro, s/n, p. 166-174, set. 1945g.

_____. "Discurso". *A Ordem*, Rio de Janeiro, s/n, p. 175-187, set. 1945h.

_____. "Programa da Liga Eleitoral Católica". *A Ordem*, Rio de Janeiro, s/n, p. 405-425, out./nov. 1945i.

_____. "Cristianização da Idade Nova". Prática. In: *Obras completas*. Tomo 9. Vol. 2. Rio de Janeiro: Agir, 1946a.

_____. "A Filosofia sintética de Maritain". *A Ordem*, Rio de Janeiro, nº 5-6, p. 348-359. maio/jun. 1946b.

_____. "Editorial". *A Ordem*, Rio de Janeiro, nº 5-6, p. 5-6. maio/jun. 1946c.

_____. "Na despedida". *A Ordem*, Rio de Janeiro, n° 20, p. 04-07, out. 1946d.

_____. "A Igreja e a democracia". *A Ordem*, Rio de Janeiro, s/n, p. 11-37, jun. 1947.

_____. "Ensaio sobre Gide". *A Ordem*, Rio de Janeiro, n° 5/6, p. 382-397, maio/jun. 1948.

_____. "Introdução". In: MARITAIN, Jacques. *Cristianismo e democracia*. 4ª ed. Rio de Janeiro: Agir, 1957, p. 7-16.

_____. "Adeus à disponibilidade". In: AZZI, Riolando (org.). *Notas para a História do Centro Dom Vital*. Rio de Janeiro: Educam/Paulinas, 2001. p. 169-174.

MACHADO, Edgar da Mata. "Nosso mestre Maritain". *A Ordem*, Rio de Janeiro, s/n, p. 424-433, maio/jun. 1946.

MARITAIN, Jacques. *Antimoderne*. Paris: Editions de la Revue des Jeunes, 1922.

_____. *Primauté du Spirituel*. Paris: Plon, 1927.

_____. *Religion et culture*. Paris: Desclée de Brouwer, 1930.

_____. *De la philosophie chrétienne*. Paris: Desclée de Brouwer, 1933a.

_____. *Du régime temporel et de la liberté*. Paris: Desclée de Brower, 1933b.

_____. *Humanismo integral: uma visão da nova ordem cristã*. São Paulo: Companhia Editora Nacional, 1942.

_____. "Uma carta de Maritain". *A Ordem*, Rio de Janeiro, s/n, p. 203-212, mar. 1944.

_____. *Principes d'une politique humaniste*. 2ª ed. Paris: Paul Hartmann Éditeur, 1945.

_____. *Cristianismo e Democracia*. Rio de Janeiro: Agir, 1957.

_____. "Lettre sur l'indépendence". In: BARS, Henry (org.) *Oeuvres*. Paris: Desclée de Brouwer, 1975. p. 949-980.

_____. *Os direitos do homem e a lei natural*. 3ª ed. Rio de Janeiro: José Olympio, 1967.

OBINO, Aldo. "Um retrato histórico-filosófico: Jacques Maritain". *Estudos sobre Jacques Maritain*. Recife: Tradição, 1944. p. 77-83.

PIO XI, Papa. "Ação Católica Brasileira". *A Ordem*, Rio de Janeiro, s/n, p. 5-6, jan. 1936.

PIO XII, Papa. "Benção a Jacques Maritain". *A Ordem*, Rio de Janeiro, s/n, p. 04, jun. 1946.

PITA, Enrique B. "Um lado negro de Maritain". *Estudos sobre Jacques Maritain*. Recife: Tradição, 1944. p. 41-52.

RIBEIRO, Fábio Alves. "Observações sobre o 'Caso Maritain'". *A Ordem*, Rio de Janeiro, s/n, p. 487-494, nov./dez. 1944.

VIEIRA, Pe. Arlindo. "A defesa de Maritain". *Estudos sobre Jacques Maritain*. Recife: Tradição, 1944, p. 120-124.

BIBLIOGRAFIA CONSULTADA

ABUD, Kátia Maria. Formação da Alma e do Caráter Nacional: ensino de História na Era Vargas. *Revista Brasileira de História*, São Paulo, vol. 18, nº 36, p. 103-119, 1998.

AGOSTINO, Carlos G. W. "Concordata e Fascismo". In: SILVA, Francisco C. Teixeira *et al* (orgs.) *Dicionário crítico do pensamento da direita*. Rio de Janeiro: Tempo/Mauad/Faperj, 2000, p. 94-95.

_____. "Tratado de Latrão". In: SILVA, Francisco C. Teixeira *et al* (orgs.) *Dicionário crítico do pensamento da direita*. Rio de Janeiro: Tempo/Mauad/Faperj, 2000, p. 441-442.

ALMEIDA JR, Antônio M. de. "Do declínio do Estado Novo ao suicídio de Getúlio Vargas". In: FAUSTO, Boris (dir.). *História Geral da Civilização Brasileira. O Brasil Republicano: sociedade e política (1930-1964)*. Tomo III, Vol. 3. São Paulo: Difel, 1981. p. 225-256.

ARRUDA, Marcelo Pedro de. *Triunfo católico no calendário secular. Nossa Senhora Aparecida no calendário republicano (1930-1980)*. Tese (Doutorado em História) – Programa de Pós-Graduação em História Social – FFLCH – Universidade de São Paulo, São Paulo, 2005.

AZZI, Riolando. *Os Pioneiros do Centro Dom Vital*. Rio de Janeiro: EducaM/CAAL, 2003.

BACHOUD, Andrée. "Intelectuais e franquismo". In: BASTOS, Elide R.; RIDENTI, Marcelo & ROLLAND, Denis (orgs.). *Intelectuais: sociedade e política*. São Paulo: Cortez, 2003. p. 172-181.

BEIRED, José Luis Bendicho. *Sob o signo da ordem: intelectuais autoritários no Brasil e na Argentina: 1914-1945*. São Paulo: Loyola, 1999.

BERNANOS, Georges. *Sous le soleil de Satan*. Paris: Plon, 1946.

BOMENY, Helena. "Infidelidades eletivas: intelectuais e política". In: BOMENY, Helena.(org.) *Constelação Capanema: intelectuais e políticas*. Rio de Janeiro: FGV/USF, 2001, p. 11-35.

_____. "Três decretos e um ministério: a propósito da educação no Estado Novo". In: PANDOLFI, Dulce (org.). *Repensando o Estado Novo*. Rio de Janeiro: Editora FGV, 1999, p. 137-166.

BOURDIEU, Pierre. *As regras de arte. Gênese e estrutura do campo literário*. São Paulo: Companhia das Letras, 1996.

_____. "A ilusão biográfica". In: *Razões Práticas. Sobre a teoria da ação*. 3. ed. Campinas: Papirus, 2001, p. 74-82.

BROCA, Brito. *A vida literária no Brasil. 1900*. 4ª ed. Rio de Janeiro: José Olympio/ABL, 2004.

BUSETTO, Áureo. *A democracia cristã no Brasil: princípios e práticas*. São Paulo: Editora Unesp, 2002.

CANCELLI, Elizabeth. "Ação e repressão policial num circuito integrado internacionalmente". In: PANDOLFI, Dulce (org.). *Repensando o Estado Novo*. Rio de Janeiro: Editora FGV, 1999, p. 309-326.

CÂNDIDO, Antônio; CASTELLO, J. Aderaldo. *Presença da Literatura Brasileira. História e Antologia. Modernismo*. Tomo III. São Paulo: Difusão Europeia do Livro, 1964.

CÂNDIDO, Antônio. *Literatura e Sociedade: estudos de teoria e história literária*. 5ª ed. revista. São Paulo: Editora Nacional, 1976.

CAPELATO, Maria Helena R. *Multidões em cena. Propaganda política no varguismo e no peronismo*. Campinas: Papirus-Fapesp, 1998.

_____. "O Estado Novo: o que trouxe de novo?" In: FERREIRA, Jorge & DELGADO, Lucilia de A. Neves (orgs.). *O tempo do nacional-estatismo. Do início da década de 1930 ao apogeu do Estado Novo*, vol. 2, Rio de Janeiro: Civilização Brasileira, 2003 (Coleção O Brasil Republicano), p. 107-143.

CARNEIRO, Maria Luiza T. "O Estado Novo, o Dops e a Segurança Nacional". In: PANDOLFI, Dulce (org.). *Repensando o Estado Novo*. Rio de Janeiro: Editora FGV, 1999, p. 327-340.

CARONE, Edgar. *O Estado Novo. 1937-1945*. Rio de Janeiro/São Paulo: Difel, 1976.

CARPEAUX, Otto Maria. *Alceu Amoroso Lima*. Rio de Janeiro: Graal, 1978.

CARVALHO, José Murilo de. "Vargas e os militares". In: PANDOLFI, Dulce (org.). *Repensando o Estado Novo*. Rio de Janeiro: Editora FGV, 1999. p. 341-345.

CATALA, Michel. "L'Espagne et les France de 1940 à 1944". *Relations Internationales*, Paris, n° 108, p. 545-560, 2001.

_____. "La France libre et l'Espagne, 1940-1944". *Relations Internationales*, Paris, n° 93, p. 67-83, 1998.

CIORAN, Emile M. *Exercícios de admiração*: ensaios e perfis. Rio de Janeiro: Rocco, 2000.

COELHO, Sandro Anselmo. "Democracia Cristã e Populismo: um marco histórico comparativo entre o Brasil e o Chile". *Revista de Sociologia e Política*, Curitiba, n° 15, p. 67-82, nov. 2000.

_____. "O Partido Democrata Cristão: teores programáticos da terceira via (1945-1964)". *Revista Brasileira de História*, São Paulo, vol. 23, n° 46, p. 201-228, 2003.

COMPAGNON, Olivier. "Le catholicisme français au Brésil: l'influence de Jacques Maritain sur Alceu Amoroso Lima". In: MATTOSO, K. de Queirós; DOS SANTOS, I. Muzart-Fonseca et ROLLAND, D. (dirs.). *Modèles politiques et culturels au Brésil. Emprunts, adaptations, rejets. XIXe et XXe siècles*. Paris: Publications de la Sorbonne, 2003a, p. 271-291.

_____. *Jacques Maritain et l'Amérique du Sud. Le modèle malgré lui*. Paris: Presses Universitaires du Septentrion, 2003b.

COSTA, Emília Viotti da. *Da Monarquia à República*: momentos decisivos. São Paulo: Grijalbo, 1977.

COSTA, Wilma Peres. "Viagens e peregrinações: a trajetória de intelectuais de dois mundos". In: BASTOS, Elide R.; RIDENTI, Marcelo &

ROLLAND, Denis (orgs.). *Intelectuais: sociedade e política*. São Paulo: Cortez, 2003, p. 57-81.

CYTRYNOWICZ, Roney. "Além do Estado e da ideologia: imigração judaica, Estado Novo e Segunda Guerra Mundial". *Revista Brasileira de História*, São Paulo, vol. 22, n° 44, p. 393-423, 2002.

D'ARAÚJO, Maria Celina. *O Estado Novo*. Rio de Janeiro: Zahar, 2000.

DE DECCA, Edgard & VESENTINI, C. A. "A revolução do vencedor: considerações sobre a memória da 'revolução de 1930'". *Ciência e Cultura*, São Paulo, vol. 29, p. 25-32, jan./1977.

_____. *1930. O silêncio dos vencidos*. 3ª ed. São Paulo: Brasiliense, 1986.

FAUSTO, Boris. "A crise dos anos 20 e a Revolução de 1930". In: FAUSTO, Boris (org.). *História Geral da Civilização Brasileira*. Tomo III. *O Brasil Republicano. Sociedade e Instituições (1889-1930)*. 2 vols., São Paulo: Difel, 1977, p. 401-426.

_____. "A Revolução de 1930". In: MOTA, Carlos Guilherme (org.). *Brasil em perspectiva*. 15ª ed. São Paulo: Difel, 1985, p. 227-255.

_____. "O Estado Novo no contexto internacional". In: PANDOLFI, Dulce (org.) *Repensando o Estado Novo*. Rio de Janeiro: Editora de FGV, 1999. p. 17-20.

_____. *O pensamento nacionalista autoritário*. Rio de Janeiro: Zahar, 2001.

_____. *História Concisa do Brasil*. São Paulo: Edusp/ Imprensa Oficial SP, 2002.

FAUSTO, Boris & DEVOTO, Fernando J. *Brasil e Argentina. Um ensaio de história comparada (1850-2002)*. 2ª ed. São Paulo: Editora 34, 20005.

FERREIRA, Marie-Jo. "Testemunho da presença intelectual brasileira na França: a Revue de Monde Latin e o Brasil (1883-1893)". In: BASTOS,

Elide R.; RIDENTI, Marcelo; ROLLAND, Denis (orgs.). *Intelectuais: sociedade e política*. São Paulo: Cortez, 2003, p. 48-56.

FERREIRA, Marieta de Moraes & PINTO, Surama Conde Sá. "A crise dos anos 1920 e a Revolução de 1930". In: FERREIRA, Jorge & DELGADO, Lucilia de A. Neves (orgs.). *O tempo do liberalismo excludente. Da Proclamação da República à Revolução de 1930*, vol. 1. Rio de Janeiro: Civilização Brasileira, 2003, (Coleção O Brasil Republicano) p. 387-415.

FURET, François. *A Revolução em debate*. Bauru: Edusc, 2001.

GODECHOT, Jacques. *La contre-révolution. Doctrine et action – 1789-1804*. Paris: Presses Universitaires de France, 1961.

GOMES, Ângela de Castro. "Ideologia e trabalho no Estado Novo". In: PANDOLFI, Dulce (org.). *Repensando o Estado Novo*. Rio de Janeiro: Editora FGV, 1999, p. 53-72.

_____. "A política brasileira em busca da modernidade: na fronteira entre o público e o privado". In: SCHWARCZ, Lilia Moritz (org.). *História da Vida Privada No Brasil: contrastes da intimidade contemporânea*. Vol. 4, São Paulo: Companhia das Letras, 2000, p. 489-558.

_____. "Sociabilite intellectuelle dans la correspondence de Gustavo Capanema". In: SCHPUN, Mônica Raisa (org.). *Cahiers du Brésil Contemporain*. Elites Bresiliennes. Approches Plurielles, Paris, nº 47/48, p. 133-155, 2002.

_____. "Propaganda política, construção do tempo e do mito Vargas: o Calendário de 1940". In: BASTOS, Elide R.; RIDENTI, Marcelo; ROLLAND, Denis (orgs.). *Intelectuais: sociedade e política*. São Paulo: Cortez, 2003, p. 112-145.

HOBSBAWN, Eric J. "*A Era das Revoluções, 1789-1848*". 7ª ed. Rio de Janeiro: Paz e Terra, 1989.

IGLESIAS, Francisco. "Estudo sobre o pensamento reacionário: Jackson de Figueiredo". *Revista Brasileira de Ciências Sociais*. 2 (II), p. 109-158, jul. 1977.

IVO, Lêdo. "Os Modernismos do século XX". In: JUNQUEIRA, Ivan (org.) *Escolas literárias no Brasil*. Tomo II. Rio de Janeiro: Academia Brasileira de Letras, 2000. p. 701-712.

JUNQUEIRA, Ivan. "Modernismo: tradição e ruptura". In: JUNQUEIRA, Ivan (org.). *Escolas literárias no Brasil*. Tomo II. Rio de Janeiro: Academia Brasileira de Letras, 2000, p. 629-648.

LEPAQUE, Sébastian. S*ous le soleil de l'exil. Georges Bernanos au Brésil 1938-1945*. Paris: Bernard Grasset, 2003.

MANENT, Pierre. "Joseph de Maistre 1753-1821". In: CHÂTELET, François et al (coords.). *Dicionário de obras políticas*. Rio de Janeiro: Civilização Brasileira, s/d, p. 733-739.

MANOEL, Ivan A. *O pêndulo da História*: *tempo e eternidade no pensamento católico (1800-1960)*. Maringá: Eduem, 2004.

MARTINS, Maurício Vieira. "Bourdieu e o fenômeno estético: ganhos e limites do conceito de campo literário". *Revista Brasileira de Ciências Sociais*, São Paulo, vol. 19, nº 56, p. 63-75, out. 2004.

MICELI, Sérgio. *A Elite Eclesiástica Brasileira*. Rio de Janeiro: Bertrand Brasil, 1988.

_____. *Intelectuais à brasileira*. São Paulo: Companhia das Letras, 2001.

MONTEIRO, Douglas T. "Um confronto entre Juazeiro, Canudos e Contestado". In: FAUSTO, Boris (dir.). *História Geral da Civilização Brasileira*. Tomo III. *O Brasil Republicano*. Vol. 2: *Sociedade e Instituições (1889-1930)*. Rio de Janeiro: Difel, 1977, p. 39-92.

MORAIS, João Francisco Regis de. *Alceu Amoroso Lima e a Cultura Brasileira. Trajetória de Pensamento e Contribuição Pedagógica.* Tese (Doutoramento em Educação) – Faculdade de Educação – Universidade Estadual de Campinas, Campinas, 1984.

NUNES, Clarice. "As políticas públicas de Educação de Gustavo Capanema no Governo Vargas". In: BOMENY, Helena (org.). *Constelação Capanema: intelectuais e políticos.* Rio de Janeiro: Editora FGV/Edusf, 2001. p. 103-125.

PANDOLFI, Dulce e Grynszpan, Mario. Da Revolução de 30 ao Golpe de 37: a depuração das elites. *Revista de Sociologia e Política,* Curitiba, UFP, nº 9, p. 7-23, 1997.

PANDOLFI, Dulce. "Apresentação". In: PANDOLFI, Dulce (org.). *Repensando o Estado Novo.* Rio de Janeiro: Editora FGV, 1999, p. 9-14.

_____. "Os anos 1930: as incertezas do regime". In: FERREIRA, Jorge & DELGADO, Lucilia de A. Neves (orgs.). *O tempo do nacional-estatismo. Do início da década de 1930 ao apogeu do Estado Novo,* vol. 2, Rio de Janeiro: Civilização Brasileira, 2003, (Coleção O Brasil Republicano) p. 17-37.

PÉCAUT, Daniel. *Os intelectuais e a política no Brasil: entre o povo e a nação.* Trad. de Maria Júlia Goldwasser. São Paulo: Ática, 1990.

PEREIRA, Victor Hugo A. "Os intelectuais, o mercado e o Estado na modernização do teatro brasileiro". In: BOMENY, Helena (org.). *Constelação Capanema: intelectuais e políticos.* Rio de Janeiro: Editora FGV/Edusf, 2001. p. 59-84.

PLANCHE, Jean-Louis. "Violence et nacionalisme en Algérie (1942-1945)". *Les Temps Modernes,* Paris, nº 590, p. 112-133, out./nov. 1996.

RÉMOND, René. *Les droites en France.* Paris: Aubier, 1982.

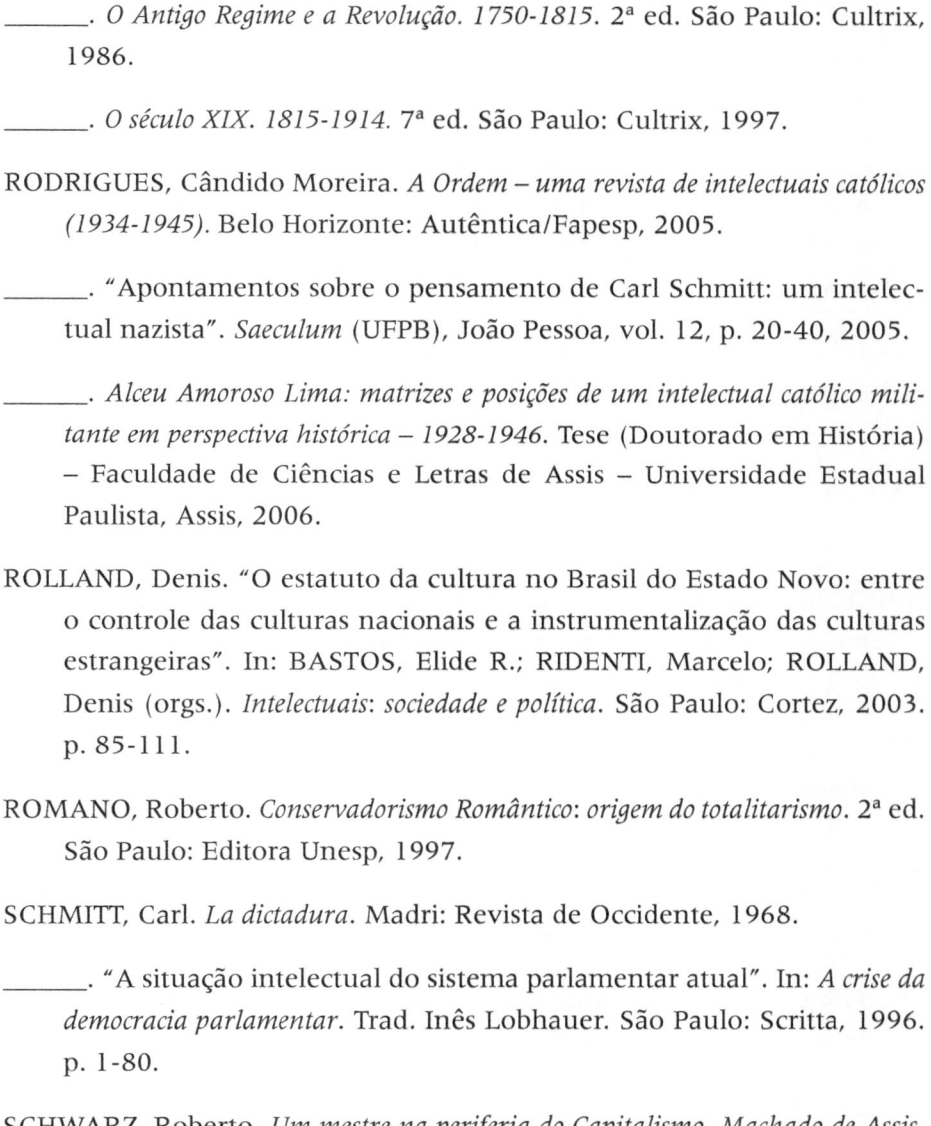

_____. *O Antigo Regime e a Revolução. 1750-1815*. 2ª ed. São Paulo: Cultrix, 1986.

_____. *O século XIX. 1815-1914*. 7ª ed. São Paulo: Cultrix, 1997.

RODRIGUES, Cândido Moreira. *A Ordem – uma revista de intelectuais católicos (1934-1945)*. Belo Horizonte: Autêntica/Fapesp, 2005.

_____. "Apontamentos sobre o pensamento de Carl Schmitt: um intelectual nazista". *Saeculum* (UFPB), João Pessoa, vol. 12, p. 20-40, 2005.

_____. *Alceu Amoroso Lima: matrizes e posições de um intelectual católico militante em perspectiva histórica – 1928-1946*. Tese (Doutorado em História) – Faculdade de Ciências e Letras de Assis – Universidade Estadual Paulista, Assis, 2006.

ROLLAND, Denis. "O estatuto da cultura no Brasil do Estado Novo: entre o controle das culturas nacionais e a instrumentalização das culturas estrangeiras". In: BASTOS, Elide R.; RIDENTI, Marcelo; ROLLAND, Denis (orgs.). *Intelectuais: sociedade e política*. São Paulo: Cortez, 2003. p. 85-111.

ROMANO, Roberto. *Conservadorismo Romântico: origem do totalitarismo*. 2ª ed. São Paulo: Editora Unesp, 1997.

SCHMITT, Carl. *La dictadura*. Madri: Revista de Occidente, 1968.

_____. "A situação intelectual do sistema parlamentar atual". In: *A crise da democracia parlamentar*. Trad. Inês Lobhauer. São Paulo: Scritta, 1996. p. 1-80.

SCHWARZ, Roberto. *Um mestre na periferia do Capitalismo. Machado de Assis*. São Paulo: Duas Cidades, 1990.

SEVCENKO, Nicolau. *Literatura como missão. Tensões sociais e criação cultural na Primeira República*. São Paulo: Brasiliense, 1983.

_____. "Introdução". In: SEVCENKO, Nicolau (org.). *História da Vida Privada no Brasil. República: da Belle Époque à Era do Rádio*. Vol. III. São Paulo: Companhia das Letras, 2001, p. 7-48.

_____. A capital irradiante: técnica, ritmos e ritos do Rio. In: SEVCENKO, Nicolau (org.). *História da Vida Privada no Brasil. República: da Belle Époque à Era do Rádio*. Vol. III, São Paulo: Companhia das Letras, 2001, p. 513-619.

SILVA, Zélia Lopes da. *A República dos anos 30. A sedução do moderno. Novos atores em cena: Industriais e Trabalhadores na Constituinte de 1933-1934*. Londrina: Editora UEL, 1999.

SIMIS, Anita. "Cinema e Cineastas em tempo de Getúlio Vargas". *Revista de Sociologia e Política*, Curitiba, n° 9, p. 75-80, 1997.

SIRINELLI, Jean François. "Os intelectuais". In: RÉMOND, René (org.). *Por uma história política*. Rio de Janeiro: Editora UFRJ/Editora FGV, 1996, p. 231-269.

SOUZA, Carlos Roberto. "Cinema em tempos de Capanema". In: BOMENY, Helena (org.). *Constelação Capanema: intelectuais e políticos*. Rio de Janeiro: Editora UFRJ/Editora FGV, 2001. p. 143-182.

TOUCHARD, Jean. *História das idéias políticas*, vol. 5. Paris: Presses Universitaires de France, 1959a.

VELLOSO, Mônica P. *Modernismo no Rio de Janeiro: Turunas e Quixotes*. Rio de Janeiro: Editora FGV, 1996.

_____. "Os Intelectuais e a Política Cultural do Estado Novo". *Revista de Sociologia e Política*, Curitiba, n° 9, p. 57-70, 1997.

_____. "O modernismo e a questão nacional". In: FERREIRA, Jorge & DELGADO, Lucilia de A. Neves (orgs.). *O tempo do liberalismo excludente. Da Proclamação da República à Revolução de 1930*, vol. 1. Rio de

Janeiro: Civilização Brasileira, 2003 (Coleção O Brasil Republicano), p. 351-386.

VILLAÇA, Antônio Carlos. *Alceu Amoroso Lima*. Rio de Janeiro: Agir, 1985.

WINOCK, Michel. *O Século dos Intelectuais*. Rio de Janeiro: Bertrand Brasil, 2000.

agradecimentos

Ao professor Livre-Docente Milton Carlos Costa pela excelente orientação prestada no desenvolvimento desta tese agora apresentada como livro, pela amizade verdadeira e por ter me proporcionado o prazer de ser discípulo de uma pessoa de tão alta cultura. Grande homem de História que defende a liberdade e a democracia desde os tempos em que para isso teve que estar na mira das armas de um regime autoritário no Brasil recente.

Agradeço também à professora Zélia Lopes da Silva e aos professores Áureo Busetto, Luis Castro e José Jobson de Andrade Arruda, pelas contribuições preciosas a este trabalho.

Devo aqui um agradecimento especial aos amigos, de longa data, Antônio, Lídia, Edvaldo, João, Josi, além daqueles companheiros de viagem que estiveram próximos de mim ao longo dos anos de formação acadêmica.

Agradeço à Fundação de Amparo à Pesquisa do Estado de São Paulo (Fapesp) pelo apoio financeiro concedido a mim, imprescindível para a realização da Tese de Doutorado, agora apresentada em livro e também à Fundação de Amparo à Pesquisa do Estado de Mato Grosso (FAPEMAT) pelo apoio na publicação desta obra.

Esta obra foi impressa em Santa Catarina no verão de 2013 pela Nova Letra Gráfica & Editora. No texto foi utilizada a fonte Meridien, em corpo 10,5 e entrelinha de 16 pontos.